中國现代教育社团史

周谷城题

“中国现代教育社团史”丛书编委会

“中国现代教育社团史”丛书书目

《中国现代教育社团发展史论》
《中华教育改进社史》
《中华平民教育促进会史》
《生活教育社史》
《中华职业教育社史》
《江苏教育会史》
《全国教育会联合会史》
《中国教育学会史》
《无锡教育会史》
《中国社会教育社史》
《中国民生教育学会史》
《中国教育电影协会史》
《中国科学社史》
《通俗教育研究会史》
《国家教育协会史》
《中华图书馆协会史》
《少年中国学会史》
《中华儿童教育社史》
《新安旅行团史》
《留美中国学生联合会史》
《中华学艺社史》
《道德学社史》
《中华教育文化基金会史》
《中华基督教教育会史》
《华法教育会史》
《中华自然科学社史》
《寰球中国学生会史》
《华美协进社史》
《中国数学会史》
《澳门中华教育会史》

推进教育治理体系和治理能力现代化……推动社会参与教育治理常态化，建立健全社会参与学校管理和教育评价监管机制。

——《中国教育现代化 2035》

当前，我国改革开放正在逐步地深入和扩大，激发社会组织活力，在整个社会治理体系建设中具有重要作用。现代教育治理体系的建设，也迫切需要发挥专业的教育社团的积极作用。在这个大背景下，依据可靠的历史资料，回溯和评价历史上著名教育社团的产生、发展、组织方式和活动方式等，具有现实意义和社会价值。总的来说，这个项目设计视角独特，基础良好，具有较高的学术价值、实践价值和出版价值。

——石中英

教育社团组织与中国教育早期现代化，既是一个有丰富内涵的历史课题，更是一个极具现实意义的重大课题。由中国教育科学研究院储朝晖研究员领衔的学术团队，多年来在近代教育史这块园地上努力耕耘，多有创获，取得了可喜的成果，积累了深厚的知识储备。现在，他们选择一批有代表性、典型性、产生过重大影响的教育社团组织，列为专题，分头进行深入的研究，以期在丰富中国教育早期现代化研究和为当代中国教育改革服务两个方面做出贡献，我觉得他们的设想很好。

——田正平

国家出版基金项目
NATIONAL PUBLICATION FOUNDATION

中国现代教育社团史　丛书主编 / 储朝晖

华美协进社史

李高峰　著

西南师範大學出版社
国家一级出版社 全国百佳图书出版单位

图书在版编目(CIP)数据

华美协进社史 / 李高峰著. — 重庆 : 西南师范大学出版社, 2020.10
(中国现代教育社团史)
ISBN 978-7-5697-0244-6

Ⅰ. ①华… Ⅱ. ①李… Ⅲ. ①文化机构－社会团体－历史－中国－现代 Ⅳ. ①G129

中国版本图书馆CIP数据核字(2020)第189466号

华美协进社史

HUA-MEI XIEJINSHE SHI

李高峰 著

策　　划: 尹清强　伯古娟
责任编辑: 胡君梅
责任校对: 王玉竹
装帧设计: 观止堂_朱璇
排　　版: 夏　洁
出版发行: 西南师范大学出版社
重庆·北碚　邮编:400715
印　　刷: 重庆新生代彩印技术有限公司
幅面尺寸: 170mm×240mm
印　　张: 17
插　　页: 4
字　　数: 320千字
版　　次: 2020年10月 第1版
印　　次: 2020年10月 第1次
书　　号: ISBN 978-7-5697-0244-6

定　　价: 72.00元

总序

在中国教育早期现代化的历史进程中，无论是清末，还是北洋政府和国民政府时期，在整个20世纪前期传统教育变革和现代教育推进波澜壮阔的历史舞台上，活跃着这样一批人的身影，他们既不是清王朝的封疆大吏、朝廷重臣，也不是民国政府的议长部长、军政要员，从张謇、袁希涛、沈恩孚、黄炎培，到晏阳初、陶行知、陈鹤琴、廖世承，有晚清的状元、举人，有海外学成归来的博士、硕士，他们不居庙堂之上，却念念不忘国家民族的百年大计；他们不拿政府的分文津贴，却时时心系中国教育的改革与发展。是"研究学理，介绍新知，发展教育，开通民智"这样一个共同理想和愿景，将这些年龄悬殊、经历迥异、分散在天南海北的传统士人、新型知识分子凝聚在一起，此呼彼应、同气相求，结成团体，组织会社。于是，从晚清最后十年的江苏学务总会、安徽全省教育总会、河南全省教育总会，到民国时期的全国教育会联合会；从中华职业教育社、中华新教育共进社、中华教育改进社，到中华平民教育促进会、生活教育社、中国社会教育社、中华儿童教育社、中国教育学会……在短短的半个世纪里，仅省级以上的和全国性的教育会社团体就先后有数十个，至于以县、市地区命名，以高等学校命名或以某种特定目标命名的各式各样的教育会社团体，更是难以计数。所有这些遍布全国各地的教育会社团体，通过持续不断的努力，从不同的层面，以不同的方式，冲刷着传统封建教育的根基，孕育和滋养着现代教育的因素。可以毫不夸张地说，在传统教育变革和现代教育推进的历史进程中，从宏观到微观，到处都留下这些教育会社团体的深深印记，它们对中国教育早期现代化的贡献可谓功莫大焉！

大约从上世纪90年代开始，中国近代教育会社团体的研究，渐渐进入人们的学术视野，20多年过去了，如今关于这一领域的研究，已经风生水起，渐成气候，取得了相当的成果，并且有着很好的发展势头。说到底，这是当代中国教育改革的需要和呼唤。教育是中华民族振兴的根基和依托，改革和发展中国教育，让中国教育努力赶上世界先进水平，既是中央政府和各级政府义不容辞的职责，也必须依靠广大教育工作者的自觉参与和担当。从这个意义上讲，中国近代教育会社团体与中国教育早期现代化研究，既是一个有丰富内涵的历史课题，更是一个极具现实意义的重大问题。中国教育科学研究院储朝晖研究员，多年来在关注现实教育改革的诸多问题的同时，对中国近代教育史有着特殊的感情，并在这块园地上努力耕耘，多有创获，取得了可喜的成果，积累了深厚的知识储备。现在，他率领一批志同道合的中青年学者，完成了“中国现代教育社团史”的课题，从近代以来数十上百个教育社团中精心选择一批有代表性、典型性、产生过重大影响的教育社团，列为专题，分头进行了深入的研究。我相信，读者诸君在阅读这些成果后所收获的不仅仅是对教育社团的深入理解和崇高敬意，也可能从中引发出一些关于当代中国教育改革的更深层次的思考。

是为序。

田正平

丁酉暮春于浙江大学西溪校区

前言

华美协进社(China Institute in America,CIA)的社址位于美国纽约,由美国著名教育家保罗·孟禄(Paul Monroe)、约翰·杜威(John Dewey)和中国知名学者郭秉文、胡适等于1926年5月共同创建,迄今已有90余年的历史。华美协进社旨在"促进中美两国间之文化及教育关系"[①],以增进美国民众对中国的了解为使命,是第一个传播中华教育与文化的常设机构,也是一个在美国历史最悠久、影响最深远的专注于中国文化的非营利机构,为美国主流社会认识中国永久地打开了一扇窗户。文化是人类历史永恒的主题,教育是文化特殊的组成部分。随着世界一体化进程的加快,教育、文化交流愈益必要而普遍。华美协进社通过各项教育文化活动来介绍中国文化与文明,并使这种交流日益完整、立体、进步而独具特色。其下属的中国美术馆(China Institute Gallery),是美国首家也是唯一的专门介绍中国艺术的美术馆,在纽约众多的博物馆中独树一帜。自1966年成立以来,华美协进社中国美术馆常年不断地举办各种别开生面的中国艺术展览,包括书法、绘画、陶瓷、青铜器、装饰艺术、民间艺术、建筑、摄影及丝织品等,具有笔墨、形式、风格等传统艺术体现的价值。作为非商业性的致力于展示中国文化艺术的空间,华美协进社中国美术馆因其独特的专题性与学术性的展览、具有相当水准的展览图录以及相关的艺术教育项目而闻名,并逐渐成为纽约和其他爱好中国艺术人士的学习中心。

文化是一个民族伦理习性及其习惯的复合,是精神的源泉,也是大国国际

① 教育与文化:华美协进社概况[J]. 教育通讯(汉口)(复刊),1947,3(12):36.

关系的组成部分。中国和美国，一个是古老的国家，具有悠久的历史和璀璨的文化；一个是新兴的国家，有着先进的科技和学术水平。中国是当今世界上人口最多、经济增长速度最快的发展中国家；美国是当今世界上经济实力最强、影响力最大的发达国家，中美两国关系的健康稳定发展，对世界的和平、稳定和繁荣都是至关重要的。中美教育、文化交流已成为一种常见的教育现象、文化现象以及社会现象。作为一个非营利性文化教育组织，华美协进社面向美国社会，通过生动而丰富的艺术展览、各类课程以及举办讲座和研讨会，为公众提供在文化、历史、音乐、哲学、语言、文学与商业等方面了解和认识中国的机会，是美国民众心目中最具权威的学习中文与中华传统文化的民间教育机构。同时，华美协进社也致力于促进对中国文化遗产的介绍，并以历史为背景，将过去的中国与当代中国既富对比性又具延展性地展现在人们眼前。跨文化领域的交流和理解能够强化全球化社区建设，华美协进社正是通过其教育、文化、商业和艺术活动，推进人们对中国文明的深入理解。

20世纪是中西文化碰撞最为激烈的一个世纪，中美关系便是其中最曲折、最复杂的篇章，华美协进社既是东西方文化交流的一座桥梁，又是缔结中美两国人民友情的纽带。从早年引荐京剧大师梅兰芳首次赴美演出，到接引早期中国留学生、学者到美国学习西方文化，中美教育、文化交流发展的史册将永远铭刻着华美协进社这个在美国播种中国文明之火的民间社团熠熠生辉的名字。由此可见，研究华美协进社史，对于今后中美教育、文化交流的进一步发展，也具有重要的借鉴意义。

然而，由于华美协进社是在美国创建与发展的，长期以来，国内人士大多不熟悉，而熟悉者又多已仙逝，并且相关史料难觅，缺乏一手资料，所以对于中美关系史上如此重要的民间社团，国内外学术界的研究却相对比较薄弱，但毕竟有开山之功，筚路蓝缕。学界已有研究，其中具有启示和借鉴作用的有：杨翠华在《中基会对科学的赞助》、顾维钧在《顾维钧回忆录》中略有提及；还有美籍华人孟治在其自传《中美理解——六十年之追求》与部分手稿中，对华美协进社的主要活动及其社会影响进行过一定研究。但是对于华美协进社发展历程中诸多问题的历史原貌的再现以及在此基础上的分析、判断还远未深入，因此，无论从广度还是从深度上来说，对华美协进社史都有必要进行求证求真，其学术价值和现实意义是不言而喻的。

总体而言，本书从百年来中美社会文化变革以及中美文化交流的大背景出发，以中美教育、文化交流的视角，重点考察了华美协进社的发展历程，尤其对典型事件和代表人物进行了深入细致的探讨，大致梳理清楚了华美协进社演进与中美教育、文化交流发展的复杂关系。一方面，从宏观角度在对近代留美中国学生进行群体探讨的基础上，对华美协进社进行比较客观的功能定位；另一方面，则从中美教育、文化交流的新角度，论述了华美协进社的历史变迁。今天是昨天的自然继续，明天是今天的无尽未来。21世纪初，在这个中外教育、文化交流不可或缺的时代，本书力图抓住华美协进社在中美教育、文化交流中所发挥的桥梁作用这一鲜明特色，让人们对华美协进社史有一个客观公允的评价，并为当今国际教育、文化社团的良性发展与中美教育、文化交流的深入开展，提供某些历史的镜鉴。

目录

第一章

华美协进社的萌芽

源远流长的中美教育文化交流，已成为中美双边关系中富有活力的一部分，这对两国人民来说是一项具有长远意义的事业，有利于开辟一个相互尊重、相互学习、相互理解的中美交流新纪元。华美协进社初创之际，中国同国际体系大致隔绝的状态早已结束，并被纳入了一个以西方列强为权势中心、“西方文明标准”为行为规范的国际社会。[①]当时的中美教育文化交流，是西方强势文化与东方弱势文化之间的一种单向的、由一方支配另一方的不平等交流，这是东西方关系、中美关系不平等状态下的必然结果。随着中国综合国力的逐步增强、教育文化的日益发展和国际地位的不断提升，中美教育文化的交流关系逐渐转变到双向、互动、平等的健康轨道上来了。在迄今为止的90余年里，华美协进社的发展始终同中美两国的巨大变迁相交织，为实现中美教育文化交流真正平等，做出了自己应有的贡献。

19世纪末20世纪初，在生产力发展和科技进步的有力推动下，全球化进程明显加快，各种文化在全球范围内的交流、碰撞与融合也日益加深。在新旧文明的过渡时代，中西交错，新旧混杂，一切处于混沌不定的状态中。西学伴随着坚船利炮呼啸而至，席卷华夏，极大地影响了中国学人，在与中学的交锋中渐占上风；中学并不甘于失败，为了维护自己的地位，勉力回应。近代中国在被迫打开国门之后，必然走向世界，对西方文化的态度也由被动领受转为主动吸纳。中国近代教育文化发生变迁，欧风美雨的冲击是其中一个相当重要的因素，而

① 陶文钊，梁碧莹．美国与近现代中国［M］．北京：中国社会科学出版社，1996：1．

且在中国与英、美、日、德、法等国的教育文化关系中，美国的影响远超过其他各国。

美国在反对英帝国而进行的独立战争后不久进入中国，其方式是一面仍旧抨击英帝国的坏处，一面要求分享它的好处。这就使得美国对华政策带有一种奇怪的两面性，在思想和实际行动上产生了不统一性。也就是说，美国的对华政策从一开始就与传播“文明”密切联系在一起，从而给本来赤裸裸的利己政策披上了一件“利他”的外衣，所谓的传播“文明”事实上只是美国政府欲战胜其他列强、争霸世界的手段。20世纪世界变化的重大特征之一是美国逐渐崛起为世界头号强国，其教育文化的发展逐步走在了西方国家的前列。从客观上来讲，正是世界教育文化交流日益密切、中美两国关系相对友好的国际环境为华美协进社提供了萌芽发展的土壤。

一、缘起

中国是一个具有五千年历史的文明古国，中国文化不仅在本国源远流长，还通过汉字文化圈，逐渐影响到东亚诸国。在19世纪中期列强入侵之前，中国在亚洲乃至整个世界都有深远的文化影响，这种文化传播主要通过仰慕中国文化的外国人加以实现，具体包括外国使节、学者、商贾等。他们基本接受中国的优越地位，对中国文化和社会的看法总体上持积极肯定态度，对中国的古文化尤感敬畏和钦佩。但是人类进入工业文明之后，面临西方强势文化的冲击，中华文化在世界的影响力和对外传播力却逐渐下降。

18世纪末，美国经济快速增长，为了适应对外扩张的需要，一场旨在复兴基督教福音的“大觉醒”运动在美国兴起。美国各教派纷纷成立传播福音的海外布道组织，掀起了声势浩大的拯救灵魂运动。在此期间，大量传教士抱着一种传播基督教光明的宗教使命感来到中国，通过用“基督征服中国”“中华归主”的传教活动，一方面著文塑造强大、富饶、广袤、文明的美国形象，另一方面则揭露中国民间宗教的愚昧、迷信以及日趋严重的鸦片烟瘾等社会现象，并对中国人的国民性以及传统习俗也进行诸多批判。宗教是一种文化，传教本身也是一种文化传播活动。这些西方传教士虽然具有一般的资本主义文化修养，但由于特殊的宗教背景和使命，他们所带来的西方文化往往并非精髓，而且他们所接触到的中国人和区域也极其有限，因此对中国的认识大都是有失公正、有失客观的，甚至充满了偏见和曲解。不可否认，基督教作为一种文化，在当时的中国具有一定的建设性作用，但更具破坏性作用。美国传教士的文化活动在较大程度上配合和支持了西方列强的侵华行动，美国传教士作为传教工具与侵华罪行始终存在着千丝万缕的联系。

从近代开始，尤其是晚清时代的政治腐败，导致列强入侵，中国的国力衰微，不平等条约使得中华民族成为西方世界的鱼肉，任人宰割。第一次鸦片战争失败后，中国所谓“天朝上国”的威名更是一落千丈，彻底沦为半殖民地半封建国家。美国的著名历史学家、汉学[①]家、“现代中国学之父”费正清（John King Fairbank）分析了当时美国人对中国失望时的心态，“美国人发现中华帝国的衰朽，热情消退之后产生了怜悯、同情和轻蔑”[②]。越来越多的西方传教士、外交官以及商人借助其享有的特权来到中国，并逐渐占据了中国在海外形象传播中的主导地位。中国在西方人的想象中最终被模式化为一个充满异域风情的国度，亟待西方国家凭借正义和强大加以精神与物质方面的双重救赎。西方人曾经公认的世界文明中心，由此彻底沦为国际体系中的边缘国。

正是由于遭到西方列强的一系列屈辱以及“落后就要挨打”的惨痛教训，中国人的民族优越感逐渐被民族危机感所代替，救亡图存成为中华民族共同的心理和群体意识。中美教育相比，传统与现代，落后与先进，不可同日而语，从而激起了中国的仁人志士学习西方以图自强的浪潮，留学生因而成为晚清以来中国向西方学习、谋求祖国富强的重要媒介。他们背井离乡，孤旅外洋，潜泳于工业文明的大海，攀登于科技知识的高山，在不断吸纳西方先进文化和批判继承传统文化的新陈代谢过程中，理所当然地充当了近代中国社会转型的排头兵。总之，在近现代史上，中国虽是以弱者的姿态蹒跚进入资本主义世界体系，但是通过来华传教士、外交官、华侨华工、留学生等，中国文化如涓涓细流也影响着

---

① 汉学：又称“国学”或“中国学”，泛指传统的中华文化与学术，是以先秦经典及诸子百家学说为根基，涵盖了两汉经学、魏晋玄学、隋唐道学、宋明理学、明清实学和同时期的先秦诗赋、汉赋、六朝骈文、唐宋诗词、元曲与明清小说及历代史学等一套完整的文化、学术体系。在中国被通称为“国学”，在国外则叫“汉学”。

② ［美］邓鹏．费正清评传［M］．成都：天地出版社，1997：75-76.

西方。尤其是留学生,其真正价值在于,他总是带回一种新的见解,一种批判的精神;这样的见解和精神,是一个对事物之既存秩序逐渐习以为常、漠然无动于衷的民族所缺乏的,也是任何改革运动所必需的。[①]而且,当时连接中美两国教育文化交流的重要媒介,往往是思想十分活跃的留学生。

(一)"庚款留美"

19世纪中后期是中国历史上灾难深重的时期,许多仁人志士逐渐意识到"救亡"还需要"启蒙",亦即通过走出国门,学习西方先进的科学技术才能拯救中国。中国历史上首位留美学士——容闳在耶鲁大学毕业前夕,就立志要"借西方文明之学术以改良东方之文化,必可使此老大帝国,一变而为少年新中国"[②],此乃派遣留美幼童的思想起点。随即出现留美幼童、欧洲船政生以及19世纪末期的留日热潮。随着西方文化的强势注入,中国在文化交流传播上一直处于被动地位,由于文化交流是双向的,虽然中国文化此时处于弱势,但它依然在有意无意地输入西方。留学生作为中西文化交流的重要载体,也在自觉或不自觉地对外传播中国文化。他们走出国门,学习西方先进的科学知识和民主制度,同时也把母国文化传统、思想介绍到异国他乡,让世界了解中国,这是一个双向互动的过程。清末民初的留美运动持续20余年,到20世纪20年代末达到高潮,其中一个非常重要的原因就是"庚款留美"学生的出现。

公元1900年,正值中国庚子年,北京爆发了"庚子之乱"。当时,几十万号称"刀枪不入"的义和团杀入北京,围攻各国使馆,当街扑杀德国公使克林德。不久,德、英、法、美、俄、日、意、奥等国组成"八国联军"对中国发动侵略战争,他们镇压了义和团运动,攻占了北京,联军总司令把指挥部直接设在了故宫之中,慈禧太后与光绪皇帝弃都而去,仓皇西逃。1901年9月7日,李鸿章代表清政府被迫与11国代表签订了丧权辱国的《辛丑条约》。其中第六款议定:清政府同意向派兵攻入北京的八国——俄国、德国、法国、英国、美国、日本、意大利、奥匈帝国,再加上6个"受害国"——比利时、荷兰、西班牙、葡萄牙、瑞典、挪威共14

---

① 胡适.胡适日记全编(第2册):胡适日记(1915—1917)[M].曹伯言,整理.合肥:安徽教育出版社,2001:104.

② 容闳.西学东渐记[M].徐凤石,恽铁樵,译.长沙:湖南人民出版社,1981:88.

国，规定依当时中国人口估算值4.5亿人，平均每人被摊派一两白银的数目计，赔偿军费、损失费等款项白银四亿五千万两，赔款期限为1902年1月1日起至1940年底止，并以各国货币汇率结算，年息4厘，本息合计98223.815万两白银，以海关税、常关税和盐税做抵押，分39年付清。这就是历史上有名的“庚子赔款(Boxer Indemnity)”。这对当时中国的财政、经济是一次空前的毁灭性的打击，当时清政府一年的财政收入不过9000万两白银。其中，美国作为“八国联军”参战国之一，分得7.32%，共计3293.9055万两白银，按当时1:0.742折算，折合2444.077881万美元，39年本息合计5355.155115万美元。这是中国历史上最屈辱的一页，中国彻底沦为半殖民地半封建社会。此后的几十年中，中国承担着这一沉重债务，无论是军阀混战还是抵御日寇的入侵，直到1942年，才将这笔“庚子赔款”的债务还清。

然而，与“庚子赔款”有关的不仅仅是这些，在中国近代史的书页上，还写着这样浓重的一笔：两个国家、三批留学生以及一所大学。1901年，当各国代表在天津商议庚子赔款时，美国虽表示同情中国，但亦不忘怀自身利益。八国代表谈判庚子赔款的结果，美国所得接近原先要求。1904年12月上旬，中国驻美公使梁诚就中国的赔款是用黄金还是白银偿还一事，与美国国务卿海约翰(John Milton Hay)交涉，要求美同意付银，以减轻中国负荷。谈话间，海约翰无意中透露一句“庚子赔款本属过多”[①]，这一信息立刻被梁诚捕捉。这说明美国政府已发现其有关部门在上报庚子之乱的损失之中，有“浮报冒报”的现象。梁诚非常机敏地放弃了谈判策略，而是“乘其一隙之明，籍归已失之利”，开始争取各种机会，在美国国会及议员中四处游说“退还”不实赔款。

1906年3月6日，美国传教士明恩溥(A. H. Smith)到白宫进谒总统西奥多·罗斯福(Theodore Roosevelt)，建议将中国清政府的“庚子赔款退还”一部分，专门用于在中国兴学和资助中国学生来美国留学。他认为，“随着每年大批的中国学生从美国各大学毕业，美国将最终赢得一大批既熟悉美国又与美国精神相一致的朋友和伙伴。没有任何其他方式能如此有效地把中国与美国在经济上政治上联结在一起”[②]。伊利诺伊大学校长爱德蒙·詹姆士(Edmund J. James)在

---

① 罗香林.梁诚的出使美国[M].台北:文海出版社,1979:8.

② 杨生茂.美国外交政策史(1775—1989)[M].北京:人民出版社,1991:254-255.

1906年向罗斯福总统呈交了著名的《关于派遣教育考察团去中国的备忘录》，他在备忘录中也声称："哪一个国家能作到教育这一代的青年中国人，哪一个国家就将由于这方面所支付的努力，而在精神的和商业的影响上，取回最大可能的收获。如果美国在三十年前已经作到把中国学生的潮流引向这一个国家来，并能使这个潮流继续扩大，那末，我们现在一定能够使用最圆满和最巧妙的方式，控制中国的发展——这就是说，使用那从知识和精神上支配中国的领袖的方式。……商业追随精神上的支配，比追随军旗更为可靠的。"[①]在明恩溥等人的推动下，1907年12月3日，美国总统西奥多·罗斯福在递交给国会的年度咨文中，出现关于资助中国教育的内容："授权减免和取消对中国超出此数的赔偿要求。"咨文中写道：我国宜实力援助中国推进教育，使这个人口众多的国家能逐渐融合于近代世界，援助的办法，宜将"庚子赔款"退赠一半，俾中国政府得遣学生来美留学……宜招寻学生来美，入我国大学及其他高等学校，使修业成器，伟然成材，谅我国教育界必能体此美意，同力合德，赞助国家成斯盛举。[②]

"庚子赔款退还"决议案经国会联合会议于1908年5月25日通过，美国总统罗斯福于12月28日签字生效，即美方同意索赔之款限定为1365.5万余美元（其中200万美元备作偿付"一年内在华美侨向美国债务法庭提出之私人申请之赔偿"之用），年息4厘在外，剩余"退还"中国者为1078.5万余元，本息合计为2840余万元。[③]美国决定将所超索的大部分庚款余额自1909年起到1940年止逐年按月"退还"给中国，并要求作为派遣中国留学生及举办学务之用。"庚款留美"是20世纪初美国整个对华政策的重要组成部分，显然意在施加其在中国的影响，这符合美国的长远利益——美国人认为庚款教育项目对中国有利，但是他们并不隐瞒希望通过教育中国未来的领导人而带来的好处，这些未来的领导人学习美国的制度，结交美国的朋友，回国后会在中国的外交中亲近美国……他们将形成一支强有力的亲美力量，任何一个政府或欧洲贸易集团都不能与之匹敌。[④]也就是说，美国"退还"庚款援助中国发展教育的根本目的在于，"和日

① 李长久，施鲁佳．中美关系二百年[M]．北京：新华出版社，1984：66-67.

② 陈学恂．中国近代教育史教学参考资料（下册）[M]．北京：人民教育出版社，1987：257.

③ 苏云峰．从清华学堂到清华大学（1911—1929）[M]．北京：生活·读书·新知三联书店，2001：5-6.

④ Michael H. Hunt. The American Remission of the Boxer Indemnity: A Reappraisal[J]. *The Journal of Asian Studies*, 1972, 31(3): 557-558.

本等国竞争在中国的政治、经济、外交及文化上的权益，并从精神上控制中国，并非具有帮助中国发展教育的诚意”①。这一计划的背后，是美国对中国全方位的影响以及未来在中国获得更多的政治、经济利益。

美国向中国“退还”的庚子赔款用于资助中国学生的出国留学，被称为“庚款留学”，它标志着中美官方文化交往的开端，客观上也为大批中国有志青年提供了接受西方先进科学与文化教育的机会。美国“退还”庚款，虽别有用意，是一种变质的“友谊”，但在推动学生官费留美的方针指导下，还是在很大程度上促进了中美两国的理解与友谊，加强了中美两国的教育文化交流。

1908年10月28日，中美两国政府草拟《派遣留美学生规程》：自退款的第一年即1909年起，清朝政府在最初的四年内，每年应至少派100名学生赴美留学。如果到第四年就派足了400人，则自第五年起，每年至少要派50人赴美，直到退款用完为止。为落实美国提出的庚款兴学计划，确保这一工作能够有序进行，中美双方商定，在北京由清朝政府外务部与学部负责建立一所留美训练学校，专职负责庚款留学事宜。1909年6月，按照《派遣游美学生办法大纲》的规定，清政府在北京设立了游美学务处，由外务部和学部共同管辖；8月，清廷内务府将皇室赐园——清华园划拨学务处，作为游美肄业馆的馆址，这就是清华大学的前身。其具体职责主要包括：(1)专司考选留美学生，负责遣送出洋、调查稽核一切事宜；(2)选取学生入馆试验，择其学行优美、资性纯笃者，随时送往美国肄业；(3)选任游美学生监督，负责中国在美学生的安置，稽查功课、收支学费及日常管理。当时大厦将倾的清政府试图实施“新政”以挽救局面，急需专门的技术人员，同时也担心出国学生在海外从事革命活动，于是要求“庚款留美”学生的中文程度须能作文及有文学和历史知识，英文程度能直接入美国大学和专门学校听讲，并规定他们之中，应有80%学农业、机械工程、矿业、物理、化学等，其余20%学法律、政治、师范等。②

1911年4月29日，在游美肄业馆的基础上，清政府成立的专门负责派遣留美学生事务的预备学校——“清华学堂”开学了，这是中国留学史上规模最大，持续时间最长的一所留学预备学校，学生在这里接受严格的培训，考核合格后

① 谢长法．借鉴与融合：留美学生抗战前教育活动研究[M]．石家庄：河北教育出版社，2001：26.

② 刘磊，方玉萍．百年中国纪事1900—1949(上册)[M]．北京：新华出版社，2001：53.

方可留洋。清华对庚款的使用主要包括两大部分：一部分为清华本校的经费，每年约60万元；另一部分为留美学生经费，每年约100多万元。清政府于1909年、1910年和1911年，三次在北京从全国范围内招考“庚款留美”学生。当时的考选学生分两部分：一部分年龄在15～20岁之间，要求“国文通达，英文及科学程度可入美国大学或专门学校”[①]，每年拟取100名；另一部分为15岁以下，要求“国文通达，资秉特异”[②]，每年取200名。另外还规定，两部分学生“均须身体强壮，性情纯正，相貌完全，身家清白”[③]，才属合格。从1909年至1911年辛亥革命前，清政府共派遣3批180名留学生赴美学习，形成留美运动高潮的开端。这些留学生因是经过“品学甄别考试”后送去留美的，故又被称为“甄别生”。第一批“庚款留美”学生于1909年10月赴美，其中有后来成为清华大学终身校长的梅贻琦先生，北京高等农校校长金邦正，中国现代物理学奠基者之一胡刚复，中国现代化学开山者张子高，著名生物学家秉志，以及曾当选为中国工程师学会会长的徐佩璜，等等。三批“庚款留美”学生的派遣为中国培养了一大批优秀的科学家和教育家。由于当时中国的各项现代事业基本都处于萌芽阶段，所以这些留学生后来大多成为中国现代科学、教育、文化的开拓者，如胡适、赵元任、竺可桢、周仁、秉志、过探先、姜立夫、吴宪、孙学悟等，中国近代科学发展中的许多新学科的创建者也大多来自这些留美学生。“庚款留美”因而成为中国高等教育走向现代化的重要组成部分。

由此可见，美国“退还”的庚子赔款在庚款中所占比例虽然不大，但所具有的意义却不小。首先，它保证了清华的资金来源，为该校聚集了一批杰出的教授，也为中国培养了一大批优秀人才；其次，为中国当时教育文化事业的独立发展提供了一种模式和可能。靠选派与预备学堂培养在一定程度上保证了在读留美学生有一个较好的留学前提，为他们顺利接受美国教育打下了坚实的基础。

辛亥革命之后庚款留学中断，然而清华留美预备学校却未停止选送优秀学生赴美留学的重任，“庚款留美”计划继续进行。1912年10月，清华学堂按照教

① 陈学恂，田正平．中国近代教育史资料汇编·留学教育［G］．上海：上海教育出版社，1991：173.

② 陈学恂，田正平．中国近代教育史资料汇编·留学教育［G］．上海：上海教育出版社，1991：173.

③ 陈学恂，田正平．中国近代教育史资料汇编·留学教育［G］．上海：上海教育出版社，1991：173.

育部关于《普通教育暂行办法通令》，更名为清华学校，以“培植全材，增加国力”为宗旨，以“进德修业，自强不息”为教育方针，力图效法西方建设完全的大学，继续根据各个省份摊派款项的多少招考庚款预备生，以造就中国领袖人才。招收的学生在校八年，不只是功课上的准备，还要熟悉美国的语言文字、生活方式、风俗习惯、社会政情等，所以要聘用美国高等、初等各科教习，按照美国学校模式办学。学校的学制、课程、教材、教法、活动安排几乎直接从美国移植而来。绝大部分课程用英语授课。清华学校分为中等与高等两科，高等科的三、四年级大致相当于美国大学的一、二年级，学生毕业后可直接插入美国的二、三年级学习。

中国收回庚款留学主权的主要标志是：原先由中美双方外交部会商决定的运作权，划归中国教育部；带有殖民地教育性质的留美预备学校——清华学校，于1928年8月17日改为拥有独立主权的“国立清华大学”，直属教育部管辖，立足自身培养高层次人才，力求中国的学术在国际上也有独立自由平等的地位，为西方近现代办学理念的中国化展开了宝贵的探索。从1911年清华学堂开学到1929年留美预备部撤销，中国共计派送留美学生1279人，资助自费留学生476人，[①]这些学生主要分布于理、工、农、医、商、建筑各实科，文科名额较少。本来由清华大学垄断的“庚款留美”，逐渐面向全国学界，并于1932年8月21日在北平、南京同时举行留美公费生的公开招考（名义仍沿用清华大学）。清华基金[②]则归入中华教育文化基金董事会管理，“庚款留美”活动高潮至此回落。但由“庚款留美”所促成的留美潮流却一直延续至今，吸引和培养中国留学生逐渐

① 清华大学校史编写组．清华大学校史稿[M]．北京：中华书局，1981：68—69.

② 清华基金：美国“退还”庚子赔款初期，平均每年退款约70万美元，由清政府的外务部经管，主要用于留美学务和清华的办学经费。其中，用于清华学堂的办学经费每年约60万银圆，用于留美的学费每年约40万美元，没有用完的退款，积存起来作为清华基金。之后，北洋政府为加强对清华经费和校长的控制，在1917年8月颁令，由外交总长、次长与美国驻华公使三人共同组成清华学校基金保管委员会。委员会三人中外交部就占了两人，故外交部对于这笔基金基本上是可以运用自如的。然而，这种体制也成为掣肘清华发展的瓶颈，要破除这种体制，就必须解决清华基金的独立问题。在时任清华大学校长罗家伦的不懈努力下，清华基金交由当时已在中美两国具有很高历史信用的中华教育文化基金董事会代管。1929年8月2日，基金交接完毕。清华基金，从此摆脱了外交部官僚把持的局面，得以安全与增长，终于实至名归，为清华所享有。当时的清华基金实得670余万元（银圆）。截至1936年底，清华基金本息总数已达1600余万元（银圆）。

成为美国对华教育文化传播的重要途径，也是美国文明体系得以传播并占据中国的关键因素。经过这次主权转移，庚款留学实际上成为中国的准政府行为，在资金投向及人才培养的科学化、合理化方面，有利于中国留学教育的通盘筹划。由此可见，这次“退款”对兴学和人才的培养，对中美教育文化交流的发展，以及先进科学思想、科学技术的引进、传播和教育制度的改革等，均起到了积极作用。同时，这次“退款”的管理和运用，尤其是专款专用的管理方式和成效，为争取第二次“退还”庚款余额，创造了良好条件。

“庚款留美”学生在出国之前都受过非常深厚的传统教育的熏陶，实际上属于更新了的中国士大夫。学成归国之后，他们在政治、经济、军事、文化、教育、科技等各个领域，充当了谋求现代化和推动社会变革的先锋，成就了个人，也服务了国家，打下了中国现代化的基础。那时候，“科学救国”的普遍认识，早已在留学青年们的心中暗潮激荡了。这里的“科学”不仅仅限于自然知识的积累，还包括社会的科学，更是在其上所提炼出的那一种方法、那一种形式、那一种操守的集合。中国人在政治与教育的政策导向上发生了变化，尤为敬仰美国的发达教育，从而使得在美留学人数逐年增加，形成了声势浩大的留美浪潮。从总体上讲，民国时期是中国近代人才辈出的时期，这些各领风骚的人才中，许多都是“庚款留美”学生，这批人是站在中美教育文化交汇点的高处，起点很高，声誉也很高。“就中外教育交流而言，大致仍然是20年代(20世纪)奠定的基础，即在全方位开展与欧美各国交流的多元化格局中，以中美教育交流为主旋律，这种趋势一直持续到20世纪40年代末。”[①]这些中国精英们凭借自己独到的学识和个性，大胆地吸收和借鉴美国先进的文明成果，探索一条中国复兴之路，体现了中华民族顽强的生存能力。

(二)孟禄、杜威来华

第一次世界大战后，西方文化挟雷霆之势席卷而来，中西文化冲突异常激烈，中国社会处于一个急剧转型的时期。一方面，由于经过了鸦片战争之后近80年的中西文化的碰撞与融合，特别是五四新文化运动的洗礼，中国传统教育

① 田正平.中外教育交流史[M].广州:广东教育出版社,2004:16.

的弊端尽显，以儒家纲常伦理为核心的封建意识形态受到猛烈抨击；另一方面，反对迷信、提倡民主与科学、宣扬个性解放、重估一切价值等思想，都迫切需要新理论的指导。在这种局面下，受到冲击最大的自然是学成归国的留学生，他们从西方先进文明的国度归来，在那里浸淫先进文化，怀揣满腔报国热情回到中国，却惊讶于故国的落后，颇有英雄无用武之地的尴尬。作为新型学人群体，留学生们积极投身于教育变革、社会改造的时代洪流，势必要将西方先进文化传入中国，完成对中华民族的启蒙与现代化。

在近代中美教育水平存在较大差异的情况下，留美学生在推进中美教育文化交流过程中的重点无疑是对美国教育的学习与传播。留美学生在学术界所传播的西方人文学科中，实力最强、特色最明、影响最大的主要是哲学、社会学、教育学、心理学这几个学科。[①]他们以前所未有的开放心态，广求新知于世界，极其隆重而诚挚地邀请了一批欧美著名学者来华讲学，大力引入世界教育革新的新知新学，并运用所掌握的先进的西方教育理论武器，指陈传统教育的弊端，促使教育体制逐渐由传统向现代转型，在仿效美国模式的中国教育现代化过程中发挥了重要作用。在中国教育摆脱传统羁缚、迈向现代的艰难历程中，以孟禄、杜威为代表的一批美国教育家来华，带来了当时世界上最先进的教育理论和方法，切合了中国社会发展的实际需要。作为实用主义教育的首席大师，杜威完成了实用主义教育理论的宏观建构，落实到中国的教育上，影响了中国教育的宏观层面，为后续来华的美国教育家的教育科学研究、调查访问提供了理论基础。

继孟禄与杜威以后，1922年，哥伦比亚大学师范学院心理学教授麦柯尔(W. A. McCall)和俄亥俄州立大学教授推士(G. R. Twiss)来华，指导编制心理与教育测验；1925年，著名女教育家帕克赫斯特(H. H. Parkhurst)来华宣讲“道尔顿制(The Dalton Laboratory Plan)”教学法；1928年，美国进步主义教育家、杜威的学生与同事克伯屈(W. H. Kilpatrick)带着“设计教学法”(Project Method)来华。他们对中国都抱着一种友好、同情的态度，积极支持中国的社会改造与教育革新。而中国五四时期民主观念的广泛传播、民族经济的迅速发展以及教育

① 李喜所，刘集林等．近代中国的留美教育[M]．天津：天津古籍出版社，2000：374.

领域内掀起的反复古主义教育思潮对旧教育的彻底批判，也为这些美国教育家来华调查和讲学获得巨大成功提供了社会土壤，近代中美教育交流史上一个最为活跃的时期由此勃兴。

1.孟禄来华

孟禄来华调查中国教育是中美教育交流史上仅次于杜威来华的一件盛事。孟禄时任哥伦比亚大学师范学院教育部主任，他不仅在教育史、教育行政、比较教育学等领域享有极高的学术声望，而且还极力倡导国家之间的教育交流，曾任美国国务院教育研究会研究员、美国国际教育学会远东部主任、世界教育协会联合会（World Federation of Educational Associations，WFEA）会长等职。杜威来华长于通过演讲给中国教育界输入新理论，孟禄来华则更多地通过调查、讨论、谈话等方式给中国教育以实际的诊断与指导；杜威富于理想，孟禄长于实行。正如留美学生汪懋祖（哥伦比亚大学硕士）所言："近年杜威、罗素（B. A. W. Russell）来华，给我们学理上的学问，而孟禄博士此次来华，给我们实际上的学问。中国以四千年的老国，一旦要走到新的路上去，自然要经过一番破坏。孟禄博士是指示我们方法，使从效率看来，可以把破坏的时间缩小。杜威、罗素的学说很高深，现在很有一般人误会他们的学说，开口就是杜威闭口就是罗素，如从前迷信孔孟一般。其实杜威、罗素的学理，哪里是如此呢？孟禄博士来华后，劝我们以科学的精神去解决一切事件，则我们中国文化的光明，或者是自孟禄博士来开始。"[①]陶行知也认为："此次博士来华，以科学的目光调查教育以谋教育之改进，实为我国教育开一新纪元。"[②]

在近代中外教育交流史上，就与中国教育界交往之广泛、历时之长久而言，无人能出孟禄之右。孟禄曾于1913—1941年间14次来中国调查教育、讲学和从事教育、文化交流活动，以其丰富的教育经验，积极参与中国的教育活动。他以教育历史著名，渊博无比，曾任卡内基基金会副总裁、罗氏基金顾问，与郭秉文过从甚密，积极推动中美两国在教育、文化等方面的合作。1913年6月，孟禄受美国政府委托率基督教代表团到菲律宾考察教育后，顺道来华考察。他考察

① 孟禄与中国教育界同人在中央公园饯别会之言论[J].新教育，1922，4(4)：660.

② 孟禄与中国教育界同人在中央公园饯别会之言论[J].新教育，1922，4(4)：653-654.

了上海、江苏、福建等地的教育状况，并应邀在福州与江苏省教育会等处发表演讲。他指出，中国教育较之欧美相去甚远，所以中国无以为富国之本，但是，因为中国幅员辽阔，物产丰富，民风简朴，如能从教育上努力，则国富民强大有希望。在和时任江苏省教育司司长的黄炎培等座谈中小学教育问题时，孟禄谆劝他们注重发展实业教育与学校卫生教育。

1921年9月5日，应北京的实际教育调查社同仁之邀，孟禄再次来华进行了为期4个月的大规模教育调查与讲学，这是他在华活动时间最长、活动范围最广、产生直接影响最大的一次。实际教育调查社是1921年8月由范源濂、郭秉文、张伯苓、蒋梦麟、金邦正、凌冰、邓萃英等留美学生专为配合孟禄此次访华进行教育调查而发起组织的一个办事机构，名称“取意为从事实上调查，作实地的研究，以为实行改良的基础”，旨在“察近时教育之情状，示以改良进步之方法”[①]。该组织的发起人几乎囊括了国内热心教育变革的各机构领袖人物，对推动中国科学教育的普及和发展发挥了巨大作用。实际教育调查社在北京高师设立筹备处，由邓萃英主持，王文培和汪懋祖二人协助，以便于孟禄开展工作。孟禄表明此次来华的目的时说：“外国人到中国旅行的多注意中国的古物与万里长城；外国商人到中国来的则注意中国社会的情形，想在中国发财；我到中国，专注意于中国的将来，所以注重中国的教育。”[②]孟禄希望通过实际调查，发现中国教育存在的弊端与问题，并以调查结果与欧美教育发展的事实为依据，对中国教育进行建设性批评，提出改进建议，以使中国教育日臻进步。鉴于此，他将调查重点聚焦在四个方面：一是根据教师与学生之关系视察一切，而对中小学特别注意；二是科学教育及应用；三是师资；四是学校经费来源。[③]

从1921年9月5日抵华至翌年1月7日离华，在陶行知、郭秉文、王文培、许崇庆、凌冰、汤茂如、王卓然等留美学生的陪同下，孟禄考察的范围涉及9省（直隶、山西、河南、江苏、广东、福建、浙江、山东、奉天）18市（北京、保定、石家庄、太原、开封、徐州、南京、无锡、苏州、上海、杭州、南通、福州、厦门、广州、济南、曲阜、天津）及其周边乡镇，所考察的教育设施，从幼儿园至中小学、大学、私塾乃

① 王卓然. 中国教育一瞥录[M]. 上海：商务印书馆，1923:5.

② 王仲达（口译），王卓然（笔记）. 孟禄的演讲：影响教育问题之新势力[J]. 新教育，1922，4(4):591.

③ 孟禄博士到京后与北京教育界之谈话[J]. 新教育，1922，4(4):627-628.

至教育行政机关,多达200余处,演讲60余场,并频频与各地教育界、工商界、政界、文化界人士广泛召开座谈会和讨论会。其中,孟禄与中国教育界人士讨论中国教育问题,可以说是和他调查中国教育、讲演教育问题同时进行的。在讨论之前,孟禄明确表达了自己的意向:“我所发表的意见对于教育缺点不免有所批评,但我不为批评而批评;我批评的目的是以怎样改造进步为根基,是想怎样使中国教育可以办得好。我对于中国教育的批评,是建设的,非破坏的。”①

此次访华,孟禄深切体会到,中国的教育虽不发达,却充满了革新的活力和高涨的学习精神。他站在西方民主的立场,希望中国教育界能在切合国情的基础上进行学习改造,并对各级各类学校教育给予了许多实际的指导和建议,其中尤为精辟的是他关于改革学制和改进中学科学教育的主张:(1)以欧美教育新思潮为指导,向平民的自由的路上走,取“平民主义”。“中国既为共和国,则当施共和国之教育,其要素有二:(一)为独创的能力,能以自动之精神,自己研究,自己判断,而自用方法以达一定之目的;(二)效率,以少数之金钱、时间、精神,而得多数之效力。有此两种要素,方合共和之精神。在学校与学生以自动之机会,独创之能力,则卒业后其创造力、判断力自能充足,即此共和教育之目的也。”②(2)中国学制应适应世界教育趋势,采用“六三三”学制。这种新学制活动程度较高,伸缩性强,特别是选课制的实行,“既可以应付地方特别情形,又可以顺应学生的个性与兴趣”③。(3)改革中学教育。中国中学之弊端有二:第一,科学实验设备不足,实验时间太少;第二,教授法太偏于演讲。④关于教学方法,孟禄形象地说:“中国今日的教学法,譬如踢球,是只教学生研究踢球方法,不叫学生自己踢球。”⑤他建议应当注重学生自动,并向国人介绍了美国的设计教学法,这是由克伯屈依据杜威实用主义教育思想和桑代克(E. L. Thorndike)心理学而形成的一种教学制度,强调使学生有选择的机会,并进一步引导其解决具体问题,最终得到思维的训练。实质上,设计教学法与其说是一种教学方法,还不如说是一种教学观念,倡导以学生为主,强调学生独立性的培养和公共道德观念

① 凌冰(口译).胡适,陈宝泉,陶行知(编辑).孟禄的中国教育讨论[J].新教育,1922,4(4):537-538.

② 陶行知.陶行知全集(第6卷)[M].第2版.成都:四川教育出版社,2005:744.

③ [美]孟禄.论中国新学制草案[J].徐则陵,译.新教育,1922,4(2):134.

④ 汤茂如.孟禄看得最得意的学校[J].新教育,1922,4(4):681.

⑤ 凌冰(口译).胡适,陈宝泉,陶行知(编辑).孟禄的中国教育讨论[J].新教育,1922,4(4):556.

的形成。关于科学教学，孟禄提出必须加强中学科学课程（生物、物理、化学等）的教学。“中国之困难，不在财政，而在缺乏科学上的人才……假使中国有三数百的科学专家，就比较中国有三数百万军队还要强些！”[①]“教育实为实业发达的基础，而科学又为教育的基础。我观察贵国，实一无科学的国家。所以我对于贵国的希望：一、科学的进步；二、科学的实用；三、科学的普及。”[②]显然，这些建设性的意见是以美国教育为模板，以实用主义、民主主义教育为特征的。

孟禄的中国教育调查不仅再次强化了美国教育对中国的影响，促进了中国教育的美国化进程，而且大大激发了中国教育界研究教育的活力与精神。在孟禄的赞同及公开提议下，1921年12月23日，中国教育界一批知名人士与各省教育代表（其中大部分为留美学生，如郭秉文、陶行知、张伯苓、朱经农等）云集北京，将实际教育调查社与新教育共进社、《新教育》杂志社合并改组为国内最大的教育研究团体——中华教育改进社，成员在成立之初即超过500名，以“教育的科学研究”与“科学教育的改善”为口号，推举蔡元培、范源濂、郭秉文等9名学者为理事，孟禄与杜威为名誉理事，陶行知为总干事，旨在“调查教育实况，研究教育学术，力谋教育进行”[③]。从此，中国近代第一个集教育研究、调查、编辑、推广四项任务为一身的机构开始了真正运转，中国研究教育之风为之一振，新教育的研究与实践得以有效推进。孟禄在华宣扬以民主、自由、共和为特质的资产阶级民主主义教育的同时，颇能顾及中国实际情况，对症下药，提出更适切于中国国情的具体教育措施，在理论、制度和实践层面指引中国教育走上科学化、民主化、大众化的道路。

2.杜威来华

杜威是美国实用主义哲学家、教育家、进步主义教育运动的杰出代表，也是20世纪西方教育史上颇有影响的代表人物。英国哲学家罗素指出，一般公认他（即杜威）是美国现存的首屈一指的哲学家，他不仅在哲学家中间，而且对研究

① 凌冰（口译）.胡适，陈宝泉，陶行知（编辑）.孟禄的中国教育讨论[J].新教育，1922，4（4）：559-560.

② 中华民国史事纪要（初稿）——中华民国十年（一九二一）七月至十二月[Z].1019.

③ 朱有瓛，戚名琇，钱曼倩，等.中国近代教育史资料汇编·教育行政机构及教育团体[G].上海：上海教育出版社，1993：544.

教育学的人、研究美学的人以及研究政治理论的人，都有深远的影响。[①]对现代教育理论的宣传介绍最为全面、系统者当以杜威为第一人。1919年4月30日，适逢五四新文化运动如火如荼之际，被近代中国知识界誉为“美国教育大家”“世界思想领袖”的杜威应教育部、北京大学、尚志学会、新学会和江苏教育会的联合邀请，赴华从事讲学活动。杜威的实用主义教育理论最具时代性的地方在于抓住了传统教育的弊病，即脱离社会和脱离儿童，提出“以儿童为中心”“从做中学”“教育即生活”和“学校即社会”等现代教育命题，并对民主政治进行了全新的诠释，是“美国精神的最深刻、最完全的体现”[②]，不仅适应了20世纪上半叶美国社会生活变化的具体要求，对美国教育由传统向现代转型、过渡起了积极的推动作用，而且也影响了20世纪上半叶国际教育发展的走向，对全世界新教育浪潮具有重要的指导意义。因此，杜威来中国就是世界教育改革运动的扩展和延续。

这次联合邀请是由杜威的几个学生——南京高等师范学校校长郭秉文、北京大学教授胡适、《新教育》杂志主编蒋梦麟等牵线促成的。从1919年4月30日至1921年8月2日杜威离开中国为止，胡适、陶行知、凌冰等分别陪同杜威至各地讲学并分担口译。杜威的足迹遍及上海、北京、天津3个城市和江苏、浙江、直隶、奉天、山东、山西、江西、湖南、湖北、福建、广东等11个省，他做了大小演讲200余场，场场座无虚席，内容主要是“现代科学、民主、教育及其相互之间的密切联系”[③]，并介绍美国的教育制度。通过演讲、考察以及报刊报道、学术作品刊印等渠道，杜威的实用主义新知跟随其在中国的脚步传播到全国各地，给中国近代教育界以深刻的思想洗礼，成为新旧教育的巨大界碑。杜威强调：“近代民主社会的精义所在，就是使个人有平等的机会，去做兴奋的发展；又须使人人心理都适合人性的原理原则。”[④]它的传播，契合新文化运动中得到大力弘扬的“民主”口号，暗合国人要求国家与社会进步的心理。同时，对近代中国改革而言，也无疑是最急需的良方，因此，杜威所到之处均受到教师、学生、学者、政府

① [英]罗素．西方哲学史及其与从古代到现代的政治、社会情况的联系（下卷）[M]．马元德，译．北京：商务印书馆，2015:409.

② 单中惠．西方教育思想史[M]．太原：山西人民出版社，1996:622.

③ 徐传德．南京教育史[M]．北京：商务印书馆，2006:210.

④ 单中惠，王凤玉．杜威在华教育讲演[M]．北京：教育科学出版社，2007:229.

和社会领袖以及一般民众的热烈欢迎与积极响应，影响中国改革实属必然。

杜威的实用主义教育哲学虽然属于主观唯心主义，但是强调立足于现实生活，强调科学精神，重视功利，尊重个人的自由选择，相对于传统教育文化而言，具有无可争议的进步意义。为贯彻杜威的教育思想，同时也为纪念杜威此行，南京高等师范学校特地将其附属小学命名为"杜威院"。此外，杜威也被中华五千年的文化所吸引，总共在中国生活了两年零两个月又十二天。相较孟禄，杜威访华虽以宣传实用主义教育思想为直接目的，对中国教育调查等实践关注较少，但也从宏观上提出了基于实用主义教育理论的中国教育改革方案，集中体现在平民主义教育和职业教育两个方面。1921年，杜威结束在华讲学，他在告别演说中提出："我向来主张东西文化的汇合，中国就是东西文化的交点，我相信将来一定有使两方文化汇合的机会。"①

当杜威来到中国，正逢中国社会变革处于追求科学与民主热潮的高涨时期，杜威的学说迎合了这种时代需要，而且也符合中国教育中的某些优良传统，颇易接受。因此，他对中国的访问、考察和讲学，不仅推动了中国的教育改革，而且促进了中国的社会改造。他在中国宣传的民主和科学思想，冲击了旧的中国传统价值观念，促进了中国社会的现代化。胡适认为，近百年来，西方人对中国影响最大者，没有谁能超过杜威。"自从中国与西洋文化接触以来，没有一个外国学者在中国思想界的影响有杜威先生这样大的"；"在最近的将来几十年中，也未必有别个西洋学者在中国的影响可以比杜威先生还大的"。②这也从一个侧面反映出近代以来西方文化对中国文化的影响。杜威的女儿在为父亲撰写的传记中，也深情地写道："不管杜威对中国的影响如何，杜威在中国的访问对他自己也具有深刻和持久的影响。杜威不仅对同他密切交往过的那些学者，而且对中国人民，表示了深切的同情和由衷的敬佩。中国仍然是杜威所深切关心的国家，仅次于他自己的国家。"③

作为中国留美学生的精神导师，杜威、孟禄与其中国弟子们联袂开展了教

① 中国社会科学院近代史研究所中华民国史研究室.胡适的日记(上册)[M].北京:中华书局,1985:118.

② 白吉庵,刘燕云.胡适教育论著选[M].北京:人民教育出版社,1994:128.

③ [美]简·杜威.杜威传[M].单中惠,编译.合肥:安徽教育出版社,1987:52.

育观念变革活动,深入批判封建传统教育观念,系统宣扬西方现代教育理论,在中国教育界刮起了实用主义的飓风,提倡教育的民主化、科学化、生活化及实用化逐渐成为业界共识。“以杜威开其端,孟禄为中坚,推士和麦柯尔殿其后,美国哥伦比亚大学实用主义教育学派以坚强的阵容和崭新的理论,井然有序地在20年代之初把美国进步教育运动的新风潮输来中国,从而推进了中国教育汇入国际教育运动的行程”①,实用主义教育思想也成为20世纪20年代中国教育改革的主导思想。“进步主义教育对中国的影响是其传播史上最重要的事件。这不仅表现在杜威和克伯屈在华逗留的时间比在其他任何一个外国都长,而且表现在20世纪20年代大多数中国教育界的重要人物都或多或少地受到杜威等人的思想的影响,还表现在五四以后在中国教育界出现的各种教育思潮都与进步主义教育有着某种联系,表现在进步主义教育思想对20世纪20年代中国教育改革的重大的影响,表现在相当数量的中国教育家在推行设计教学法、道尔顿制、文纳特卡计划等实验方面所付出的巨大辛劳。“进步主义教育在中国的传播和影响,无论在广度上还是在深度上,都是独一无二的。在一定程度上可以说,在20年代的中国教育界,进步主义的教育思想与其说是一种学说,倒不如说是一种信仰。”②

同时,这些曾经留美的中国教育家群体也积极领衔中国的教育变革,扮演了国际教育新潮进入中国的“二传手”角色,使中国汇入国际教育变革的大潮之中。一方面,他们既参与国家教育政策的制定,又亲历教育实践的第一线;既当新教育运动的舵手,又当国外教育的学生,在新教育运动中开展教育与自我教育,逐渐成长为新教育家群体;另一方面,他们对教育的信仰也成就了他们教育救国的理想,坚信只有教育才能扭转国贫民弱的现实,造就正义与自由的理想之国。总之,近代留美学生针对伴随近代中国教育转型与国际化而来的“洋化”,尤其是“美国化”的困扰,做出了不懈的“中国化”努力。

杜威、孟禄回国之后,以事实为依据,批驳了西方人错误的中国观。在他们看来,中华文化中蕴含的某些精髓,对西方文明的发展具有独特的借鉴价值。

① 章开沅,唐文权.平凡的神圣——陶行知[M].武汉:湖北教育出版社,1992:116-117.

② 张斌贤.社会转型与教育变革——美国进步主义教育运动研究[M].长沙:湖南教育出版社,1998:146.

杜威、孟禄在中国演讲过程中，中国大学师生对美国历史文化的熟悉程度与感兴趣程度，不仅令他们感动与讶异，更引起他们的深刻反思与不安。因为，相比之下，他们发现美国人对中国知之甚少，即使在哥伦比亚大学这样的名校，除中文系的一些成员外，几乎所有教职员都缺乏对中国相应的理解，美国各大图书馆有关中国的优质藏书相当缺乏。同时，他们也意识到在美国的中国朋友的文化背景，远比想象中的复杂。为解决这个文化了解的高反差与信息的不对称问题，他们呼吁在美国创办一个机构，作为传播中国教育文化，增进中美理解的基地，通过“交流美国大学有关中国的可靠的、基础的、最新的消息”[①]，致力于向美国人民展现一个当代真实的中国，从而在西方先进教育思想和中国传统历史文化之间，架起一座沟通的桥梁。这种想法逐渐被广泛接受，但是需要资金支持，而当时却经费无着，直到“庚子赔款”后中华教育文化基金董事会成立，这一梦想才得以实现。

（三）中基会的成立

由于第一笔退款的成功落实，1920年前后，美国拟定“退还”中国第二期“庚子赔款”，第二次庚款“退还”也是对第一次未尽事宜的善后与继续。此事在中国驻美公使施肇基博士的主持下，由中国驻华盛顿使馆负责与美方接洽。1924年5月7日和12日，美国众议院和参议院分别通过第二次“退还”庚款余额给中国的议案，7月21日，经美国总统柯立芝（J. C. Coolidge）批准生效。是年6月14日，美国国务卿休斯（C. E. Hughes）致中国驻美公使施肇基：“兹谨检奉1924年5月21日国会通过之议案一份，此案授权大总统退还1917年10月1日起应付之庚子赔款于中国，由大总统认为适当之时期与情形中，依国会在该案并言内所表示之意旨，发展中国之教育与文化事业。”[②]中国政府当即表示赞同，施肇基以驻美公使的身份立即给予答复：“美国于1908年第一次退还庚款，使得中国政府得以自由用于教育之目的，其试验之结果，使中国政府确信此种方向乃明智之

---

① Chih Meng. *Chinese American Understanding——A Sixty-Year Search*[M].New York：China Institute in America Press，1981：141.

② 黄延复.庚子赔款的“退还”和使用[M]//中国社会科学院近代史研究所近代史资料编辑部.近代史资料（总70号）.北京：知识产权出版社，2006：68.

举。对于目前美国政府退还之余额，中国政府仍继续从前之政府办理，惟应时势及经验之需要，需做变更。近年来中国科学教育需要甚殷，中国政府本贵国之盛意，将退还之款项，悉用于教育及文化事业，而特别侧重于科学之需要。且本国政府之意愿，欲将办理退款事宜，委之于中、美人士合组之董事会，并已聘请专家，规划细节。俟规章拟定，必呈台端清阅。”[①]

该退款自1917年10月1日起算，本息合计为12545437美元，分20年交付中国，每年539588美元。[②]1914年，第一次世界大战爆发，美、英、法、比、葡等协约国对德、奥宣战，由于中国的参战，协约国便将庚款暂缓5年，并免于加算利息。1931年又停付1年，故须延至1946年终了，共分23年又3个月“退还”。

由于孟禄在中国政教界的良好关系以及参与洛克菲勒基金会（The Rockefeller Foundation）等组织的丰富经验，1924年7月底，受美国政府委托，孟禄就美国第二次“退还”中国庚款余额的用途以及庚款委员人选事宜，以非官方身份访华。孟禄在华逗留一月有余，同中国政府当局以及各种教育团体的代表人物充分协商、交流，最终达成初步共识：“最好将退款储为基金，如嘉南琦基金，洛氏教育基金部，薛治基金等类财团；并且大家都承认基金的一部分，应该用为设立实用科学研究机关的经费。但是这个机关应该受基金部的指导，而所有需用经费也只能算为基金部的补助金。并不像清华学校那般独立的组织。基金部董事会可以由中美两国人士合组，而中国人应占其多数。”[③]在孟禄、杜威等美国知名人士和中国驻美公使施肇基、外交总长顾维钧、教育总长张国淦等中国政府官员的推动下，拟定了《董事会章程》，共计10条，正式将该会定名为“中华教育文化基金董事会”（The Board of Trustees of the China Foundation for the Promotion of Education and Culture，简称“中基会”），这是由中华民国北洋政府和美国政府共同成立的负责保管、分配、监督使用美国“退还”庚子赔款的机关。章程规定董事会由中美双方相关人员共15位董事（中方10人、美方5人）组成，董事皆由两国政府会商推出，共同对此基金进行监管，是中基会的最高权力机构。1924年9月17日，经征得美国政府同意，中国政府“大总统令派颜惠庆（内阁总理）、张

① 赵慧芝.中基会和中国近现代科学[J].中国科技史料，1993，14(3)：68-82.

② 杨翠华.中基会对科学的赞助[M].台北：“中央研究院”近代史研究所专刊(65)，1991：6.

③ 杨翠华.中基会对科学的赞助[M].台北：“中央研究院”近代史研究所专刊(65)，1991：5.

伯苓（南开大学校长）、郭秉文（东南大学校长）、蒋梦麟（北京大学代理校长）、范源濂（北京师范大学校长）、黄炎培（江苏省教育会会长、东南大学及中华职业教育社董事）、顾维钧（外交总长）、周诒春（曾任清华学校校长）、施肇基（中国驻美公使）、孟禄（哥伦比亚大学教授）、杜威（哥伦比亚大学教授）、贝克（J. E. Baker，中国交通部铁道管理局顾问）、贝诺德（C. Bennett，美国花旗银行经理、北京国际银行总裁、清华基金董事会董事）和顾临（R. S. Greene，北京协和医院董事、洛氏基金会中华医药董事会驻华代表）为董事。十月三日复令丁文江（首任中国地质调查所所长、地质学家、社会活动家）为董事，合成十五人之数。于是中华教育文化基金董事会遂告正式成立焉"[①]。其中，顾维钧为名誉会长；颜惠庆为董事长，担任董事会一切会议的主席；孟禄为副董事长；范源濂为总干事（后由任鸿隽接任）。实际上，中基会10位中国董事之中，除颜惠庆、顾维钧、施肇基为北洋政府官员之外，其余均为教育界人士，且都在全国教育团体所选出的名单之中。"是故大抵而言，北洋政府对董事会的筹组，还相当尊重教育界的意愿。"[②]纵观董事会的董事和职员，具有相当的稳定性，截至1949年，中美两国共产生40余名董事，其中美籍董事共计12人。孟禄、顾临、贝克、贝诺德、司徒雷登（J. L. Stuart，美国基督教长老会传教士、外交官、教育家，曾任燕京大学校长）等美国董事与蔡元培、施肇基、周诒春、胡适、金绍基、李煜瀛、任鸿隽、孙科等中国董事的任期均达10余年，董事及职员任职的连续性，对中基会事业的开展具有积极意义。

1924年9月18日，顾维钧在北京外交部主持召开中美基金董事会会议，中华教育文化基金董事会正式宣告成立。为了开展工作，会议选举产生了一些临时机构，并在董事中选举了临时职员：范源濂为临时董事长，孟禄为临时副董事长，周诒春则在会计、秘书、干事长、副董事长之间变换。其中，周诒春在中基会任职20年以上，属于为中基会劳心劳力最多的人，许多事务都需要他亲力亲为，搭桥铺路，并凭借自己对中基会业务的熟悉与勤奋，取得了董事们的信任。这次会议讨论通过了董事会章程及会务细则，并根据当时中基会的工作需要，

① 中华教育文化基金董事会报告[M]//中国社会科学院近代史研究所近代史资料编辑部. 近代史资料（总101号）. 北京：中国社会科学出版社，2001：172.

② 杨翠华. 中基会的成立与改组[M]. 台北："中央研究院"近代史研究所集刊（18），1989：267.

组织成立了5个临时委员会,即:

(1)草拟会务细则委员会:范源濂、贝克、周诒春;

(2)推荐干事长和执行秘书委员会:孟禄、贝克、周诒春;

(3)讨论请求款项事件委员会:贝克、周诒春;

(4)收纳并存放一切款项委员会:全体董事;

(5)担任在美接洽事宜委员会:施肇基、顾临、孟禄。①

这5个临时委员会的委员,根据分配的任务,平时维持其日常工作,并在下次会议上提出工作报告,待产生新的职员为止。《中华教育文化基金董事会章程》具体内容包括:

第一条　定名为中华教育文化基金董事会。

第二条　本会设立之目的:

甲,接受根据一九二四年六月十四日美国国务总理致中国驻美公使照会所退还之款项;

乙,酌量存储该款于一银行或数银行,并得酌用其他生利方法;

丙,酌量保留该款之一部分作为基金,以其收入充本会目的事业之用;

丁,使用该款于促进中国教育及文化之事业;

戊,接受其他用于教育文化之款项。本会在原赠予条件内,对于此等款项有支配之全权,与原退还款项相同。

第三条　本会事务之处理,以董事十五人掌之。第一次由中国大总统委派,其后每遇缺出,由本会选举补充。选出后应立即呈报中国政府。

第一任董事之任期,由本会于第三届年会时以抽签定之。内三人再连任一年,三人二年,三人三年,三人四年,三人五年。以后董事均

---

① 中华教育文化基金董事会第一次报告[R].1926(3).2-3.转引自赵慧芝.中基会和中国近现代科学[J].中国科技史料,1993,14(3):68-82.

五年一任。

第四条　董事为名誉职,但到会时得酌支川资。

第五条　凡因以上目的而移交之款项证券或产业,董事会有接收管理之权,并有权自定印章格式;又得视事业之需要,聘用职员(不论是否董事)及雇员,酌定其薪俸;并得因会务之必要或便利上订定附属章程细则。

第六条　本会总机关设于北京,但其职员之办事处所及董事或委员之开会地点,得随时由本会决定改在他处。

第七条　董事每年应将上年度之事业,造具报告,连同经费收支及放款帐(账)略,呈报中央政府,并刊布之。

第八条　外交总长、教育总长、美国驻华公使,有派遣代表出席董事会旁听议事之权。

第九条　本会之职员,设董事长一人,副董事长二人,秘书一人,会计二人,内一人为华人,其他一人在赔款支付期内应为美人。

第十条　本章程得以召集特别会议,经董事四分三之赞成修正之,一面呈报中国政府备案。①

中基会是为接收、保管、分配和监督使用美国第二次"退还"的庚子赔款余额而设立的合法信用机构,具有官方性与组织性。不过这次的用途范围急剧扩大,不再仅是植才异国,而是旨在使用该款于促进中国教育及文化之事业。1925年7月,中基会收到由美国财政部转来的第一次"退还"的庚款余额,计1377255.02美元,这是从1917年10月1日起所累计积存的庚款余额。其款项分配之事业范围,主要包括两个方面:"(1)发展科学知识及此项知识通于中国情形之应用,其道在增进技术教育、科学之研究试验与表证,及科学教学法之训练。(2)促进有永久性质之文化事业,如图书馆之类。"②其中,科学教育最受重

① 中华教育文化基金董事会报告[M]//中国社会科学院近代史研究所近代史资料编辑部.近代史资料(总101号).北京:中国社会科学出版社,2001:190-191.

② 黄延复.庚子赔款的"退还"和使用[M]//中国社会科学院近代史研究所近代史资料编辑部.近代史资料(总70号).北京:知识产权出版社,2006:73-74.

视，仅科学教席和科学教育顾问委员会，即占自办事业费用的40%以上。[①]清华大学理所当然地获得了中基会提供的相当部分的奖学金，在当时中央政权风雨飘摇、军阀混战愈演愈烈的情形下，清华大学因为有着中基会这个坚强后盾，得以在众多大学中保有天然的优势。同时，中基会也在争取和保障“退还”庚款用于促进永久性质之文化事业，如建立图书馆、设置自然科学教席、设立科学研究机构、设置科学研究奖励金与补助金、推动教育科学研究的开展等方面做了大量有益的工作。用于中基会的这笔庚款余额虽然是有条件的“退还”，使用受到一定程度的限制，但它在中美友好人士的主持之下，所进行的工作，客观上对中国近现代科学教育事业的发展产生了重要影响，尤其对民国时期的科学进步起到了比较大的推动作用。

中基会分配款项原则主要包括：

本会所有事业，以中国驻美公使于民国十四年六月六日致文于美国政府所声明者为范围。现在会务方始，关于事业中之各项问题，尚待调查考虑。惟阅各方送到多数之请款意见书，属望甚奢，而收回赔款数额有限。且经议定以赔款之一部分留作永久基金，庶赔款期满后，仍得以其息金办理必须继续之事业。因此，目前可以支拨之金额更属不多。本会甚愿就此有限之资力，进谋最大最良之效果。兹先就分配款项一端，议定原则如下。

一　本会分配，概言之，与其用以补助专凭未来计划请款之背后设机关，毋宁用以补助办理已有成绩及实效已著之现有机关。

二　有因本会补助，可以格外努力前进，或可以多得他方之援助者，是种事业，本会更应重视之。

三　本会考虑应行提倡之事业时，对于官立私立各机关不为歧视。

四　本会分配款项，对于地域观念应行顾及，其道在注重影响普

① 卫道治.中外教育交流史[M].长沙:湖南教育出版社,1998:235.

遍之机关，如收录学生遍于全国，或学术贡献有益全民者，皆在注重之列。

五　本会分配款项，应规定期限，到期继续与否，由本会斟酌再定。

六　本会分配款项，须先经干事长详慎审查，遇必要时，得征集专家意见或请其襄助审查。①

中基会坚持"为而不有"的原则，旨在以"有限之资力，进谋最大最良之效果"。为达到这个目的，唯有补助已有成效的机关，其原因在于："消极方面，固可以阻止以要钱为目的的投机家；积极方面，也可以使成绩优良、信用昭著的机关，愈容易得到发展的机会。严格说来，虽近于锦上添花，大体上看，还算是'因材而笃'。基金会本非慈善机关，这样的一个原则，不但是必要，而且是应该的罢。"②中基会的成立，在中国是创举，此前从未有如此基金会的组织。在美国的倡导示范下，英、法、日等国均相继"退还"庚子赔款，并成立了相应的庚款管理委员会，但均建树寥寥，无甚重大影响。在当时中国政局不稳、战争连年、国家处于内忧外患的状况下，中基会是当时的众多庚款机构中将"退还"资金全部用于中国教育文化事业之唯一者，也是在基金的保存和使用上最为成功的一个。1949年，中基会及其一切可移动的现金和证券等转移至美国纽约，在美的事务由胡适、蒋梦麟、马大猷、叶良才等人主持，其资助对象则仅限于中国台湾的学术机构、教育及其研究人员的科学研究等事业。1972年9月中基会迁至中国台湾，并在台湾成立干事处。从此，中基会在中国台湾正常运作，对台湾的科学、教育事业发挥其应有的作用。现在的中基会，早已不是当初保管与支配美国"退还"庚款余额的机构，而是发展成为一个独立自主、永久自存的基金组织，仍在发挥着积极作用。

---

① 中华教育文化基金董事会报告[M]//中国社会科学院近代史研究所近代史资料编辑部.近代史资料(总101号).北京:中国社会科学出版社,2001:191-192.

② 任鸿隽.科学救国之梦——任鸿隽文存[M].上海:上海科技教育出版社,上海科学技术出版社,2002:521.

二、华美协进社的成立

杜威和孟禄访华归国之后，一面积极推进美国"退还"庚款事宜，一面着手中美教育文化交流活动的开展，借此增进美国人民对中国的了解。因为，在他们看来，国家之间的沟通并非文化之间简单的代替与被代替，而是在独立平等的前提下，在对彼此民族文化背景与心理的相互理解基础上的相互交流。长期以来，中美教育文化交流因为缺乏因地制宜的长期规划以及在美没有常设机构协调，难以及时有效、长期稳定地进行，所以，急需熟悉中美教育的内行坐镇指挥。在这种情况下，孟禄和杜威以董事的名义向中基会提出议案，希望分拨一部分"退还"庚款，在美国建立宣传中国教育的"桥头堡"，并使这个中心成为在美国的中国留学生及学者聚会的场所，以此促进中美教育文化交流的发展。

"迩来美国在英法捷克诸国，设有美英、美法等协进社，以增进两国间教育文化之关系为主旨。英法各国之于美邦，亦有相同之组织，社中主任人员，平日遄赴各处，讲演考察，期使两国教育文化情形互相了解，于国际关系裨益殊多。美人现拟推行于东亚诸国，并望我国在彼邦设立华美协进社。中基会鉴于此种组织之重要，因于第一届常会时提出讨论，议决设立，延请郭秉文博士为主任，设事务所于纽约。"①中基会同人和国内有识之士也一致认为，从19世纪中期到20世纪初期，中国人一直专注于向西方学习富国强兵之术，如科学技术、法律、政治以及教育等，唯独缺乏考虑如何通过对外展现中国文化以获得或恢复国际上的认可。尽管在20世纪20年代，早有留美的中国学生通过出版物和公开演讲致力于向美国人宣讲真正的中国，但是，如何克服这种人员的流动性，创建一个稳定永续的组织用于在美国传播中国文化仍然是极其重要的。而国家之间互相谅解，端赖各国文化教育界之声应气求、努力合作。此类机构之设立，恰恰弥补了在美国有组织地推广中国文化方面系统努力的缺乏，进而凸显其重要性。

1926年2月26日至28日，中基会在北京饭店召开了董事会第一次常会，议决该会筹办及辅助事业之特别事项之一为：在美国设立华美协进社，作为中基会的自办事业之一，期使两国文化教育情形相互了解，并推定郭秉文为社长。

① 国内教育新闻：华美协进社之概况[R].中华教育文化基金董事会报告：1934，16(19)：8.

在成立之后的最初3年，中基会依约向华美协进社每年提供2.5万美元的补助金。毕业于哥伦比亚大学的郭秉文由于积累了较高的学术造诣，在留美期间交游广泛，还曾担任过中国留美学生联合会会长，锻炼出非凡的交际与组织能力，堪称中美教育文化交流的先驱。而且"1920年代在各国人士眼睛里，中国外交界上只有顾维钧、施肇基，教育界上只有郭秉文"①，所以，中基会董事兼国际教育组主任郭秉文受命组建社团。1926年3月26日，中基会第四次执行委员会在该会事务所开会，通过了华美协进社章程及预算，并经议决该社定于当年4月间成立。章程中规定华美协进社事业之范围包括4项：

(1)传播中国教育文化之消息于美国；

(2)增进中美教育机关间之关系，如介绍交换教授之类；

(3)辅导中国在美之留学生，予以教育上之便利，并对于美国学生之研求中国问题者，予以相当之赞助；

(4)鼓励美国人研求中国文化之兴趣。②

此章程乃华美协进社定位依据，目的在于"提倡中美国际教育及文化工作"③。

郭秉文活跃于民国时期教育界的年代，正值中国社会转型的关键时期。郭秉文凭借学缘、地缘、业缘等关系网络，组织新式社团，借助现代报刊传媒，积极宣传中国海外形象，大力推进中美教育文化交流事业。郭秉文邀请杜威、孟禄出面筹建社团。1926年5月25日，华美协进社在美国纽约注册成立，社址设在美国纽约57街西119号(China Institute in America，119 W. 57th Street，New York City，U. S. A.)。当时，郭秉文"已与美国教育界建立了立体而长久、友好而密切、公私兼顾的交流关系，是留美学生乃至近代国人中最适宜于到美国实地筹建一个传播中国文化教育、密切中美教育关系的桥头堡的人选"④。作为中国教育界的首席对外代表，郭秉文成为华美协进社首任社长(Director)，最初拥有4名职

① 耿有权.郭秉文教育思想研究[M].南京：东南大学出版社，2014:59.

② 国内教育新闻：华美协进社之概况[R].中华教育文化基金董事会报告，1934，16(9):8.

③ 教育与文化：华美协进社概况[J].教育通讯(汉口)(复刊三卷十二期)，1947，3(12):36.

④ 彭小舟.近代留美学生与中美教育交流研究[M].北京：人民出版社，2010:276.

员，从而为向美国民众宣讲中国与中国文化提供了一个组织基础。1926年6月20日，中基会接郭秉文来电，声称华美协进社“已将设置此社之旨趣及其组织情形，通告全国公私各教育学术机关，俾遇有需要时，彼此便于接洽，以兹中美间教育文化事业，多一津逮之途径矣”①。

“对于郭秉文这一代的中国知识分子来说，教给美国人他们所认为的真正的中国是一项重要的教育工程，它可以为在诡谲多变的国际秩序中步履蹒跚发展的中国提供宝贵的支持。”②因此，华美协进社甫一建立，郭秉文就设法邀请国内名流到美讲学或演出，积极开展中国文化在美国的研究及宣传，期使两国教育文化情形，互相了解，加强中美教育合作，增进中美友谊，从而使社团拥有一个辉煌的起点，成为第一个日常以美国社会为对象、传播中国教育文化的常设机构，也成为美国主流社会认识中国的第一道窗口。同时，成功地接引了大批中国学者赴美学习西方文化，并对留美学生与华侨提供重要指导，最终引领华美协进社成为中美教育、文化、艺术以及商贸往来的重要桥梁。从留学生、观察员到大学校长及华美协进社社长，郭秉文地位越高，对美国教育思想和教育制度的学习越全面，层次越高，影响越大，并推动中美教育文化交流日益向平等方向靠拢，无愧于学习美国教育的先驱与典型代表。

自此，华美协进社积极开展各项工作，虽然经历世事动荡，但其作为中美教育、文化交流平台的作用始终未变，并逐渐成为国人访美的中枢，从而开创了通过国际社团组织进行中美教育、文化交流的全新局面，加强了中美教育文化界之间的正式联系与合作，为增进国家之间相互了解做出了重要而独特的贡献。

---

① 中华教育文化基金董事会之报告[N].申报，1926-06-12(11).

② 郑砚秋.郭秉文与华美协进社[J].教育学报，2014，10(5)：80-84.

第二章

华美协进社的初创（1926—1929年）

在初创阶段,华美协进社逐渐成为传播交流中国信息的中心,一方面向中国留美学生提供关于美国教育的咨询,协助他们申请进入美国大学,提供介绍信和证明信,帮助他们争取实习机会,办理移民手续,向他们发放紧急贷款等,真正成为中国留学生在美国的海外之家;另一方面也向对中国教育感兴趣的美国人提供咨询服务。1927年,中基会决定向中国大学生以及中国留美学生设立科学研究补助金及科学研究奖励金,以期发展自然科学及促进永久的文化事业。"兹将科学研究补助金及奖励金之支配及规定录下:科学研究补助金,系为补助科学专家曾从事研究而著有论文者,或国内外大学毕业有志研究者而设,分甲乙两种,甲种五名,每名年给助学金三千至四千元,乙种十名,年给一千元至二千元。研究问题一为天文气象及地质学,二为理化科学,三为生物化学。凡合于上述两项资格,欲借该会补助而从事科学研究者,可提出申请书,以凭核支给。至科学研究奖励金,则为奖励科学上有特殊成绩而设,奖金为三等,每等一名,一等三千元,二等二千元,三等一千元。凡科学研究有成绩者,欲得该会奖金,可按照该会所规定之手续,提出各项文件,以凭审核。此项事务另由科学专家组织审查委员会决定之。"[①]为落实科学研究补助金及奖励金之顺利发放,应中基会的要求,华美协进社负责进行调查走访工作,深入了解主修地理学、物理学、动物学、植物学的中国留学生的具体情况。

为了完成促进中美教育界密切交流的使命,华美协进社负责安排美国教授

① 中华教育基金董事会科学研究补助金及奖励金之规定[N].申报,1927-11-02(7).

赴华访问,也邀请中国教授前往美国讲学。第一批受邀学者主要包括:胡适(哲学博士,中国新文化运动的先驱)、胡美(E. H. Hume,医学博士,美国传教医师,医学教育家,湘雅医院与湘雅医学院的创始人,长沙雅礼大学校长)、刘廷芳(哲学博士,燕京大学神学院院长,中华基督教教育会会长)、孟治(留美学生,中国基督教协会会长)、晏阳初(中华平民教育促进会总会总干事,被誉为"国际平民教育之父")、洪业(燕京大学历史系教授)、太虚大师(中国近代佛教改革运动中的理论家与实践家)、张彭春(教育家、导演、南开中学主任、南开大学教授)、亨利·基拉姆·墨菲(Henry Killam Murphy,美国建筑设计师,在中国设计了雅礼大学、清华大学、福建协和大学、金陵女子大学和燕京大学等多所大学校园,主持南京国民政府首都南京的城市规划)、西德尼·戴维·甘博(Sidney David Gamble,美国社会经济学家、人道主义者和摄影家)、克伯屈(哥伦比亚大学教授)、罗奥巴奇(G. B. Roorbach,哈佛商业管理研究院教授)、安娜·罗切斯特(Anna Rochester,《明日世界》主编)、安德路思(Charles M. Andrews,耶鲁大学历史学教授)等。为了向美国公众宣传中国,郭秉文和他的团队以及华美协进社邀请的诸位教授,在全美范围内进行了巡回演讲。

一、参与国际会议

民国时期,中国参与国际教育组织及会议的活动,表现更多的是向世界推介中国教育,甚至不乏向世界传播中国教育思想及模式之举,并且国际组织也因而成为推动中国教育改革的外部动力之一。华美协进社成立前后,正是国际教育、文化交流的活跃时期,华美协进社抓住这一历史机遇,为中外教育文化交流做了力所能及且一如既往的努力。

1926—1927年期间,华美协进社一直负责组织中国人参加由美国公民联盟举办的世界征文大赛(The World Essay Contest)与丹比尼奖竞赛(Dabney Prize Competition)。其中,世界征文大赛针对师范生设定的主题是"教师是发展国际友好关系的使者",针对高中生设定的主题是"世界青年如何促进国际友好关系的发展";丹比尼奖竞赛针对大学生设定的主题是"国际联盟的使命在于维护世界和平与推进人道主义福利事业"。在参赛人员选拔与主题研讨方面,华美协进社得到了中华教育改进社的大力支持。

1925年,为增进太平洋沿岸各民族的相互了解,推动民族关系的改善,由檀香山的基督教青年会及一些学者、实业家发起,来自美国、中国、澳大利亚、加拿大、日本、新西兰、菲律宾等国的代表在当地集会,讨论移民、外交、经济、宗教、种族、文化等问题。太平洋国际学会(Institute of the Pacific Relations,IPR)自此成立,总部最初设在檀香山。作为非政府组织,太平洋国际学会强调该组织完全系个人的自由活动,以研究太平洋各民族之状况,促进太平洋各国之邦交为宗旨。会员主要来自学术界、教育界、商界、新闻出版界、法律界等,工作重心定在调查研究、会议讨论以及出版发行。该组织当时最引人注目的是每两年举行一次的会议。1927年7月15日至29日,太平洋国际学会第二届年会在檀香山举行,受邀出席会议的中国代表包括:郭秉文、孟治、余日章(中华全国基督教协进会会长)、张伯苓、陈达(清华大学教授)、陈衡哲(国立东南大学教授)、凌冰(中华教育改进社研究科科长)、伍朝枢(南京国民政府外交部长)等,均为全国一流的名儒时俊。会议以"发现事实"为目标,主要着眼于教育层面,寄望其研究成果能够对民意产生影响。在某些情况下,会员可能通过个人途径对官方政策施加影响。

1927年8月7日至12日,两年一度的世界教育会联合会第二届大会在加拿大多伦多市举行,有来自30多个国家的2000多名代表参加,中国也派了8名代表出席。世界教育会联合会由美国全国教育联合会于1923年在美国旧金山发起成立,是一个全球性的非政府间组织,由世界各国有代表性的教育团体联合组成。该组织的活动主要以会议的形式举行,旨在"谋国际间教育事业之互助,鼓励国际间、种族间教育消息之传播,培植国际间之好感,增进世界和平之兴趣"①。华美协进社社长郭秉文博士当选为中国赴会代表,并担任本次大会国际和平教育组委员长,主要探讨如何通过教育促进世界和平。会上,郭秉文博士再次当选为世界教育会联合会副会长。

同年,华美协进社应邀参加的国际会议还有:6月13日至22日在华盛顿哥伦比亚特区召开的第一届国际土壤科学大会;8月4日至6日在东兰辛的密歇根

① 兰军.试析国际教育组织在近现代的演变及特点——以19世纪末至20世纪上半叶为限[J].理论月刊,2009(5):165-168.

州立学院召开的国际乡村生活会议;8月17日至23日在印第安纳州的薇诺娜湖召开的世界反酒精中毒联盟大会。

国际教育组织及会议的职能十分丰富,具体包括:(1)促进信息交流。国际教育组织通过定期举办会议和出版、发行出版物的形式,实现各国教育信息与经验的交流、分享。同时,国际教育会议也是一个有价值的教育信息资源,能够号召公众将注意力聚焦于具有全球重要意义的教育议题。(2)加强教育合作。国际教育组织采用各种不同的形式给予发展中国家教育援助,如派遣专家、合作开发项目、提供资金、提出改进教育政策的措施、捐赠图书等。(3)开展研讨培训。国际教育组织通过举办研讨会、讲习班和短期进修班,开阔各国受训人员的眼界,提供增进理解的手段。(4)推动教育科学研究。国际教育组织通过召开代表大会与主题讨论会,在学者之间建立广泛的联系网络。遍及世界各地的教育科学会刊,对形成国际教育研究型社会不无益处。实际上,中国在国际教育组织及会议中与其他国家发生的教育文化交流活动,既有双边关系,也有多边关系;既有单向的吸纳和推介,也有双向乃至多向的对等交流。

二、收集留学生研究论文

自清末开埠以来,中国向西方学习以图抵抗外侮、富国求强的努力,便如海浪一样,前赴后继,从未断绝。自“中国留学生之父”——容闳开始,留学生开始继传教士之后,逐渐接过西学东渐的旗帜,最终成为中外文化交流的主力军。自此,西学东渐发生了质变,中国人开始主动地吸收西方文化,并将之纳入中国文化发展的轨道,推动着中国近代新文化的深入发展。在清末民初,除了“庚款留美”学生以外,中央政府部门、各省也出资派遣官费生留学美国,再加上各种自费生,形成留美运动的合力,且人数呈持续增长的势头。由于留美官费生选拔要求严,起点高,待遇较丰厚,因此,这些学生抵美后大多专心求学,获高学位者源源不断。据华美协进社调查,1902—1911年间,中国留美学生获博士学位者6人,获硕士学位者16人。1911年,仅哥伦比亚大学一校,就有3名中国留学生获得博士学位,6名获得硕士学位,3名获得学士学位。留美教育中高学位及高级专业人才的增多和及时回国,促进了中国留学教育与国内高等教育以及科研水平的提高。同时,作为“过渡之津梁”,留学生在国外学习的那一段时间,历经异质文化的震撼到逐步适应,而后能够做文化的比较和选择。当学成归来时,他们就可以导引国人逐渐与世界沟通。

为了编辑、报告中国留美学生的学术努力和兴趣,为对中国有兴趣的人士提供参考,尤其是对研究中国问题的学生提供借鉴,1927年,华美协进社编录了一份英文版《中国留美学生硕博士论文目录》(*Theses and Dissertations by Chinese Students in America*),刊登在《华美协进社公报》(*China Institute Bulletin*)1927年第四辑上,收录了1902—1927年间中国留美学生撰写的568篇硕博士论文题目;1928年,又编辑刊发了增补版,补充收录1915—1928年间160篇硕博士论文题目;1934年,再次补充刊发了1927—1931年间的硕博士论文题目434篇。1902—1931年间,总计收录的硕博士论文题目有1162篇,其中博士论文题目357篇。[①]该目录提供了中国留美学生硕博士论文的各项信息:姓名、毕业学校、所获学位、论文题目等,并按照论文撰写年份、来源学校、数量、所属学科等分别进行了统计。其缺陷是,由于当时没有统一规范的拼音系统,故姓名拼写五花八门,难以确认作者的中文姓名,使用起来有颇多不便。[②]这些硕博士论文选题涉及的领域极为广泛,既有以往汉学界关注的中国历史、哲学、宗教、语言等中国传统学术问题,也有新兴现代中国学界所关注的中国现实问题,表达了强烈的忧国忧民意识。按照现代学科分类,既有人文学科的文、史、哲,又有社会科学领域的经济学、社会学、教育学、法学、政治学,还有自然科学领域的诸多学科,研究领域、方向极为广泛。留美学生在美国著名高校不仅学习了先进的科学知识和民主思想,同时也接受了严格的科学研究方法的训练。在这些研究中,他们充分利用中文资料(译为英文)和西方的研究理念与方法,体现了留学生的学术功底,为西方汉学(中国学)界详尽展示了中国社会及文化的方方面面。同时,他们也能站在跨文化研究的高度,借鉴西方的理性思维和逻辑推理来审视和解决中国的现实问题。相当多的学位论文在答辩后就在国外发表或

① China Institute in America.Theses and Dissertations by Chinese Students in America,New York,1927,1928,1934.

② 元青.民国时期留美生中国问题研究缘起——以博士论文选题为中心的考察[J].南开学报(哲学社会科学版),2015(5):96-105.

出版,成为美国汉学研究不可分割的一部分。

此目录对探讨20世纪前30年中国留美学生的学术努力与兴趣有参考价值。[①]统计数据表明,收录的硕博士论文共计1162篇,其中有93篇是研究中国问题的博士论文,占博士论文总数的26.05%。这些选题主要内容集中在以下几个方面:中外比较研究;洋为中用,科学救国;以西学之道研究并传播中国传统文化;对中国现实问题的审视与研究。这些以中国问题为主题用英文书写的学位论文,题材丰富,内容与材料翔实,研究理念与方法科学新颖,是民国时期域外中国研究的重要文本,也成为中国现代学术史的奠基之作。总之,无论在社会科学领域,还是在传统的人文学科领域,留美生的关于中国问题的硕博士论文,都以求知求真、经世致用为根本的学术目标追求,学术报国、为祖国服务成为其论文选题的最大缘起,国家的需要与自己的学术兴趣相结合,成为他们选择研究课题的决定因素。

客观来说,在西方用西语写中国题目,本身就是中西教育文化交流的一种方式,既对西学东渐有好处,又对中学西传有裨益,其意义和价值是显而易见的。第一,推动了西学东渐。把在西方理论与方法指导下的中国问题研究成果带回国内,对促进中国学科的现代转型、中国学术的现代发展有奠基与开创之功,也为中国现实社会问题、教育问题、经济问题、法制问题等诸多问题的解决与改进提供了有益借鉴。第二,促进了东学西渐。这些研究成果充分体现了留学生的学术功底,向西方学术界和其他读者详尽展示了中国与中国文化的诸多领域,堪称展示中国文化形象的生动教材。第三,有助于个人的学术发展与职业前途。留美学生的硕博士论文保持了个人的学术趣味,延续了原有的学术基础,同研究国外问题相比,对奠定个人未来的学术地位更有助益。为了尽早建立中文阅览室,华美协进社多方搜集中国留美学生的毕业论文以及各类专题论文,并将其中的55篇加以收藏,同时也得到许多书籍出版商的赞助与捐赠。

清末民初的留美学生获得硕博士学位的人数为总人数的15%左右,其中硕士学位人数占10%左右,博士学位人数占5%左右。整个20世纪上半叶,哥伦比亚大学、哈佛大学与芝加哥大学被公认为是美国高等教育的前三强,这三所

① China Institute in America.Theses and Dissertations by Chinese Students in America,Foreword,1927.

学校也是中国留学生获博士学位最多的学校。顾维钧、朱友渔、陈兆焜、郭秉文、马寅初、胡适、金岳霖、侯德榜、冯友兰等均毕业于哥伦比亚大学。在此期间,哥伦比亚大学中国留学生获博士学位学科分布前5名的依次是:政治学、经济学、化学、教育学与心理学。到1928年,已有40余所美国高校接受中国留学生,这些高校遍布美国各地,包括美国东北部地区最早成立的8所常春藤学校以及后来加入的新联盟学校,如斯坦福大学、麻省理工学院等。中国留美学生在专业选择上已经广泛涉猎理、工、农、医、文等学科,尤其将国家建设急需的学科作为自己的专业选择,以期充分借鉴西方的经验。①这些信息资料来源颇为翔实,从一个方面印证了清末民初中国人留学美国的历史轨迹和发展脉络,为研究清末民初中国留美学生的学术活动提供了重要史料。

清末民初是中国社会动荡、转型的时期,如果说五四运动之前,中国的留学生出于向外国寻求救国救民的真理,更多地集中在学习军事、政治等知识的话,那么,从20世纪20年代以后,中国的留学生则以学习自然科学方面的科技知识为主,"科学救国"成为这些仁人志士的共识。这些资料再现了清末民初中国留美学生远渡重洋,探索"救亡""启蒙""兴国"的道路,自觉进行将学习西方先进科学技术和民主思想同中国的现实问题相结合的尝试,梳理了他们运用西方研究方法重新诠释中国传统文化的努力。这些研究既新颖,又有深度,体现了留美学人的学术功底,也为西方学术界和其他读者详尽展示了中国与中国文化的方方面面,从更高的层面上推动了中国文化的对外传播,对中国形象在美国的建构与传播之功堪称巨大。

美国人早期接触中国文化的渠道,除来华传教士的描述和著作外,主要是通过华工带去的中国元素。1848年,加利福尼亚发现金矿,1849年前后,美国掀起淘金潮,吸引了世界各地的移民来美采金,华人便是亚洲移民最早的族群,也是淘金潮的主力军。19世纪中期是近代中国历史的最低潮,内忧外患、民不聊生,正处于生活困顿、谋生无门的中国广东沿海的渔民、农民出于摆脱贫穷、求得生存的渴望以及对美好生活的向往,开始冒险向北美移民,主要通过"卖猪

---

① 林晓雯.1902—1928中国留美学生学位论文选题分析[J].江苏社会科学,2013(3):212-218.

仔”[①]的方式渡海到美国加州寻找黄金。到1851年,只三年光景,加利福尼亚的华人就达到25000人之多。[②]这些为淘金而来的大清国民以唐人自居,主要以劳力换取生活费用的方式谋生。他们没有传播中国文化的使命,也没有想要融入美国社会,对于陌生的语言和文化,也没有兴趣深入了解和研究。但是,随着他们在美国的长期工作和生活,客观上却向美国社会展示了中国的文化和生活习惯。由于语言不通,文化隔阂,为了在海外生存,华工聚族而居,形成了相对封闭的社区与文化圈,这个海外华人赖以自卫的堡垒,后来被称为“唐人街”(CHINA TOWN)、“唐人巷”(CHINA ALLEY)或“中国营地”(CHINA CAMP)。不可否认的是,华工在保持传统的敬业精神、勤劳俭朴、温良谦恭、强烈的家庭责任感等诸多美德的同时,也带来了一些未必能够被西方人接受的习惯,例如抽大麻、帮派之间的械斗、女人裹小脚、不卫生的饮食习惯、赌博等。这种文化的差异也引起了美国社会的误会。

而与外国传教士、华工相比,中国留学生是特殊的知识群体,他们既是知识的接受者,更是知识的传播者。大多数留学生具有深厚的国学和国文功底,有文、史、哲领域的深厚素养。赴美留学后又受到现代人文社会科学的严格训练,熟悉了西方学术规范。中西结合的教育经历使留美学生对中外文明有较为深切的理解与体验,他们既能领悟中国传统文化的魅力,又感叹于西方现代科学的进步,同时意识到取长补短、引进西方先进技术知识为我所用的重要性,从而担负了传统文化批判者和新文化开拓者的使命。他们无论在中西学素养还是文化自觉意识上,都具备明显的优势,传播中国文化的渠道也要广泛而直接得多。因此,作为推动中国社会转型发展的生力军以及推进中美教育文化交流的主要动力和媒介,中国留美学生不仅为中国近现代科学体系的构建做出了重要贡献,而且也成为东西方之间沟通、理解、融合的桥梁以及探索“国际视野、本土行动”的先锋。正如国际著名的东方学大师、语言学家季羡林所言,对于中国的近代化来说,留学生可以比作报春鸟,比作普罗米修斯,他们的功绩是永存的。

---

① 卖猪仔:指鸦片战争后,西方侵略者在中国东南沿海地区大肆拐卖、掳掠华工赴南洋、美洲等地转卖。主要分为三类:契约工、赊单工、卖客。

② [美]宋李瑞芳.美国华人的历史和现状[M].朱永涛,译.北京:商务印书馆,1984:19-20.

三、华美协进社的改组

自美国“退还”庚款之始,即有用于教育或用于实业两种用途之争。中国政府虽盼能以此款大兴实业,但是第一次“退还”庚款之结果,仍然用在教育方面。1924年,美国通过第二次“退还”庚款案后,国内各界纷纷向北洋政府外交部或美国驻华使馆请款补助。虽然美方已明确要求用于教育文化事业,但是仍有不少机关冀望能补助地方建设事业。南京国民政府成立以后,对于中基会大部分成员是北京旧政府官员及北方的政治家和教育家这一事实提出批评,他们认为,既然中基会掌握着公共基金,它就应该受教育部的领导和监督,甚至企图将中基会改组成一个纯粹的政府机构,后来由于美国政府威胁要停止庚款“返还”,国民政府才放弃这个计划。

美国政府之所以不把这笔庚款余数直截了当地“退还”给北洋政府,而是要求成立一个中美合组的中华教育文化基金董事会来管理,就是表明对于当时政府的不信任。“虽然中基会在法律上是财团法人性质,在名义上不受政治之干预,美国政府与中国教育团体也都想朝这个目标努力,但是在中国的环境之下,基金会与政治的变动始终脱不了关系。中基会的成立与董事之任命,乃中美人士与北洋政府交涉之结果,虽然在董事人选方面还相当尊重教育团体的意愿,但是北洋政府官员参与董事会以及董事中缺乏与南方国民政府有关系之成员,都成为日后董事会改组之根源。”[①]1928年7月27日,国民政府会议通过《改组中华教育文化基金董事会案》。国民政府大学院强调:“此次改组中华教育文化基金董事会,为政府整理庚款事业之始,故进行一切,极端审慎。美国退还庚款,完全为无条件的。此次改组亦仅更动中国董事,若尚不能顺利进行,则其他各国庚款事业,不将永远付诸曹段军阀所任命诸委员之手乎?中美邦交,素称友善,此种惑于先入易起误会之言论,应由政府训令驻美公使加以纠正或解释,庶中美间之文化互助事业得日趋于光大之途。”[②]“中基会的改组终究是政治干预的结果,只不过在改组过程中,董事们所秉持的教育学术独立之理想得以坚持。

---

① 杨翠华.中基会的成立与改组[M].台北:“中央研究院”近代史研究所集刊(18),1989:270.

② 胡适.胡适全集日记(1928~1930)(第31卷)[M].曹伯言,整理.合肥:安徽教育出版社,2003:258.

其中最重要的关键即在于经费的独立。”①

美国明确要求第二次“退还”庚款必须用于中国教育文化事业，从一定程度上来讲，这对中国教育之发展无异于一剂强心针。因为当时中国混乱的政局使政府无暇顾及教育的发展，从而为教育家办理教育创造了机遇。同时，现代社会的发展也改变了人们的生产生活方式，为教育变革铺就了深厚的思想土壤。国家强，则教育兴，中国政、学界人士普遍意识到了教育对于国计民生的重大意义，强烈呼吁将美国第二次“退还”的庚款全部用于强化中国已有基础的大学和教育文化机构，改进中国的教育体系，从而要求中基会停止拨款给华美协进社。中基会运作的不确定，加之当时席卷全球的经济大萧条，1929年1月4日，在杭州举行的中基会第三次董事会第二次会议上，与会董事讨论了中基会的用款方针，最终议决：华美协进社社长郭秉文应同中基会董事及干事长任鸿隽，商拟一可使该社渐成独立机关（Membership Corporation）之办法，再行交本会核办。也就是说，中基会决定对华美协进社采取暂时补助，将来令其成为独立机关。②

于是，郭秉文专门成立了华美协进社调查委员会，由孟禄、郭秉文、斯坦芬·杜根（Stephen P. Duggan，世界教育会联合会会长、中基会董事）组成，着手筹划改组事宜，希望能够物色熟稔中美两国教育文化及学术事业，并有相当学术成绩之学者或社会活动家，进而着手培养孟治（Chih Meng）、程其保等为社团的未来领袖。孟治在1924年的巴尔的摩会议上为郭秉文所推毂，1927年从哥伦比亚大学博士毕业后受聘为华美协进社调查委员会秘书。程其保1923年从哥伦比亚大学师范学院博士毕业后，应邀到东南大学任教，后由郭秉文推荐到世界教育会联合会工作。两位哥伦比亚大学校友继郭秉文之后先后成为华美协进社社长，为有组织地持续开展中美教育、文化交流储备了领导人才。

---

① 杨翠华.中基会的成立与改组[M].台北：“中央研究院”近代史研究所集刊（18），1989：278.

② 中华教育文化基金董事会第四次报告[Z].1929.12.转引自：赵慧芝.任鸿隽年谱（续）[J].中国科技史料，1988，9（4）：37-48.

四、孟治与华美协进社

1899年,孟治出生于河北廊坊的一个诗礼之家,作为孟子的直系后裔,他从小便饱读诗书,接受了传统的儒家教育。辛亥革命后,他先后进入私立南开中学堂和清华学校就读,开始广泛接触外面的世界,与来华传教的一些美国大学生志愿者和学者友情甚笃。1918年,在美国传教士亨利·温特斯·路思(Henry Winters Luce,中文名路思义)的引荐下,孟治加入基督教,取教名为保罗(Paul),并获得了日后向旅美华裔传教的机会。1919年,孟治从清华学校毕业,并获得5年的留美奖学金。[①]

抵美之后,孟治先在北卡罗来纳州的戴维森学院就读两年,逐渐接受美国的观念和理想,开始融入美国社会。后来,转入哥伦比亚大学攻读社会学博士学位,立志学成归国之后为基督教青年会或教会服务,杜威成为他的导师。留学期间,孟治便已初露锋芒,他踊跃参加各种学生运动与中美交流活动,曾先后担任由清华留美学生组成的清华校友会主席、由南开留美学生组成的南开校友会主席、留美中国学生青年会旅行部书记。1924年6月,又当选为国际基督教青年会留学生友好关系委员会中国留学生干事以及留美学生中国基督教协会会长,领导着97个会员中心的2471名会员,负责出版发行新的年鉴,为会员提供建议,实现协会财政平衡,结余4700美元。[②]他在组织和指导留美学生方面展示了爱国热忱和杰出的社会活动才干,赢得了一致认可,在全美享有一定的知名度。

1924年,孟治作为留美学生中国基督教协会会长参与了1925年太平洋国际学会在檀香山成立大会的预备会议——巴尔的摩会议,结识了中美两国的众

---

① 奖学金:在美国高校系统中,奖学金大体可分为非服务性奖学金、服务性奖学金和学校贷款三种。其中以非服务性奖学金申请比率最大,其金额也最多。它包括学院助学金(Fellowship)、奖学金(Scholarship)、全免学杂费(Tuition & Free Waiver)以及其他一些依靠学院本身而定的奖励(Awards)。助学金是一种金额最高、竞争也最激烈的非服务性奖学金,获奖学生不仅可以获得全奖,即免除学杂费、住宿费、保险费、书本费等,还能够获得一笔金额作为个人消费费用(Personal Expenses)。奖学金不像助学金只有一种形式,同一所大学可能设置几种甚至十几种不同形式的奖学金。一个学生有资格同时申请两种以上的奖学金,获得奖学金的概率通常高于助学金,但前者的金额要少于后者。

② Chih Meng. *Chinese American Understanding—A Sixty-Year Search* [M]. New York: China Institute in America Press, 1981: 114.

多社会名流。当时，东南大学校长、未来的华美协进社首任社长郭秉文就是在这里与孟治相识的。郭秉文对孟治的才华赞赏有加，建议他针对会议内容撰写一篇文章，在《亚洲》杂志上发表。郭秉文对孟治之后事业的走向产生了巨大影响。

旅美期间，孟治一直心系故园母校。1925年9月，在与清华留美学生座谈时，孟治剀切指出当时中国留学生存在的一些问题：已回国之留美学生未能联合一气，对政府军阀一致奋斗，以作国民领袖；留美中国学生习于美国安乐生活，回国后只顾追求个人享受，图谋私利；留学生归国后，身价甚大，小事不肯去做，若谋不到重要职位，宁愿赋闲；许多留美学生失去了中国的传统美德，如勤俭节约、吃苦耐劳、好学上进、知书达理等。针对中国留美学生人数日渐增多的状况，孟治认为，虽然“人数日众，然大都貌合神离，组织虽冠冕堂皇，然愿相互深知、结交朋友者，则如凤毛麟角，较之十余年前留美学生之精神，则有江河日下之势”[①]。这也是孟治日后立志献身于华美协进社，致力于团结广大中国留美学生的一个重要原因。

1927年，孟治从哥伦比亚大学毕业，获得社会学博士学位。毕业之际，孟治面临三种不同的职业选择：第一，基督教青年会国际委员会主席，1946年诺贝尔和平奖获得者约翰·瑞利·马特(John Raleigh Mott)将孟治引荐到中华全国基督教协进会，时任会长的余日章先生先后毕业于上海圣约翰书院与哈佛大学，他力邀孟治先生共事。同时，基督教青年会还为孟治提供资金访问中国和欧洲诸国的重要的中国学生中心，时间是从1927年秋到1928年春，为期半年。第二，张伯苓与梅贻琦建议孟治创建一个国际事务联合学会，围绕国际事务举办研讨会与暑期会议，借此满足广大师生所需。第三，华美协进社调查委员会也向他抛出橄榄枝，让他担任委员会秘书一职，走访全美各界人士，并希望他成为中美教育、文化交流的友好使者，完成社团改组任务，使其成为“联系留美学生的渠道，并帮助社团征募志愿者”[②]。这三种选择为孟治提供了未来不同的职业发展

---

① 中国社会科学院近代史研究所近代史资料编辑部.近代史资料(第91册)[M].北京：知识产权出版社，2006:211.

② Chih Meng. *Chinese American Understanding—A Sixty-Year Search*[M].New York: China Institute in America Press, 1981:121.

路径。通过多方咨询，孟治决定先接受基督教青年会资助的到中国和欧洲的游历走访活动，然后再慎重考虑并确定自己将来的工作意向。通过调查访问，孟治深切感受到中国正在面临的内忧外患，以及组建华美协进社的重要意义。在孟治看来，自己已"深深卷入中美关系之中"，"华美协进社在美国的发展不仅有热情的赞同，也有道义的支持"[①]，但在中国国内却充满党派之争与外来压力等政治性因素，因而他最终放弃了回祖国发展的想法而选择了在美国改组、建设华美协进社。由此，他与华美协进社结下了不解之缘，将推动中美教育、文化交流和人民相互理解作为自己笃实坚定并矢志不渝之事业。

1928年9月11日，孟治作为华美协进社荣誉秘书(Honorary Secretary)着手负责改组工作。他针对当时政局变动，华美协进社依靠中基会拨款资金即将用罄的情况，认为"改组后的社团成员和社团活动范围将不囿于纽约，而应招纳来自中美各地的社员，不分性别，不论职业，在与两国政府保持友好关系的前提下，社团将摆脱政治干预，重建独立与自由的基本原则"[②]。孟治虽然没有郭秉文那样的声望和大手笔，但也有自己的办社优势。当时美国的时局较为有利，虽有大危机的残余影响，但是美国对华的美好愿望要多于期待。孟治与中国政界没有任何恩怨纠葛，并与胡适、张彭春等人私交甚笃。而且孟治本人也是一个才华横溢、阅历丰富的人，更是一个募捐名家。

1929年，郭秉文在以华美协进社社长的名义写给太虚大师的信函中提到，"敝社正在筹备改组，定期出版物亦在计划中"[③]。改组期间，华美协进社的社务如常开展，具体包括：(1)与纽约罗列氏博物院同筹备中国近代美术展览会；(2)答复各方关于中俄交涉之咨询；(3)代美国各界收集研究中国问题之资料；(4)与世界和平基金会合刊"促进国际友谊丛书"；(5)与美国学术评议会编辑关于中国之出版物；(6)评阅各项有关中国之制作；(7)供给各大学教授讲演中国问题之材料；(8)介绍美国教授来华调查及讲演；(9)讲演中国问题；(10)招待往

① Chih Meng. *Chinese American Understanding—A Sixty-Year Search* [M]. New York: China Institute in America Press, 1981: 139.

② Chih Meng, *Chinese American Understanding—A Sixty-Year Search* [M]. New York: China Institute in America Press, 1981: 143.

③ 郭秉文，沈有乾，明慈，等. 法界通讯：美国华美协进社来函[J]. 海潮音，1929，10(5)：8–11.

来华美之重要人员。[①]

1930年1月，在社团宗旨保持不变的情况下，华美协进社自行改组为一独立自主的美国民间社团，组建了"在地域、职务、公私机构上有着广泛代表性的"董事会与顾问委员会，推动华美协进社成为一个真正的联合组织。社团的董事会与顾问委员会由中美人士联合组成，孟禄博士被推为董事长，中国驻美公使伍朝枢博士为名誉董事长，郭秉文为名誉社长，孟治当选为新任社长，继续履职。在随后的40年里，孟治的名字与华美协进社息息相关。华美协进社数项关键性的发展，都是在他任职期内促成的，如定期发行刊物，回顾评论中国历史与现状，出版以中国为主题的书籍，调查统计留美中国学生的状况等，均产生了深远的影响。1967年，年高德劭的孟治退休，作为第二任社长，他担任华美协进社社长达37年之久，也是任期最长的社长，为华美协进社在美国社会扎下根来，得到可持续发展立下了殊勋。正如路思家族的第三代伊丽莎白·路思·穆尔(Elisabeth Luce Moore)所言，"孟治坚信，中国文化是值得研究的永恒主题，中美两国人民的友谊是不可磨灭的"，"多年以后，孟治的中英文名字必将铭刻在家族纪念碑上，以表彰他终生致力于加强中美联系所取得的贡献"[②]。

孟治当选为社长之后，华美协进社逐渐被改组成为独立自主、自负盈亏的机构，为具有开阔视野的中国学人提供了一个向美国人系统传播中国文化的组织平台，在中美教育、文化交流方面做出了突出的贡献。颜惠庆曾对华美协进社进行评价："虽然其组织规模与日常经费都在一般水平，但该会在美国文化生活中占有一席之地，得到中美两国人民的高度赞赏。"[③]华美协进社在美国迅速站稳了脚跟，逐渐形成了该社就近代表国内参加美国教育事业的模式，在增进国际了解，激发民众对华人文化艺术的浓厚兴趣，研究中国学术，以及宣传废除不平等条约及撤销领事裁判权诸问题上，颇有贡献。

郭秉文与孟治作为两代留学生的代表，在中美教育、文化交流领域都做出了巨大贡献。两相比较，郭秉文令人高山仰止，景行行止，他擅长于从大处着

---

① 中华教育文化基金董事会第五次报告[A].南京：中国第二历史档案馆，全宗号(484)，案卷号(4).

② Chih Meng.*Chinese American Understanding—A Sixty-Year Search*[M].New York：China Institute in America Press，1981.Preface.

③ 颜惠庆.颜惠庆自传——一位民国元老的历史记忆[M].吴建雍，李宝臣，叶凤美，译.北京：商务印书馆，2003：190.

手,从宏观上把握中华民族的灿烂文化和教育进步。从创建华美协进社伊始,郭秉文就致力于将其介绍给美国的主流社会与普罗大众,开创了中美教育、文化交流的新格局。而孟治作为郭秉文在哥伦比亚大学的小师弟,面对郭秉文开创的新形势与高起点,不负众望,迎难而上,完成华美协进社的改组,充实社团资金保障,并达成财政平衡;细化、落实中美教育、文化交流规划项目,创办教师培训机构,推动了介绍中国与传播中国文化工作的具体化、常态化、持续化与大众化。郭秉文与孟治对华美协进社的热情与投入是一样的,他们相互砥砺,旨在使华美协进社逐渐成长为中美教育、文化交流的前沿阵地,同时也是中国留美学生与学者的服务中心和精神家园。

第三章

华美协进社的发展（1930—1943年）

20世纪三四十年代是极度动荡不安的非常岁月,世界如此,中国如此,美国也不例外。1928年底,以蒋介石为首的南京国民政府成为得到国际承认、代表中国的合法的中央政府,在形式上完成了国家的统一。1929年3月,国民政府宣布实行训政,制定了训政时期全国教育宗旨及实施方针,留学教育也随之趋于规范化,留美学生质量较前有较大提高,数量则略有减少。1929年,资本主义世界经济危机爆发,美国证券市场崩溃,全国面临着自南北战争之后最为严重的危机,在大萧条开头的3年里,失业率激增到了令人惊愕的水平,社会苦难日益加深,胡佛(H. C. Hoover)政府虽然采取了一系列措施应付萧条,最终却归于失败。美国经济大萧条极大地影响了华美协进社的筹资,并在一定程度上制约了社团功能的发挥。加之纽约州当时已设有美国中国学会(The China Society of America),因此华美协进社于1930年1月18日,迁往新泽西州,并在当地正式注册立案,发展成为一个美国民间社团,孟治任社团副董事长(Associated Director)。在华美协进社执行委员会第一次会议上,会计D. E. 都迪(D. E. Douty)通报了社团当时的财政状况:银行存款137.27美元,现金39.46美元,其中还包括需要支付的租金150美元,以及为公立学校教师开设的中华文明课程的教师酬金520美元。[①]社团改组之初,仍然得到中基会之拨款补助——“美金一万元”[②],同时也得到了W. 默里·克兰夫人(Mrs. W. Murray Crane,华美协进社副董

① Chih Meng. *Chinese American Understanding—A Sixty-Year Search*[M].New York:China Institute in America Press,1981:149.

② 纪第六次中华教育文化基金董事会[N].申报,1930-07-05(17).

事长，城市官员）与姚叔莱[①]（华美协进社副董事长，通运公司纽约分公司的经理）的热心资助，从而保障了社团活动的正常开展。

进入20世纪30年代，华美协进社积极开展社务活动，所办之要事包括："费城博览会中国教育出品之陈列，中美国际间问题之讨论及讲演，深得彼都人士之赞许与同情，此外如中国留美学生入学选科之指导及学术成绩之调查，外人所著中国问题著作之征集及批评，美国游华人士考察上之赞助，类能黾勉从事，有所效力。至若交换教授之介绍，美国大学设置中国文化院或中国学术讲座之提倡，以及国际教育院、太平洋国际学社、世界教育会等团体之联络，亦皆在该社悉心筹划之中，或已次第见诸实行者也。"[②]到20世纪40年代初，华美协进社已经同全美范围内的40所文化教育机构建立了联系。

一、设立驻华机构

改组之后，华美协进社逐渐发展成为一个信息与服务中心，广泛传播中美教育、文化、政治、经济、社会生活等方面的信息，并向中国留学生提供各项服务，包括咨询、入学、租房、兼职、择业、紧急救助等。由于工作范围的不断拓宽和工作量的迅速加大，华美协进社的人力、物力资源出现短缺，在该社董事会和顾问委员会委员以及广大志愿者的捐赠和帮助下，华美协进社得以渡过难关。同时，中基会鉴于华美协进社事业有相当之重要性，为了解决华美协进社面临的经费短缺困难，1931年1月9日，在上海举行的中基会第五次常会上，孟禄向与会的全体中外董事详细介绍了华美协进社成立的原因、事业状况以及改组经过，表达了该社希望由中基会提出社长人选，并继续予以补助费若干年，直至该社经济能够独立时止的愿望。[③]会议讨论决定：华美协进社既然已有董事会，中基会似乎不便提出社长人选。关于继续予以该社补助经费一事，中基会在第六次常会上做出决议：鉴于该社事业的重要，决定继续予以补助，每年补助一万余

① 姚叔莱：英文名为C. F. Yau，国民党四大元老之一——张静江的妻弟，民国最大的古玩商，是华美协进社早期中国艺术品方面的负责人。

② 国内教育新闻：华美协进社之概况[R].中华教育文化基金董事会报告，1934，16(9)：8.

③ 中华教育文化基金董事会第五次常会记录[A].南京：中国第二历史档案馆，全宗号(484)，案卷号(35).

元至三万余元(注:美元)不等。[①]中基会的资金补助,极大地缓解了华美协进社面临的经费危机,为华美协进社事业的开展提供了坚强后盾。

华美协进社"成立以来,诸事进行,至为顺利。于增进国际谅解,灌输中国学术,及鼓吹废除不平等条约并撤销领事裁判权诸问题,颇多贡献",惟该社"在中国方面,尚无相当组织"。[②]1931年2月,该社董事会议决定组织中国委员会,推选张嘉璈(中央银行总裁)为委员会主席,刘湛恩(沪江大学校长)、褚民谊(广东大学校长,教育行政委员会委员)为副主席,孔祥熙(实业部长)、蒋梦麟(教育部长)、胡适(国立北京大学教授)、余日章(中华全国基督教协进会会长)、陈光甫(上海商业储蓄银行总经理)、宋子文(财政部长)、颜惠庆(前国务总理)、张伯苓(南开大学校长)、钟荣光(岭南大学校长)、晏阳初(中华平民教育促进总会总干事)、邹秉文(南京高等师范学校农业专修科主任)、吴贻芳(金陵女子文理学院院长)、任鸿隽(四川大学校长,中基会秘书)、孙洪芬(中基会执行秘书、干事长)等为委员,陈光甫为名誉会计,并在上海沪江大学设立联络办事处。

二、推进梅兰芳访美文化交流活动

中国戏剧与西方戏剧有着不同的文化背景,从艺术上来说也是自成一家的。对于大多数并不了解中国的历史与文化,更没有机会观看中国戏剧演出的西方人来说,仅仅通过一些文字介绍,或是读过几个翻译剧本,是很难想象中国戏剧特有的表演方法或演出形式的。何况,除了历史与文化的背景不同之外,还有语言、民俗的隔阂,不同民族的人们对与本民族不同的文化,包括戏剧,在逐渐习惯或者能够理解之前,往往都会下意识地以封闭的心理,或不自觉的优越感予以抵制。

对于中华戏曲的最初认识,据《粤剧史》载,美国的粤剧(Cantonese Opera)戏班是由1852年赴美国淘金和修建中央铁路的华工带入美国的。[③]粤剧被广东籍华人亲切地称为"乡音",它是用广东方言以歌唱、表演、念白以及舞蹈形式演

① 中华教育文化基金董事会第五次报告[A].南京:中国第二历史档案馆:全宗号(484),案卷号(66).

② 中美协进社中国委员会成立[N].申报,1931-02-26(16).

③ 赖伯疆,黄镜明.粤剧史[M].北京:中国戏剧出版社,1988:365-366.

绎的一种中国戏曲形式,“粤剧直至1980年代一直是纽约市美籍华人实践并表演的最为重要和流行的华人音乐体裁”①。华埠剧团对于华工的重要性不言而喻,而在西方人眼里,则是另外一种境况。“对于除中国人外的纽约人来讲,当地的中国剧团代表着贫穷、移民和种族隔离的唐人街。一位《纽约时报》的记者访问过新世界剧院②之后,写道:中华戏曲呈现出来的是用非常缓慢的步伐来娱乐。另外,唐人街中充斥着涉及贩运鸦片等内容的帮会争斗,并且弥漫着集体性的自卑感。”③所以从19世纪中期直到1930年梅兰芳访美前期,华埠粤剧戏班服务的对象仅限于华工而无法进入纽约主流社会。此外,当时包括美国在内的西方国家的民众对中国仍十分生疏,甚至存在严重的排华偏见与歧视,“尤其存在于一些从未见过有教养的中国人的美国人中”④。有鉴于此,华美协进社非常渴望能够通过主办一台既有艺术魅力,又有教育意义的中国戏剧演出,让西方人亲身感受到中华文化艺术的优美,同时扩大华美协进社在美国社会各界的知名度,从而消除美国民众认为中国人粗鄙浅陋的成见,改变他们对中国文化根深蒂固的传统偏见,梅兰芳因而成为第一个受到华美协进社邀请的中国艺术家。

梅兰芳,字畹华,祖籍江苏泰州,出生于北京,是中国京剧表演艺术大师。梅兰芳8岁学戏,10岁登台。他是个勤勉好学的演员,从青年时代起就认真钻研古典文学、国画、民族音乐、民族舞蹈、民俗学、音韵学和服饰学等多方面的祖国传统文化,并把这些知识融合到他的艺术中,从而创编了大量优秀剧目,塑造了众多优美的艺术形象,还把京剧从以唱为主发展为唱舞并重,从单纯的好听变成为既好听又好看。1927年,梅兰芳被评为京剧“四大花旦”。在50余年的舞台生涯中,梅兰芳发展和提高了京剧旦角的演唱和表演艺术,形成了具有独特风格、大家风范的艺术流派——“梅派”。梅兰芳也是中国旦角创艺立派第一

① 段劲楠.译著《流散诉求:亚裔/华裔美国的音乐、跨国主义与文化政治》及书评[D].上海:上海音乐学院,2012:64.

② 正当梅兰芳1930年在曼哈顿第49街剧院演出京剧时,粤剧戏班“咏霓裳”在新世界剧院演出粤剧。

③ Nancy Yunhwa Rao(2000). Racial Essence and Historical Invisibility: Chinese Opera in New York, 1930[J]. *Cambridge Opera Journal*, 12(2), 135-162.

④ Chih Meng. *Chinese American Understanding—A Sixty-Year Search* [M]. New York: China Institute in America Press, 1981:102.

人。京剧梅派艺术不仅是中国京剧与整个中国戏曲艺术的高峰,更使得以梅兰芳为代表的中国戏曲表演艺术体系,与俄罗斯斯坦尼斯拉夫斯基[①]演剧体系、德国布莱希特[②]演剧体系,并称为"世界三大表演体系"。梅兰芳的代表作有《贵妃醉酒》《天女散花》《宇宙锋》《打渔杀家》《霸王别姬》等,并先后培养、教授学生100多人。梅兰芳曾于1919年、1924年和1956年三次访问日本,1930年访问美国,1935年和1952年两次访问苏联,每次访问演出均载誉而归,在各地掀起了中国戏曲和中国文化的热潮,为促进中外文化交流做出了巨大贡献,成为京剧海外传播的伟大先行者。其中的美国之行,距离遥远,文化陌生,对梅兰芳来说无疑是一次巨大的挑战,因此,访美演出是梅兰芳准备时间最长、投入精力最多的一次。

梅兰芳的成功访美真正得力于美国主流社会的支持。芮恩施(P. S. Reinsch)曾于1913—1919年出任美国驻华公使,是一位欣赏中国文化、懂得中国戏剧的汉学家,他在看过梅兰芳演出的新戏《嫦娥奔月》后,深深被其精彩表演所吸引,认为中国的京剧太迷人了,便喜欢上了京剧,并深信用无国界的艺术来沟通两国人民的友谊是当时的最佳选择。他在离任前的饯别宴会上对当时在座的中国官员表示:若欲中美国民感情益加亲善,最好是请梅兰芳往美国去一次,并且表演他的艺术,让美国人看看,必得良好的结果。芮恩施的这番表态,恰好契合了梅兰芳一直以来想赴西方传播中国京剧文化的愿望,以改变许多美国人对中国文化根深蒂固的传统偏见。同时,也希望借此观摩、借鉴外国戏剧艺术,丰富中国的民族艺术。于是,在友人齐如山的帮助下,梅兰芳剧团(以下简称"梅剧团")开始了长达8年的筹备,不仅对所有剧目进行反复筛选,而且对服装、道具、舞台都做了重新设计。

梅兰芳访美筹备牵涉方面甚广,包括访美意愿的确定、款项的筹措、宣传品

---

① 斯坦尼斯拉夫斯基(1863—1938):苏联著名演员、导演、戏剧教育家和理论家、舞台艺术改革家。他一生导演和担任艺术指导的话剧和歌剧共有120余部,并扮演过许多重要角色。他创立的演剧体系继承和发展了俄罗斯和欧洲的艺术成果,著有《我的艺术生活》《演员自我修养》等书。

② 布莱希特(1898—1956):德国著名的戏剧大师,他在戏剧历史发展中,提出了一个全新的概念——"间离方法",又称为"陌生化方法"。这是一种新的戏剧表演理论和方法,基本含义就是把戏剧作品用加工过的表现形式,让平常的事物显得不平常,从而暴露事物的本质矛盾。这种方法的进步性就是积极向观众传导改变现实的可能性。

的编译及印刷，戏曲图案的编纂、剧本的选择及编制、戏曲和人员的安排及排练。这些诸多层面都得到了梅兰芳周围留学生网络的协助。在梅兰芳的友人中，两位具有国际视野和海外经历的文人学者齐如山、张彭春起到了至关重要的作用。其中，关于梅兰芳访美意愿的确定与演出计划的策划，就得益于留学生齐如山者甚多。梅兰芳在18岁时与齐如山结交，是其艺术生涯中的最大幸运。齐如山是戏曲理论家，早年毕业于清廷为培养洋务人才而设的同文馆，后游学西欧，用心学习和考察欧洲的戏剧。归国后致力于戏曲工作，对戏剧和戏剧理论都有深入的研究，称得上是一时无两的京剧理论家。齐如山在为梅兰芳编写富有新意的剧目的同时，还发表了如《中国剧之组织》《京剧之变迁》《梅兰芳艺术之一斑》《梅兰芳游美记》之类的30余种学术著作。他提出的"无声不歌，无动不舞"的论点，是对中国传统戏剧最精练、最准确的概括。齐如山与梅兰芳亦师亦友，早在民国初年，他就为刚刚崭露头角的梅兰芳编写了大量新戏，并进行排演，为梅兰芳创建独树一帜的梅派艺术打下了牢固的基础。齐如山的最大贡献，在于让梅兰芳认识到文化修养的重要性。对于此次梅兰芳访美演出，在齐如山的主持下，各种宣传品的编撰、翻译和制作有序展开。

(1)编撰宣传册《梅兰芳》

这份宣传册包括两部分内容：一是《中国剧之组织》，从唱白、动作、衣服、盔帽、胡须、脸谱、砌末、音乐8个方面简明扼要地介绍中国戏曲独特的舞台呈现。其一大特色是，在谈到中国戏剧时往往同西洋戏剧进行比较，试图通过西方人对西方戏剧已有的经验来唤起他们对中国戏剧的联想与理解。二是《梅兰芳的历史》，书中附有大量梅兰芳的照片，以直观的方式让美国观众了解这位在中国家喻户晓的京剧大师。

(2)编写剧目说明书

为了便于美国人领会剧中情节，欣赏梅兰芳的表演艺术，齐如山在编写说明书时，采用了介绍兼赏析的做法。说明书大约三四万字，合成一个集子印刷。

(3)编写演讲稿、新闻稿，绘制戏曲图片

齐如山为梅兰芳预先准备了在美各地的演讲稿几十篇和发送当地媒体的新闻稿100余篇。出于宣传上的考虑，图片较文字更为直观和形象，所以还挑选了15类、200余幅有关中国戏曲的图片以备在美国各地的剧场内悬挂、陈列。

所有宣传品中的文字均被译成英文。

(4)制作中国特色礼品

制作的中国特色礼品有瓷器、笔墨、绣货、图画、扇子、相片,均与梅兰芳的京剧演出有关。

西方人对中国戏曲的音乐极为陌生,为了让美国人了解京剧的音乐,齐如山先请琴师徐兰沅、马宝明二人把赴美演出的各戏唱腔谱成工尺谱①,再请民族声乐专家刘天华教授将曲谱译成五线谱。于是,便出现了同一首乐曲,既有中式的工尺谱,又有西式的五线谱的京剧曲谱,并分别用中英文印制成《梅兰芳歌曲谱》一书。这些宣传品被不断寄往美国,到梅兰芳访美前,美国国内介绍过梅兰芳的杂志、报纸,已不下六七十种。齐如山不仅协助策划,而且亲自随同梅兰芳出访。在齐如山看来,"梅兰芳既有责任与义务去美国访问演出……在这个世界各国的艺术文化交流频繁的时代,西方艺术文化的影响正日益增大,而必将日益挤压着东方艺术的生存发展空间,进而威胁到东方人对于自身拥有的传统艺术的价值认同,东方传统艺术的身份认同的危机正在凸显并且将越来越清晰地凸显在我们面前"②。所以,此次赴美的目的不在商业演出,而是具有"为了沟通国内外文化"③的公益性质。

1930年1月16日,梅兰芳的好友以及绅商、学界、政界等各界人士500余人在上海大华饭店为他举办了盛大的欢送宴会,梅兰芳致答谢辞:"兰芳本想个人单独前去的,后来想,个人前去则得益有限,不如组织一个戏剧的团体,联袂前去,在可能的范围之内,还可以趁机来表演一下。……近年以来,由欧美到我们中国来游历的人们,也渐渐注意到我们的戏剧,兰芳此去,或者能使西方的人们,认识我们中国的戏剧的真像(相),在两国的文化上亦不无裨益。世界人们的眼光已渐渐集中到太平洋,艺术又何尝不如此呢?中国与日本同属东亚,互通之点很多,中国与欧美,风土人情,完全截然两事,所以这次的筹备,也就比去日本麻烦很多,甚费斟酌,特将中国戏剧制成图案,做英文的说明,至少希望使

---

① 工尺(chě)谱:中国汉族传统记谱法之一,也是古代记录乐谱的工具。因用工、尺等字记写唱名而得名,每句唱词标明音高符号、调名符号、节奏符号和补充符号。它与许多重要的民族乐器的指法和宫调系统紧密联系,在中国古代和近代的歌曲、曲艺、戏曲、器乐中应用广泛。

② 傅谨.东方艺术的身份确认——梅兰芳1930年访美的文化阐释[J].中国京剧,2007(9):4-7.

③ 齐如山.齐如山回忆录[M].北京:中国戏剧出版社,1998:147.

东方与西方的艺术界有相互接触的机会。”[①]梅兰芳对于中国人的意义已经远远超过一般的戏曲演员，特别是在齐如山等留学生眼里，他俨然成为中华戏曲的代表。

1930年1月18日，梅兰芳率“承华社”剧团部分演员由上海搭乘英国“加拿大皇后号”邮轮远渡重洋赴美，经过14天的行程抵达加拿大维多利亚市，再换船只转赴美国，先后在西雅图、芝加哥、华盛顿、纽约、旧金山、洛杉矶、圣地亚哥、檀香山等地演出京剧72天。

在国内筹备方面做了大量繁琐细致的工作之后，对于梅兰芳访美的主要促成及其如何融入美国的主流社会，即让美国的主流社会能够看懂、听懂京剧，张彭春向梅兰芳和齐如山建议，由华美协进社主办访美演出。自1928年1月开始，华美协进社和梅兰芳围绕着访美演出交换意见，1929年由一般性接触进入实质性讨论阶段。[②]张彭春，字仲述，祖籍山东，生于天津，是中国教育家、外交家、早期话剧(新剧)活动家、导演。1904年，成为其兄——著名教育家张伯苓创办的私立敬业中学堂(南开学校前身)的第一届学生，与后来任清华大学校长的梅贻琦同班。中学毕业后，1910年以排名第十的成绩考取清华第二批“庚款”留学生赴美深造，1915年获得哥伦比亚大学文学及教育学双硕士学位。他的课余兴趣是到百老汇观剧，并钻研戏剧理论和编导艺术，为留美学人所瞩目。1916年回到天津，协助张伯苓主持南开中学，并任南开大学教授，同时兼任张伯苓开创的南开新剧团副团长，引入欧美话剧的演出体制，建立正规编导制度，以其戏剧天才将之提升到相当高度，成为中国第一个排演外国话剧的剧团。1919年，张彭春再次赴美深造，进入哥伦比亚大学研究院攻读博士学位，师从著名教育家杜威，1924年，获得哥伦比亚大学教育学博士学位。张彭春不仅是对西方戏剧如数家珍的洋博士，更是一位真正精通京剧艺术的大行家，对中国戏剧产生了深远的影响，正如陈省身先生所言：“天津是值得骄傲的，在戏剧的萌芽时代，产生了彭春先生和弘一大师李叔同。”在梅兰芳访美之前，张彭春不仅已是曾在中美两国一些著名大学多次开设中西戏剧课程的学者，而且还是中国话剧史上第

① 谢思进，孙利华．梅兰芳艺术年谱[M]．北京：文化艺术出版社，2009：157.

② 中国人民政治协商会议天津市委员会文史资料委员会．近代天津十大影剧家[M]．天津：天津人民出版社，2001：44.

一个曾在国外学习导演技术的导演，当时已经导演了近20个载誉京津的中外名剧，堪称中国话剧创作第一人和中国话剧导演第一人，被著名剧作家曹禺尊为恩师。

张彭春早就意识到，中国戏曲要想得到世界的地位，绝不是闭户自诩可成的，必须注意到世界的需要。在为古老的京剧艺术输送新鲜营养的同时，他始终相信，美国观众能够接受真正熔歌、舞、剧于一炉的京剧艺术。1930年，时任南开中学校长的张彭春作为艺术指导参加了梅剧团访美文化交流活动，主要负责剧目的遴选与演出的安排。他认为，中国戏曲演出团体到达美国后，面对的是一种完全陌生的文化，在这种文化氛围中，要获得美国主流社会的认可，其关键是适合西方文化的推广方式和演出内容，也就是说，必须研究观众接受学和接受心理。如果简单照搬中国式的戏曲表演形式，未必能达到中美交流的目的。

邀请梅剧团赴美演出是华美协进社改组以来所举办的第一次文化交流活动，也是孟治继任社长后的第一个大动作，他请“相信中西文化沿着不同的轨道发展，可以互补”①的老学长张彭春担任总导演。剧组以重量级戏码《霸王别姬》在旧金山、芝加哥、洛杉矶等地演出，更破天荒地登上纽约百老汇的舞台，让西方社会第一次见识到中国国粹——京剧。实际上在梅兰芳1930年的访美演出中，张彭春不仅应邀担任剧团的剧目总导演、随团顾问以及事实上的舞台监督和首席发言人，而且还以芝加哥大学客座教授的双重身份，一方面与纽约的新闻界、戏剧界、知识界的新老朋友频繁接触，介绍包括斯达克·扬(Stark Young)在内的美国戏剧家与梅兰芳见面，同梅兰芳一起解答对方提出的各种问题；另一方面，张彭春还在剧团每场演出之前，着大礼服，先向完全不懂中国戏剧传统及技巧的美国观众，发表关于京剧特点及意义的简短演说。由此可见，要论述梅剧团访美在中国戏曲发展史上的意义，张彭春确实是一位不能忽略的重要人物。

为了使京剧能够走向世界，张彭春力求以综合艺术和二度创作的观念，对一些有影响的京剧剧目重新整理，在压缩纯交代性场次使之精炼集中的基础

---

① Chih Meng. *Chinese American Understanding—A Sixty-Year Search* [M]. New York: China Institute in America Press, 1981:150-151.

上，要求演员按照导演构思塑造艺术典型，注意整体配合，以及净化、简化戏曲舞台等。“此次登台，戏目均由张彭春先生（字仲述，张伯苓先生之介弟）排定。张君对于剧学确有深切研究，尤能了解观众心理。”[①]张彭春按照美国主流社会的习惯和口味，充分考虑国外观众的需要，提出了一些改革建议：“外国人对中国戏的要求，希望看到传统的东西，因此必须选择他们能够理解的故事，中国戏的表演手法唱、做、念、打，但这些都为剧情服务，外国人虽不懂中国语言，如表情动作做得好，可以使他们了解剧情。每次演出剧目要多样化，如同一桌菜肴具备不同的色、香、味，才能引人入胜。我主张以传统戏为主，武打古装戏为片段，服装、化装要搭配，帔、褶、蟒、靠、厚底鞋、长胡子、大头、贴片、彩鞋、花脸、净脸等，要注意色彩图案的调和。”[②]

在实际演出中，每晚安排演四出戏，头一出和末一出必须由梅兰芳表演，中间可以加别人，这样安排，一来梅兰芳不至于太累，二来可以使观众耳目一新，引起更多兴味。具体节目单内容包括：《汾河湾》中塑造一位苦守寒窑、痛失爱子的贤妻良母柳迎春，《青石山》《红线盗盒》中的“剑舞”，《刺虎》中塑造一位舍生忘死、代主出嫁的复仇宫女费贞娥，《贵妃醉酒》中塑造一位天生丽质、一度失宠的宫怨妃子杨玉环，《芦花荡》《西施》中的“羽舞”，《打渔杀家》中塑造一位不堪苛政、走向反抗的渔家女儿萧桂英。[③]时间上也做了精心安排：时间不要太久，每晚不能超过两个小时，“外幕上作乐（两分钟），说明（五分钟）；汾河湾进窑后各场（二十七分钟），小息连叫帘在内四分钟；外幕上作乐（一分钟），说明（三分钟）；青石山（重排）九分钟，小息连叫帘在内四分钟；外幕上作乐（一分钟），说明（三分钟）；盗盒舞剑（五分钟），叫帘一分钟，休息十五分钟；外幕上作乐（三分钟），说明（五分钟）；刺虎三十一分钟，叫帘一分钟；共计一百二十分钟”[④]。这些剧目的故事、扮相、色彩、时间都是经过仔细研究、反复推敲而定的。每次演出幕的开闭由张彭春先生主持。各剧的说明，先由齐如山做成中文，杨秀女士将其译为英文，再由张彭春先生审定。每一场的安排都兼顾剧情、身段、扮相、行

---

① 缀玉轩游美杂录（一）[N].申报，1930-03-03(16).

② 黄殿祺.六十年前的举世盛事——梅兰芳先生赴美访苏以及他与张彭春教授的合作[J].中国戏剧，1995(9)：16-21.

③ 齐如山.齐如山回忆录[M].北京：中国戏剧出版社，1998：140.

④ 缀玉轩游美杂录（一）[N].申报，1930-03-03(16).

头各个方面,错落有致,各尽其妙,因而在演出时引起了美国观众的极大兴趣。

1930年1月,梅剧团抵达美国,中国驻美公使伍朝枢在华盛顿为梅兰芳举行了欢迎宴会。那天,除了美国总统胡佛有事外出,政府阁员全部到齐。宴会还邀请美国国务院官员、各国使节和社会各界知名人士600余人,观看了梅兰芳在美国的首场演出《晴雯撕扇》,那晚的掌声是最热烈的。由此,美国主流社会认定梅兰芳是一位东方的大艺术家,此次来美的目的是沟通中西文化,而非纯粹的商业演出。

梅剧团结束华盛顿之行后,来到纽约。纽约是美国文化艺术最重要的一个码头,也是多元文化交融的城市。梅剧团之前在华盛顿的演出只是官方的一种礼节性演出。当梅剧团来到纽约,当曼哈顿相遇京剧,奇迹就在这片充满生机的新大陆上演了。张彭春知道在纽约演出的重要性,联系华美协进社,将纽约的第一场演出就安排在华美协进社,招待纽约各大学的学者及文艺界人士。华美协进社董事会成员欧内斯特· K. 莫(Ernest K. Moy)编纂了一本题为《梅兰芳太平洋沿岸演出》(*The Pacific Coast Tour of Mei Lan-fang*)的专集,鼓励美国主流社会来观看独特的东方戏剧。专集内容不仅包括介绍京剧艺术和梅兰芳生平的文章,而且列出了一份详细的赞助人名单,在赞助人名单后面明确显示承办单位是华美协进社(Auspices: China Institute in America)[①]。华美协进社积极为梅剧团协调在美的社会关系。剧团刚到西雅图,便接到纽约两位太太的茶会邀请,并且把时间都定在到纽约当天的下午五点钟,“这两位太太,都是纽约交际界的领袖,又因他们把别的客都请定了,所以不能改”[②]。经傅泾波调停无果后,只好“电请熊总领事崇志,郭博士秉文,二位出来调停,先到一家停五分钟,再到那一家去盘桓半个钟头,以后再回来,这样才算解决”[③]。为了梅兰芳的演出,郭秉文成功地邀请到了克利夫兰·E.道奇(Cleveland E. Dodge)[④]和奥托·H.康(Ot-

① 梅绍武.我的父亲梅兰芳续集[M].天津:百花文艺出版社,2004:67.

② 齐如山.梅兰芳游美记[M].齐香,整理.沈阳:辽宁教育出版社,2005:102.

③ 齐如山.梅兰芳游美记[M].齐香,整理.沈阳:辽宁教育出版社,2005:102.

④ 实业家,他的父亲Cleveland Hoadley Dodge为资本家和慈善家,是伍德罗·威尔逊总统的顾问兼金融支持者。

to H. Kahn)[①]这样的社会名流做赞助人。华美协进社了解西方的状况，并且通过召开欢迎会为梅兰芳融入美国主流社会起到了莫大的作用。郭秉文、张彭春、孟治等人的母校哥伦比亚大学教授公会组织了100多名学者举行座谈会。时任华美协进社顾问委员会委员的哥伦比亚大学教授杜威博士等请吃晚饭，“主客合起来共有五十多人，都是大学教授，或是老博士。大家对中国剧和梅君的艺术都极端赞美，并且有很多人还向梅君详询中国剧的组织和特点”[②]。另外，纽约剧院俱乐部前副会长奥蒂斯·史肯纳夫妇(Mr. and Mrs. Otis Skinner)也召开了欢迎大会，欢迎梅兰芳。此俱乐部会员“皆知名之士，非名角不能入此会，会员中十之八九为剧员，十之一二为各界有名人物，如画师、摄影师、导演家、著作家及新闻家之流，皆各界中之出类拔萃者，盖此为剧界最高机关，为剧界中人谋与外界连(联)络感情、研究学问之所也，畹华(梅兰芳)到场时，会场二百余人鼓掌欢迎”[③]。

梅兰芳的唱腔醇厚流丽，感情丰富含蓄，他的嗓音脆、亮、甜、润、宽、圆俱备，而最难得的是又甜又亮。梅兰芳的表演善于运用歌唱、念白、表情、身段、舞蹈等技艺，把人物的心理状态刻画入微。他运用的艺术手段自然、和谐、圆活、洒脱、出神入化，富有节奏感和塑形美。他的表演艺术的特点是质朴中见华贵，端庄中含俏丽，淑静中蕴情致，妩媚中显大方。梅兰芳此次赴美，可以说在美国掀起了一股“京剧热”。纽约《世界报》指出，梅兰芳是人们所见过的最杰出的演员之一，纽约还从来没有见识过这样的演出。美国《太阳报》也刊文指出，这几乎是一种超乎自然的发现，通过许多世纪，中国人建立了一种身体表情的技巧。无论理解与误解，梅兰芳都让美国人第一次见识了中国的京剧艺术。

在美国戏剧界、学术界的专家学者中，以著名诗人、小说家、评论家斯达克·扬在《戏剧艺术月刊》(Theatre Arts Monthly)上撰写的《梅兰芳》一文最为著名。他在与梅兰芳的会谈中说：“看了你的做工表情，我联想到古书里谈到的希腊的古老戏剧，因为没有看过这种表演，难以捉摸它的组织和形式，从你的演出里，

---

① 1918—1933年，任美国纽约大都会歌剧院董事长，也是一位银行家，1897年参与创办库恩·罗布公司，任职37年，协助整理太平洋铁路、巴尔的摩、俄亥俄铁路等六个铁路系统的遗产。

② 齐如山.梅兰芳游美记[M].齐香，整理.沈阳：辽宁教育出版社，2005：119-120.

③ 缀玉轩游美杂录[N].申报，1930-04-20(19).

许多疑问得到解答，使我喜出望外。”[①]随后，斯达克·扬对梅兰芳在京剧舞台上艺术性地再现中国古代妇女形象的精湛表演，给予高度评价：

> 梅兰芳并没有企图摹(模)仿女子。他旨在发现和再创造妇女的动作、情感的节奏、优雅、意志的力量、魅力、活泼或温柔的某些本质上的特征，而从这些方面扮演一个人物，稳妥地富有女性的特征，而以舞蹈方式再现，诗意盎然。[②]

斯达克·扬对中国戏剧的高度综合性(被他称为“纯洁性”)给予这样的诠释：中国戏剧的纯洁性在于它所运用的一切手段——动作、面部表情、声音、速度、道白、故事、场所等——绝对服从于艺术目的，所以结出来的果实本身便是一个完全合乎理想的统一体、一种艺术品，绝不会让人错当作现实。他感到中国戏剧汲取了这种特殊艺术的一切手段——表演、道白、歌唱、音乐、广泛意义上的舞蹈、形象化舞台装置，最后还包括观众在内，因为演员明确而坦率地把观众像其他任何因素一样包括在他的技艺之内。同时，他还看到了程序性作为中国戏剧的一种重要传统而不容忽视：这种戏剧具有一种热情流传下来的严密传统，一种严格的训练和学徒制，还有要求严格的观众，所以演员表演得好坏，能让人看出是照既定的演法还是故意敷衍了事，以等待接受观众的评判。他认为中国戏剧是建立在精雕细刻的基础之上的，因为观众除去不知道的临时的插科打诨之外，已经对剧情和剧中人物十分熟悉，只关心表演本身、表演的质量和表演的展开。所以，他称赞梅兰芳所代表的中国戏剧是一种具有真正原则性的学派，应该引起西方戏剧界的重视和研究。

关于中国戏曲音乐的艺术表现力的问题，斯达克·扬注意到笛、箫等管乐在京剧乐队的功用和打击乐的重要性，并由此发现中国传统的戏剧艺术与音乐的密切关系，甚至找到了它们在情绪表现上的一些规律：每逢感情激动得似乎需要歌唱就唱起来，这从生物学的观点来看是正确的——因为我们的情绪一旦激动就会很自然地引吭高歌——依我看来，这是戏剧艺术高度发展中的一种正常

---

① 李仲明，谭秀英．梅兰芳[M]．石家庄：河北教育出版社，2002：256.

② 李仲明，谭秀英．梅兰芳[M]．石家庄：河北教育出版社，2002：256.

而必然的现象。[①]

斯达克·扬并不认可其他评论家关于中国戏剧是完全非现实主义艺术的观点,他觉得梅兰芳的戏剧艺术并非完全没有现实主义的成分,它并不具有立体派绘画、抽象的阿拉伯装饰或几何舞蹈设计所具有的那种含义。跟它确切相似的是中国绘画和雕刻。遗留在我们记忆里的是对他们的抽象画和装饰性的印象,但是我们往往对那种精确性感到惊讶;自然界、一片叶子、一束花朵、一只鸟、一只手、一件斗篷,都被观察得极为精确细致,同时我们也对它们那具有特征的细节所呈现的使人眼花缭乱的色彩缤纷标志感到惊奇。这种精确的标志绝妙地镶嵌在整个艺术之中,这种艺术臻于完美而理想。他从中国艺术的写意性美学原则出发,在一定程度上厘清了西方人对中国戏曲的某种误读。[②]

华美协进社也积极向西方观众宣传、介绍中国的戏剧艺术。就在梅剧团初抵纽约之时,张彭春在华美协进社以"梅兰芳"为题发表了学术报告。由该社编辑出版的宣传手册专门刊登了胡适先生撰写的一篇文章《梅兰芳与中国戏剧》(*Mei Lanfang and the Chinese Drama*),对京剧和梅兰芳在国内演出的几部新剧做了详细介绍。同时,手册也收录了国立北平大学京剧学教授齐如山先生的一篇文章,从专业角度阐释了京剧的主要特色。此外,该手册还对京剧服饰、舞台道具、唱腔特色做了详细说明。

1930年2月16日晚,由梅兰芳领队,张彭春为剧目总导演和演出总顾问的梅剧团在纽约百老汇第49街剧院(49th Street Theatre)举办了首场文化交流演出,中国京剧第一次登上了美国的戏剧舞台。这是一家拥有700个座位的剧院,坐落在百老汇剧场林立的中心地带。在服装和乐器的制作、舞台样式的设计与剧场的布置上,梅剧团都力求体现中国气派。舞台样式仿照故宫戏台的规模,台前设立两根圆柱,上挂一副对联,舞台两边装饰龙头挂穗,装扮得富丽堂皇。剧场门口悬挂100多个红色灯笼、几十幅图画、各种旗帜,一切都采用中国传统元素。乐队人员、剧场服务人员一律身着中式服装,体现中国特色。开演之前,张彭春身着燕尾服上台,用英文做总说明,解释中国京剧的组织、特点、风格以及一切动作所代表的意义。然后由华裔大学生杨秀女士用英文做报幕解

① 梁燕.梅兰芳与京剧的世界意义[N].人民政协报,2014-07-28(11).

② 梁燕.梅兰芳与京剧的世界意义[N].人民政协报,2014-07-28(11).

说,解释剧情和京剧表演的特征,最后才是梅兰芳隆重登场。梅兰芳在纽约一炮而红,这种以主流社会为对象的演出方式,受到空前欢迎,首场演出结束后,梅兰芳的谢幕竟达15次之多。两个星期的戏票也在三天内售罄,演出时间从原计划的两个星期延长到五个星期,并移至场地更大的可以容纳1000人的曼哈顿国家剧院(Imperial Theatre)。尽管当时恰逢美国爆发经济危机,处于经济大萧条时期,但绚丽多彩的京剧艺术依然受到了美国人民的广泛喜爱。

1930年2月,纽约各大媒体掀起了一股中国京剧热,盛赞和美誉铺天盖地而来,《纽约时报》记者阿特金森(J. Atkinson)发表了一篇著名评论:

> 梅兰芳的哑剧表演和服装展示的演出真是精美优雅,可爱绝伦,美妙得像中国古老的花瓶或是刺绣的帷幔。这是一次接触,与一种在数世纪中不可思议地圆熟起来的文化的接触。虽然美国的戏剧形式极其活泼生动,而京剧却相当正统和严肃,但是梅兰芳的表演在创造丰富意境、激发自由想象力方面却独树一帜。他德艺双馨,给我们留下的最深刻的印象就是优雅、美丽、华贵、冷静、富有真正的想象力。[①]

该评论把中国具有皇家特色的生活用品、器物同梅兰芳相互比照,让观众在欣赏节目的同时,也领略到了中国典雅文化的魅力,这就在某种程度上阐明了梅兰芳在美国演出成功的原因。

评论家吉尔伯特·赛尔迪斯(Gilbert Seldes)看过首场演出之后认为,美国观众能够欣赏到的是梅兰芳无与伦比的精湛演艺。他说:

> 这位演员特殊的体质,他对身躯绝对有把握的掌握和控制能力,他那对异常敏感的眼睛和一双灵巧的手,他那完整的表演特色,和他那一直深入角色的情绪。尽管样样似乎都是陌生的,其中一样至少是陌生的,因为它在我们国内不常见,那就是艺术上的端庄正派。尽管你对他的剧情和表演了解不多,可是你会觉得梅先生在表演上从来没

① Chih Meng. Chinese American Understanding—A Sixty-Year Search[M].New York:China Institute in America Press,1981:152.

有降低要求，从来没有不适当地加以渲染，或者舍弃他为自己所制定的高标准。①

由此可见，梅兰芳此行不仅大大提升了中国传统艺术的地位，而且还在戏剧方面同美国艺术家坦诚交流，从而唤起了欧美戏剧艺术界对中国传统戏剧的表现手法的关注。

熟悉美国剧坛情况的人们都知道，一个新的剧目、新的剧团，只要能在百老汇旗开得胜，在全美甚至整个西方就能乘胜前进。而要能在百老汇旗开得胜，除了剧目和剧团的实际艺术水平，一定程度上也取决于剧评人点不点头，新闻界说什么话。正因为如此，梅剧团当年之所以能闪电般地征服百老汇，使得纽约市民一觉醒来就争看梅兰芳，关键在于，通过首场演出的四个京剧折子戏，已经先征服了纽约的剧评人和新闻界。于是，纽约报纸对中国戏剧的态度，一夜之间就从轻视、嘲笑转而赞美、叹服，既然报纸都异口同声地告诉纽约市民，梅兰芳将是你所见过的最优秀的表演艺术家之一，观看中国戏剧将是使你感到最美妙也最兴奋的一个夜晚，充满好奇心的纽约市民自然也就急于领教从未接触过的中国戏剧艺术了。

为了满足广大观众的要求，华美协进社编辑出版了《纽约观众心目中的梅兰芳》一书，收录了许多社论、文章和相关报道，字里行间充满了仰慕和赞誉之情，充分证明了梅剧团此次赴美演出所取得的巨大成功。同时，以华美协进社为纽带，梅剧团也获得了纽约各界社会精英的肯定与赞助，纽约赞助会是以美国前总统威尔逊(T. W. Wilson)的夫人为首组成的，具体包括政界人士、金融界人士、美术界人士、藏书家、艺术家、致力于中美文化交流者等，因此，梅兰芳在美国社会的成功是社会网络不断扩展的结果。

梅兰芳在美国演出的成功是中国文化的一次完美展示。他向美国主流社会展示了中国优秀的传统戏剧文化艺术。当时的美国人同欧洲人一样，对于神秘的东方充满了好奇，同时他们也是一个能够欣赏各种不同艺术风格美的民族。整个行程的安排显示了主办者——华美协进社对于美国主流文化和欣赏

① 李仲明，谭秀英．梅兰芳[M]．石家庄：河北教育出版社，2002：254.

品味的深入了解。他们不是从华人聚集最多的旧金山、洛杉矶等西部城市开始的,而是从代表美国主流文化的基地——纽约开始了这趟巡演。从东到西的整个行程,把梅兰芳从主流社会逐渐推向西部华人聚集地——旧金山与洛杉矶。"美国的习惯是每逢星期三、星期六总演白天戏,观客大半都是女子。按平常的情形不大容易满座,可是这次梅君演白天戏,没有不满座的,所以大家都认为这是一种极特别的情形。在美国一共演了72天戏,大致有五十几天满座,其余至少也有七八成,所以票价由5元涨到了12元,由此可见观客的拥挤了。"[①]策划团队着重强调了梅兰芳艺术乃至中国京剧艺术的皇家风范,以此作为中国古典艺术的代表,把中国汉唐时期通过丝绸之路传播到西方的瓷器、丝织品、宫廷绘画、装饰风格等艺术同京剧演出结合了起来。梅兰芳表演的《霸王别姬》《宇宙锋》《天女散花》等反映皇家内容的剧目就体现了这种风范。华美协进社也通过梅剧团演出的成功而在公众中获得了更大的声誉和知名度,社团成员的队伍也得以壮大。但是,"把中国戏剧和音乐介绍给美国民众只是华美协进社工作的一小部分"[②],要想真正融入美国社会,华美协进社还有很长的路要走。

梅剧团在美国72天的传统戏曲之旅,也受到美国教育界的高度重视,创造了中国文化艺术在美国主流社会得到认可的纪录。他们认为梅兰芳是沟通中美文化艺术的使节,也是第一个到外国宣传中国文化的人。纽约演出成功结束之后,华美协进社利用其影响力,向全美学术界推荐梅剧团,从而掀起了学术界了解东方文化的兴趣和热情。哥伦比亚大学、普林斯顿大学、芝加哥大学、旧金山大学、波莫纳大学、南加州大学和夏威夷大学等高校的校长、教授公会、知名专家学者纷纷邀请梅兰芳举行座谈或演讲,由此在美国学术界、文艺界掀起了梅兰芳热。其中,波莫纳大学和南加州大学特别授予梅兰芳文学博士荣誉学位,表彰他在戏剧领域所取得的卓越成就。总之,梅兰芳以中国戏曲艺术的巨大魅力和个人精湛的演技,征服了美国民众,获得了美国艺术界和学术界的热情赞扬和高度评价。一位美国艺术评论家指出,东方是东方,西方是西方,这对孪生子从未见过面,但现在他们相遇了,非但没有相互排斥,而必然是从相遇、

① 齐如山.齐如山谈梅兰芳[M].北京:文化艺术出版社,2015:110.

② Chih Meng. *Chinese American Understanding—A Sixty-Year Search* [M]. New York: China Institute in America Press, 1981:156.

相知乃至相辅相成,这一情况体现在了梅兰芳的身上。事实证明:京剧与西方戏剧虽然有着完全不同的文化背景,但是仅凭直觉,西方观众完全能够欣赏京剧艺术。作为第一位把中国京剧艺术带到世界上的人,梅兰芳此次访美演出,不仅沟通了东西方文化,也促进了中美两国人民的友谊。梅兰芳是把京剧艺术融入西方主流社会的先行者,开创了京剧走向世界的历史。历史将会永远铭记,1930年,一个中国人在美国创造的奇迹,至今无人超越。

三、全面开展社务活动

华美协进社成立初期,美国作为世界头号强国,对中国文化往往持一种居高临下的态度,这种高反差的中美教育文化对比,影响了中国人的文化自信。针对这种现象,华美协进社愈益清晰地认识到,保持和发展中国文化的优良传统,根据中国国情与中华民族的特点吸纳外来文化,是极为重要的。树立这种文化自觉与自信,是中外文化交流发展到一定历史阶段发生质变的产物,也成为华美协进社社务活动的重点,即探讨中西文明之真谛,寻求健全、强化中华文明之道,以期消除美国公众对于中国的成见,重塑中国在美国人心目中的形象。

注册立案以后,华美协进社的宗旨是:"中国文化消息的传播,中美教育机构的关系的增进,以及中国留美学生的协助和辅导。"①在此期间,华美协进社"没有分会或附属机关。它的经费来源,是依赖于中华教育基金董事会(应为"中华教育文化基金董事会")和清华大学的补助费。它的社员共一百人,每年有定期的年会和董事会的特别行政会议,有些时候,也举行讲演会、座谈会和放映电影。它俨然是中国的情报局,按期编印通讯小册、图书汇报、中国文化机构与其活动的简报,等等。它主办教授和讲座的交换、来美访问的中国官员的招待、讲演的安排,以及领取美国奖学金的中国留美学生的辅导。在战时,它和各种美国援华会取得联系,它希望:假如经费充裕,它将要更扩大它的关于资助留学生的工作。它的定期刊物有《华美协进社通讯》,有时候,也编印一些教育性的专册。除掉辅导留美学生外,该社总干事并替中国学生接洽工业机关,以便

① 家正.华美协进社的动态(本刊特译)[J].教育通讯(汉口)(复刊),1946,1(7):22.

他们可以得到实习的机会"[①]。

(一)推进艺术交流

1. 民族音乐

为促进美国民众对中国音乐艺术之了解,经过将近一年的筹备工作,1932年2月22日,华美协进社组织中国留美学生在位于纽约的社会研究新学院新落成的大礼堂举办了首场中国音乐会,通过演奏中国的传统乐器胡琴、琵琶、月琴、箫、二胡、铜丝琴、笙等,向观众展现了中国的戏曲与民歌艺术,首次向美国观众系统全面地介绍中国民族音乐。此次音乐会取得圆满成功,观众好评如潮。社会研究新学院院长亚文·S. 约翰逊(Alvin S. Johnson)曾在上海的圣约翰大学担任学生志愿者,他认为"此次演出向观众展示了一种文化的独特魅力,既可激发灵感,又能陶冶情操"[②]。《纽约时报》则称其为"中国音乐盛典"[③],并对孟治社长介绍的中国民族音乐发展历程做了详细报道。《纽约晚邮报》在1932年2月23日的报道中指出,"此次音乐会由华美协进社主办赞助,精彩的演出赢得了在场观众的热烈掌声,显示了观众对这种激动人心的外国文化的了解、认同和赞许"[④]。由此可见,中国的传统戏曲和民族音乐不仅为旅美华侨和华裔人士所依恋和欣赏,而且也逐渐被美国人民所理解和热爱。

2. 中国纪实摄影(Documentary Photography)与电影纪录片(Documentary Film)

在西方,第二次工业革命以后,工业化、城市化被提上发展日程,纪实摄影作为一种记录时代的工具被派上用场。中国第一位系统研究纪实摄影的学者黄少华认为,纪实摄影是指"对现实世界中具有社会历史意义的人与人、人与环境之间的联系做相对全面的诚实生动的描写,以致观众对被描写对象的关注与

① 家正. 华美协进社的动态[J]. 教育通讯(汉口),1946,复刊1(7):22.

② Chih Meng's Manuscripts, 31.

③ Chih Meng's Manuscripts, 32.

④ Chih Meng's Manuscripts, 32.

正确认识的一种摄影艺术形式"[1]。纪实摄影不仅是一种独立的摄影形式，还是一种独立的摄影观念；它既是人们对摄影的认知方式，又是人们通过摄影对社会文化心理产生的认同方式。因为它主要关注社会现实中的人，并通过摄影作品来影响社会，从而使大众得到一种对社会文化心理的认同。纪实摄影不仅具有新闻价值、文献价值、历史价值、艺术价值、文化价值，还具有社会学、人类学价值。总之，摄影也是创造，而且要用心去创造。

华美协进社改组之后的首届顾问委员会委员西德尼·戴维·甘博，是美国著名的社会经济学家、人道主义者和摄影家，终生致力于中国城镇和乡村社会经济问题的调查和研究。早在1908年，18岁的甘博首次来到中国旅行时，就被这个古老的文明古国深深吸引，伟大的东方文化和勤劳好客的中国人民都给他留下了深刻印象。1908—1932年间，他四度旅居中国，足迹遍及华北、东北、西南，最远到达四川西部接近西藏的一个小村庄，而北京是他考察的重点区域。

甘博与后来成为华美协进社社长的孟治先生的友谊源于1918年在北京成立的基督教青年会。作为全球性基督教青年社会服务团体，基督教青年会由英国商人乔治·威廉（George Williams）于1844年6月6日在伦敦创立，以耶稣基督"非以役人，乃役于人"的教导为会训，希望通过坚定信仰和推动社会服务活动来改善青年人的精神生活和社会、文化环境。1851年，基督教青年会被介绍到美国，逐渐从单纯以属灵活动为号召的青年团体，发展成以"德、智、体、群"四育为宗旨的社会活动机构。1885年，基督教青年会从美国被介绍到中国，目标在于"发扬基督精神，团结青年同志，养成完美人格，建设完美社会"，该组织不但注意个人的灵德，而且还看重体、智、群三方面的培养，主要从事社会改良、平民教育、科学普及、体育运动、书刊出版等科教文卫工作。基督教青年会作为以基督教为根基的社会团体，在中国这个自古以来敬重老成和经验的国家里，创造了一个以青年为主题的运动，为青年人在努力完善自身的同时积极承担更多的社会责任，提供了广泛的成长与发展的空间。美国汉学家费正清认为，对中国的西方教育最具影响力的机构之一就是中华基督教青年会，它一直是中国社会改革的推动力，它对中国政治和社会发展方面产生的影响，在世界上任何其他

① 黄少华．摄影丛书：纪实摄影专辑[M]．杭州：浙江摄影出版社，1989：79.

国家和地区都找不到同样的例子。孟治在基督教青年会不仅接触到西学潮流与西方信仰,而且也结识了许多拥有新知识与新道德的西方青年,其中就包括甘博,他们志同道合,惺惺相惜。甘博认为,在有效地进行社会改革之前,必须先了解社会实际情况,有鉴于此,孟治根据甘博的建议参与了他在北京主持的实地社会调查活动,大量走访当地的农村、孤儿院,调查民主运动、吸毒、犯罪等社会问题。

旅居中国期间,甘博开始了对中国的摄影远足之行,行程超过6000公里,收获便是5000余幅关于中国人民的生活、劳作、文化和风俗的照片和600多张上色的幻灯片。[①]甘博是进入中国摄影的首批美国摄影师之一,在前后25年的时间里,他拍摄了从清末到民国初年两个不同时代的中国,从而用摄影机建立了一部有关中国的图像档案。甘博的摄影镜头首先对准的是社会和人类学研究的对象——人和社会,并将人道主义情感融入自己的摄影主题——当年历史背景下各式各样的人:浪迹街头的乞丐、倒毙路旁的尸体、洪灾后流离失所的难民、赈灾粥棚旁等待施舍的人们。同时,甘博也用相机抓住了旅居中国期间,处在重大历史变革时代的重大历史事件——几千年的封建帝王统治即将崩溃,一个年轻的共和国正在诞生却又面临内战的混乱;1918年华北和天津的大洪水、紫禁城的停战和平庆典、1919年五四学生爱国运动、1925年孙中山的葬礼、1925年五卅惨案以及二三十年代的平民教育运动等。[②]他用镜头凝固了那些早已消逝的过去,但在今天看来却是那么亲切。

1924—1927年以及1931—1932年间,作为普林斯顿大学中国中心——"北京普林斯顿"的义务成员,甘博还以志愿者的身份,先后担任北京基督教青年会和中国平民教育运动的社会调查干事,并就职于燕京大学基金会,主持了对中国北方城镇和乡村的社会经济调查,协助在北京开展社会服务工作,成为西方在中国引进社会学教育和开展社会学工作的先行者。在此期间,他走访了中国十几个省份的无数个城镇与村落,通过问卷调查、实地访问、拍摄照片和影片等方法,对中国的城乡社会和经济进行了深入研究,具体研究成果汇集于五部代表性著作:《北京的社会调查》《北平市民的家庭生活》《定县——华北农村社会》

① 王涛.甘博——撩开中国神秘面纱的美国人[J].国际人才交流,2000(3):24-26.

② 王涛.甘博——撩开中国神秘面纱的美国人[J].国际人才交流,2000(3):24-26.

《1933年之前华北乡村的社会、政治和经济活动》和《定县秧歌选》。甘博用相机和笔构筑了中国城乡社会生活的巨幅图景，成为研究中国那一段历史不可多得的史证性资料，同时也成为中美两国人民沟通与交流的宝贵财富。总之，5000张黑白底片（其中2000多张反映了北京及周边地区的景观和社会生活），几百幅手工上色的玻璃幻灯片，30盘16毫米的电影胶片，这些是甘博用了将近25年的时间建立起的一部关于中国百年前的影像档案，记录了中国北部、中部、东部、西南和南部地区的城乡社会生活，中国人民应当对他致以感谢。作为一名一丝不苟的学者，甘博不仅为胶片和幻灯片编了号，而且标明了每张照片的地点、时间和内容。1989—1992年间，华美协进社、甘博中国研究基金会和华盛顿史密森学院巡回展览部共同主办了“两次革命中的中国：西德尼·D.甘博1917—1927年摄影展”。该展览先后在北美的19个城市和中国的13个城市进行巡回展出，让参观者们看到了甘博眼中古老中国的风土人情，并通过见证历史的痕迹，以史鉴今。

19世纪末20世纪初，幻灯、留声机、电影等电教媒体被逐步引入教学活动中，教学活动开始出现电子化和现代化的特征。1926年，柯达公司发明了16毫米胶卷，因其廉价非电影公司的部门与个人也可用来拍摄。不久，电影就作为媒体技术阶段的核心教育技术被广泛应用，美国大力推广利用电影推动教学，许多大公司和著名大学合作摄制教学电影。1933年，华美协进社开始与纽约哈蒙基金会（Harmon Foundation）合作，一边培训技术人员，一边合作拍摄与制作中国题材的教育片，向西方介绍中国悠久的历史和灿烂的文化，推广电影教育。

1936年12月，中国教育部和清华大学邀请华美协进社社长孟治博士回国进行为期半年的教育文化考察，并摄制影片，重点调研中国留美学生学成归国之后所做出的社会贡献。在此期间，孟治的考察路线为“先赴陕甘考察，然后赴绥转平，再转赴西南及江浙考察”[①]，共走访了15个省份的41家教育文化机构，会见了2400余名留美归国学生。通过此次参观访问，孟治充分感受到了祖国各地发生的翻天覆地的变化，以及留美归国学人在祖国各行各业做出的巨大贡献。同时，他也发现了存在的许多问题，如在很长一段时期内，中国的最高决策

① 华美协进社派孟治回国考察教育文化[N].申报，1936-12-08(8).

层普遍存在一种思维定式:掌握的西方知识越多,人才的含金量越高;此类人才越多,中国的富强进程越快。科举制度废除后官制空缺的契机,更将留学生群体迅速推上国务活动和各项事业的领导岗位。这种畸形就业现象造成有关机构和人才的严重缺失,如一流的中小学校、优秀的中小学教师、出色的技术人才、管理者等。

走访途中,孟治还摄制了一系列教育纪录片,重点反映留美学人为祖国建设所做出的贡献,为我们留下了珍贵的历史档案。1937年,首部中国题材的电影纪录片《现代中国掠影》(*Glimpses of Modern China*)(黑白影片)在美国问世,从而使电影也成为美国观众了解中国的一个窗口,中美两国的距离不再遥远。1944年12月2日,华美协进社举办了中国纪录片展播,以庆祝"中国大厦"的正式成立,具体日程安排为:

11:30—11:45　《中国人生活概览》(一集,黑白无声影片),该片于1932年前后在中国摄制完成,主要展现中国城乡居民的生活全貌。

11:45—12:00　《中国教育》(一集,黑白无声影片),该片主要展现抗战(此处指1937年)前中国教育发展概况。

12:00—12:30　《现代中国掠影》(两集,黑白无声影片),该片由孟治于1936—1937年间在中国拍摄,并与哈蒙基金会联合录制完成,主要展现中国悠久的历史文化传统,通过生动形象的影片内容,使观众亲自感受到抗战(此处指1937年)之前中国在经济与教育方面欣欣向荣的发展景象。该片生动形象,纪实性强,以现场报道的形式向世人昭示:觉醒之后的中国最终将震惊世界,并向世人展示了中华民族不甘落后、奋勇拼搏的民族精神。

14:30—14:45　《绿色植物》(一集,黑白无声影片),此片为22集伊斯曼课堂电影中文译制片中的一集,由苏·简(Sue Chien)女士为美国国务院译制完成。对于那些科学爱好者而言,该片尤具观赏价值。

14:45—15:00　《吹制玻璃技术》(一集,黑白无声影片),该片为伊斯曼电影中文译制片,由苏·简女士译制。

15:00—15:30　《中国首座人工血库》(两集,彩色无声影片),该片由汉森·黄摄制，在美国卫生部赞助下，中国首座人工血库在纽约建成。后来所有的医疗设备迁至中国昆明，该血库至今仍在积极发挥作用。该片展现了制造干血浆的全过程。

15:30—15:45 《美质与魅力——中国服装展示》(一集，彩色无声影片)，该片由汉森·黄与纽约艺术大都会博物馆联合摄制，展现了中国传统服饰、古典服饰与现代时装的风采与设计风格。中国的服装设计师还向观众介绍了如何挑选中国服装款式，如何搭配中美服饰，从而使其相得益彰、珠联璧合。

15:45—16:00 《中国自行采掘盐矿》(一集，黑白无声影片)，该片由N. C. 斯沃恩(N. C. Swon)摄像，汉森·黄录制完成。斯沃恩先生是南京金陵大学艺术系主任，关于该片的摄像工作是他在极其艰苦、恶劣的条件下完成的，主要展现了四川省几处盐井的采掘情况。

16:00—16:15 《凝结着辛勤汗水的颗颗谷粒》(一集，黑白无声影片)，该片由华伦·李(Warren Lee)摄像，翁万戈录制完成，展示了中国当代谷物栽培与杂交培育技术。

17:00—17:15 《如何学画中国画》(一集，彩色影片)，该片由翁万戈与申许治平(音译)女士联合摄制，主要展现中国的绘画艺术。

17:15—17:30 《中国古画在美国》(一集，彩色影片)，该片由翁万戈与波士顿、纽约以及其他都市的博物馆联合摄制，主要展现中国历朝书画作品之特色。

17:30—17:45 《中国画之遐思》(一集，彩色影片)，该片由翁万戈与张青纪(音译)教授联合摄制，主要通过一种生动有趣的方式向观众介绍中国绘画技巧。①

这些纪录片的内容相当丰富，主要包括乡村生活、农作物栽培、食盐开发、教育文化、着色与吹玻璃技巧等。随着华美协进社会员的不断增多，中国艺术也受到越来越多人的青睐，活动的方式和内涵也日益丰富多彩。

---

① Chih Meng's Manuscripts, 129.

(二)开展课程及文化活动

1.教师培训

华美协进社创立之初,社长郭秉文曾邀请中国知名学者赴美举办了一系列讲座,主题涉及佛教、中国建筑学、京剧、中国哲学、北京的社会状况等。华美协进社改组之后,社长孟治发现,学员感兴趣的主要是介绍中国概况的普及性课程,而非专业性或学术性课程。即使在美国的高等教育机构,熟谙中国专业知识的人也寥寥无几。孟治于是意识到"有必要与美国大学教师合作,以了解非专业人士的需求,并通过恰当的方式开设适宜性课程"[①]。也就是说,当务之急乃向这些教师传播他们实际需要的知识,而非忙于塑造中国通,从而改变社团以往单纯依靠中基会资金、从宏观方面传播中国文化的运营模式。来自道尔顿学校的海伦·帕克赫斯特[②]和伊丽莎白·西格尔(Elizabeth Seeger),以及贺拉斯·曼学校的埃尔米纳·路加(Elmina Lucke)和维契尔·戴维斯(Rachel Davis)四位老师帮助华美协进社收集了大量信息,包括美国公立学校教师已经掌握的汉学背景知识,学校图书馆现有的中文书籍及其相关资源。经过此番深入调查,1930年2月,华美协进社成立中文学院(School of Chinese Studies),开设两门关于中国历史与文化发展概况的课程,并举办一些新颖有趣的活动。培训教师均由精通中英文两种语言、熟谙中美文化的知名学者担任。这些课程向全美注册教师开放,当时每期学费5美元,平均每期招收学员8~12名。这些教师返回工作岗位之后,都能够针对不同年龄阶段的学生开展关于中华传统文化的教育教学活动,如在低年级开设中国剪纸与折纸、制作风筝、放飞风筝等活动课程,在高年级开设中国绘画与陶艺等艺术课程,这些新颖有趣的活动,受到了美国广大中小学生的喜爱。

在学院创立之初,由于培训教师无法获得纽约市教育局(New York City Board of Education)认可的学分,所以学员人数与培训规模受到极大限制。将华美协进社的中文课程列入纽约市教育局认证的学分,成为这一计划开始成功实

---

① Chih Meng. *Chinese American Understanding—A Sixty-Year Search* [M]. New York: China Institute in America Press, 1981: 157.

② 帕克赫斯特(1887—1973):美国教育实验家,道尔顿制创始人,程序学习创始人之一。

施的标志。通过孟治社长的多方努力，1933年，在时任纽约市长拉·盖蒂尔（La Guardia）的大力支持下，纽约市同意由华美协进社的中文学院向纽约公立学校的教师提供在职培训（Programs for Educators），其汉语培训课程的学分被纽约市教育局所认证。同时，纽约市教育局也对这种在职培训制订了管理规则：

1. 参加在职培训的教师必须认真完成指导教师布置的所有任务。

2. 每周旷课不得超过两次，周课时必须达到30小时（迟到两次算作一次旷课处理）。

3. 请假必须获得主管在职培训的副监督的书面批准。

4. 第四个学期的培训课程结束之后，指导教师必须尽快将培训人数呈报主管在职培训的副监督。

5. 培训结束之前，必须举行书面考试。

6. 在最后一个培训学期开始之前，必须把结业证书寄交指导教师，该证书必须由指导教师亲自填写，并于培训结束之前分发给学员。鉴于此，参加培训的学员必须向指导教师上交一个写有自己详细通信地址并贴有邮票的信封，以备其寄发结业证书。

7. 向圆满完成学业的培训教师寄发完结业证书之后，指导教师必须把多余的证书连同已寄发证书名单一同上交发证机关，名单内容必须包括：学员的姓名、工作单位、家庭住址，未用证书的数目加上领取结业证书的人数必须与指导教师原来收到的证书数目相吻合。

8. 指导教师必须以书面材料的形式详细说明学员未能顺利完成学业的原因。

9. 指导教师必须把附有学员的出勤记录、结业试卷、结业分数的表格密封好后交由主管结业培训的副监督整理入档。

10. 30小时的培训课程必须分15次讲授，每次讲授时间不得少于100分钟。

11. 指导教师向上级机关汇报培训情况时，必须在汇报材料中注明学员人数、培训项目名称、指导教师姓名。①

---

① Chih Meng's Manuscripts, 144.

华美协进社因而成为美国首家，也是最大的一家能够为公立学校教师提供培训的民间社团。[①]华美协进社中文学院专门设计了符合纽约教师资格要求的课程内容，强调贴近学员的职业需求，如汉语语音学、汉语语法学、汉字演变、中国文学等，这些汉语课程一直与时俱进地延续至今。目前，纽约公立学校共开设44个中英双语教育项目，为近60所公立学校和十几所私立学校提供中文课程。秉承华美协进社一贯聘用优秀教师的优良传统，一批又一批才华横溢的中文教师执教于此。华美协进社因而在诸多中小学教师与中文爱好者中获得了崇高的威望，为沟通中美教育、文化交流做出了持续而稳定的贡献。

根据纽约市政府的授权，华美协进社还可以为纽约市校董会、学校与教师会引荐、选聘中文教师，哈蒙基金会也与华美协进社密切配合，共同促进中国文化的传播，如向学校提供贷款，赠送关于中国题材的影片。这项活动被称为著名的"流动教师计划(The Floating Teachers Program)"，并迅速引起社会各界的热烈响应。不久，华美协进社又在马萨诸塞州的春田市与艾奥瓦州的第蒙市开展同类计划，由当地校董会负责支付相关费用。1935年，华美协进社成员詹·福克·狄姆(Chan Fook Tim)被任命为春田计划负责人，孟治则被委派到第蒙市，协助当地有关组织开展此项计划。项目实施主要由为期10周的集中培训组成，培训对象包括在第7年级到第12年级任职的教师、高中的周日团体成员、有志于掌握一技之长的学生志愿者。在第蒙市，孟治还指导一个小组演唱中国民歌，另一个小组表演歌舞《七夕节》，这两个小组联袂为公众献上了8场演出，每一次演出都吸引了大量观众，并获得了一致好评。"流动教师计划"使中国文化深入美国的公私立学校，从而让许多美国学生从小就有机会接触到中国的语言、文化和历史知识。

为了在培训课程中实现理论与实践的结合，华美协进社为学员安排了一系列实践活动，引导他们对唐人街进行实地考察，参观访问当地的中华慈善总会，走访纽约华文公学(New York Chinese Public School)。华人儿童在这里学习汉语的读写，唱中国歌曲，认真领会中国传统文化。随后，这批教师参观了一家中

① Chih Meng. *Chinese American Understanding—A Sixty-Year Search* [M]. New York: China Institute in America Press, 1981:159.

国日报社，详细了解排字工人如何对5000多个汉字进行排版。此外，他们走访的场所还包括华人开办的中药店与食品杂货店、书店、茶馆和一座中国寺庙，寺庙住持向他们详细讲解了与宗教信仰相关的仪式与礼节。参观完毕之后，他们品尝了8道风味独特的中国菜肴，并在一家中国剧院观看了中国京剧。

为了确保教师培训的质量，华美协进社购置了大量图书与教具，主要包括"557册英文书籍、186册中文书籍、23卷中国字画、511本专题论文与时事论文小册子、71部教育影片(21部关于中国题材、50部关于美国题材)、39种期刊杂志、118部关于中国题材的幻灯片"①。

纽约市教育局督学办公室副监督雅各·格林勃格(Jacob Greenberg)在1949年2月3日写给孟治社长的信中，对华美协进社从事的教师培训工作予以高度赞扬："我衷心地感谢华美协进社在培训中小学教师方面所做出的巨大贡献，在您的英明领导下，华美协进社开设的各门课程、讲座、论坛与会议均受到社会各界人士的交口称赞。我衷心地希望您能够在已有成就的基础上与我们继续保持密切合作，以共同促进师资培训计划的顺利开展。"②

后来，中文学院逐渐发展成为包括公众项目、语言项目与教育项目三个分支机构，旨在服务于不同的受众。其中的教育项目主要包括语言、文化、教育、中小学教师教学和学生海外留学等诸多课程项目的监督管理工作。

2.访学讲座

鉴于美国人学习汉语存在诸多困难，并且缺乏中英文对照的相关书籍，华美协进社从成立之初就陆续编辑出版了一些中英文对照的专题书籍，主要取材于中国古典和现当代文学作品，旨在使读者轻松掌握一些常用词汇或句型的翻译方法。除满足美国民众了解中国的需要之外，华美协进社还为中国民众了解美国提供各种便利，帮助中国学生、学者赴美留学或从事美国专题研究，鼓励、推动中美教育机构中的专家教授进行交流互访活动。如保罗·孟禄博士和卡罗瑞顿·华什波恩(Carleton Washburne)曾在中国多所大学及教育机构举行讲学活动，南开大学哲学教授张彭春博士曾在芝加哥大学访问讲学。

---

① Chih Meng's Manuscripts, 142.

② Chih Meng's Manuscripts, 143.

1934年10月22日,华美协进社董事胡美应邀访问上海的国际问题研究会,重点讨论国际问题研究会与华美协进社合作问题,讨论结果颇为圆满。[①]华美协进社利用各种机会,或是请人来社团讲学,或是回国内考察讲演,积极扩大华美协进社的国际影响,从而争取中美两国一些知名人士和机构的捐助。

(三)声援中国抗日

1929年爆发的资本主义世界经济危机,对日本打击很大,为摆脱危机,日本统治阶级加紧法西斯化,残酷镇压人民反抗,并积极扩军备战,准备发动侵略战争。1931年,日本侵略者发动九一八事变,妄图侵占中国东北地区,9月21日,华美协进社中国委员会刘湛恩、陈光甫、郭秉文、夏鹏、寿景伟、董显光等以日本蹂躏东北,特召集临时紧急会议,决定致电美国国务卿、参众两院、外交关系委员会主席及各界领袖,吁请美国主持国际正义,维护和平公约。为了声援中国人民的抗日战争,揭露日本帝国主义的侵略本性,华美协进社出版发行了一系列抗日宣传材料,孟治社长在美国各地举行抗日巡回演讲,并于1931年11月4—7日在《纽约晚邮报》上连续撰文加以声援,还编著了《中国的抗日战争》一书,力主抗日。

同时,华美协进社与纽约洛克菲勒基金会合作组建华裔医疗队,奔赴中国战区开展救援工作。洛克菲勒基金会成立于1913年,在中国学研究方面做出了巨大的开创性贡献。"二战"结束前夕,在其推进和资助下,美国十余所著名大学创建了以研究中国为核心的远东学图书馆,并逐渐发展壮大,至今享有盛誉。从1938年起,应纽约市教育厅的要求,华美协进社开始专门面向公立学校教师开设中国文化课程,从而使更多的美国民众了解中国,支持抗日。就华美协进社抗日救亡宣传活动对美国各阶层人民的影响来看,这也成为促进中美两国人民沟通,加强双方相互了解的契机。

① 本会会务(二十三年十月)四、社交:招待纽约华美协进社董事幼姆君[J].国际问题研究会通讯,1934(10):37-38.

(四)扶助留美学生

留学,是国际经济、教育发展不平衡和提高个人教育、民族教育水平的必然结果。留学生,是晚清以来中国向西方学习、谋求现代化的中坚力量,他们最先带给中国学界"西方的眼光"和"科学的方法",而这些学子赴美后也同样迫切需要协助。在开展社务活动的过程中,华美协进社招募了大批中国留学生志愿者,并通过他们与中美两国的著名教育机构、企业社团、政府组织等保持广泛联系和密切合作,如中基会、清华大学、北京图书馆、中国科学社、太平洋国际学会、国际教育学会、哥伦比亚大学师范学院国际研究所、国际基督教青年会等。华美协进社自成立以来,一方面利用《华美协进社公报》介绍中国出版的学术著作,并用英文加以评论;另一方面"将逐年我国留美学生毕业论文(Theses and Dissertations),分类登记,发表目录,为颇有价值之参考资料"①。华美协进社还经常邀请中国留美学生举办演讲活动或担任中国文化培训教师。

当时在大危机中挣扎的美国,没有也不可能在中日战争中有什么作为。美国对于日本的动作,是以自己的利益作为行动准则的。1933年,美国总统罗斯福(F. D. Roosevelt)宣布实行新政,旨在恢复国内衰落之经济,到1936年已成效卓著。美国此时虽已走出大危机的阴影,但对东亚局势仍持不冷不热的姿态。1936年,日本国内经济进一步恶化,人民反抗斗争此起彼伏。日本政府急于转移国内视线,摆脱经济危机,1937年,日本帝国主义悍然挑起全面的大规模侵华战争,中华民族面临亡国灭种之灾,中国共产党以民族大义为重,再度与国民党携手合作,进行了艰苦卓绝的抗战。日本发动全面的侵华战争后,海外学子纷纷辍学回国,共赴国难。国民政府为了战时统制外汇,配合国防军事需要,1938年7月,"教部共订限制留学办法,国外留学者研习科目一律暂以军工理医各科,有关军事国防为目前急切需要者为限"②。此外,加之战争冲击而造成的海外交通困难等因素,在抗战期间,中国的留美教育跌入低谷,出国留学人数大大减少,留美学生数也随之减少。据统计,1939年5月,留美学生减至1163人,与

① 科学新闻:华美协进社消息[J].科学,1940,24(8):644.

② 战时统制外汇留学亦限制,出国研究以军工理医各科[N].申报,1939-05-17(2).

战前相比,减少了三分之一左右。[①]由于抗日战争系由日本帝国主义的侵略行径引发,七七事变后的几个星期内,6000多名留日学生几乎全部回国。留学美国的学生则由于路途遥远,交通不便,只有极少数顺利归国,大多数滞留在美国。这样一来,美国反而成为战时中国留学生分布最多的国家。

抗战期间,中基会决定把一部分款项转移到美国,委托华美协进社负责监管,将其作为奖学金资助陷入困顿的中国留美学生。当时,华美协进社社长孟治先生兼任中基会助理秘书一职,社团仍然得到中基会之拨款补助,"华美协进社以补助费仍照原定工作范围继续推行,对中美文化关系多所致力。该社继续管理清华留美学务,间时尽量协助其他留美学生"[②]。同时,华美协进社也对留学生的艰难处境深表同情,并积极寻求新的筹款渠道,从洛克菲勒兄弟基金会(Rockefeller Brothers Fund)[③]、强基金会(Strong Foundation)以及一些教会机构获得紧急救援资金,设立"华美协进社奖学金和研究金"(China Institute in America, Scholarships and Fellowships)[④],用于传播中美消息、代管留美学生等各项工作。1942年初,中国留学生在美国的滞留现象引起了华美协进社社长孟治的重视,他决定向中美两国政府寻求援助,遂数次前往位于华盛顿的美国国务院和中国外交部驻美使馆陈情、交涉相关事宜。孟治向美国国务院官员描述了学生的境况,恳请美国尽快启动"总统应急基金",以帮助学生完成学业。

美国国务院于1938年7月成立文化交流司(U. S. Department of State, Bureau of Intercultural Relations),旨在加强美国与西半球各国的友好交流。孟治向美国国务院负责官员陈明了1000多名中国留学生的艰难处境,恳请文化交流司提供紧急援助。然而根据规定,文化交流司系根据《布宜诺斯艾利斯公约》创立,其服务、资助对象只能限于拉美国家。通过华美协进社同人的不懈努力,以及中美两国在太平洋战争中的共同利益,美国国务院最终同意向中国留学生

---

① 王奇生.中国留学生的历史轨迹:1872—1949[M].武汉:湖北教育出版社,1992:29.

② 得中美庚款补助之学校教团研究概况[N].申报.1940-06-26(8).

③ 洛克菲勒兄弟基金会:1940年由洛克菲勒家族设立,主要是对人口增长、资源保护、就业、伦理、艺术和教育等问题进行研究。洛克菲勒兄弟基金会的使命是:帮助建立一个更加公正、可持续发展与和平的世界。20世纪50年代后期,活动中心转向政治方面,并成立特别计划总委员会,成为洛克菲勒家族影响政府政策的重要据点。该会资产两亿余美元,会址在纽约。

④ 中国社会科学院情报研究所.美国中国学手册[M].北京:中国社会科学出版社,1981:586.

提供紧急援助，中国因而成为文化交流司资助项目中的第一个非西半球国家。随后，由美国助理国务卿、远东事务办公室负责人与华美协进社成员孟治、顾临、斯坦芬·杜根组建委员会。1942—1946年期间，该委员会共召开91次会议，审批了中国留美学生提交的3000多份救助申请，最后以美国政府的名义向1666名留学生和474名培训人员颁发了500000美元的奖助学金（Scholarship-in-Aid）。

与此同时，1942年6月13日，南京国民政府在纽约成立留美中国学生战时学术计划委员会（Committee on Wartime Planning for Chinese Students in the United States），拨款30万美元设立中国留美学生奖学金，由宋子文任主席，孟治任干事长，办事处设在华美协进社。设立的奖学金除了替学生交学费外，每月按需要情形发给学生生活费10~75美元不等。1942年，中国留美生领取此项奖学金者，共计134人。[①]例如，中国著名国际法学家黄炳坤在1942年留美期间，曾向华美协进社主办的刊物投过一篇有关中国古代政治思想史的文章，不久，社长孟治就给他回信，表示如果是在读博士生协进社可以提供一个月75美元的资助；未读博士则可以提供奖学金到大学攻读博士学位。于是1942年至1943年，在华美协进社奖学金的资助之下，黄炳坤在著名的哈佛大学研修了一年的哲学。……在哈佛期间，除哲学外，黄炳坤对宪法、国际法等法学学科也进行了深入的研究。[②]到1943年，华美协进社管理并授予的奖学金总数达2500000美元。全面抗战期间，约有4700名中国留学生依靠奖学金完成了学业或培训。

为了积极配合实习培训工作在美国的顺利开展，留美中国学生战时学术计划委员会也负责向中国留美学生和实习人员发放补助金，组织他们举行学习研讨会，开展项目研究，并为其提供就业指导，这些留学生与实习人员在抗日救亡中担当了重要角色。在中美两国专家学者的引领下，留美中国学生战时学术计划委员会正式举办的研讨项目与会议主要包括：

1. 在美国公路管理局局长托马斯·H. 麦克唐纳（Thomas H. MacDonald）指导下，从事公路建设、交通管理及相关问题的研究。

---

① 中国社会科学院近代史研究所近代史资料编辑部. 近代史资料（总115号）[M]. 北京：中国社会科学出版社，2007：150.

② 王定贤. 黄炳坤及其国际法思想研究[J]. 武大国际法评论，2008（2）：362-383.

2. 在美国水土保持专家沃尔特·克莱·罗德米尔克(Walter Clay Lowdermilk,1888—1974)带动下,研究农业及其经济领域内的技术、管理和教育问题。

3. 由美国电话电报公司的R. W. 金(R. W. King)牵头,进行电子通信方面的学习研讨,包括无线电广播、电话、飞机和潜艇的检电器以及其他现代电信设备。

4. 在中国重化学工业的开拓者、世界制碱业的权威侯德榜博士带领下,开展化工项目研究,包括炸药、酸性物质、酒精、石油等化学产品的研制。

5. 由中国经济学家、中华民国纺织业发展史研究的先驱方显廷负责,从事经济改革项目研究,包括工业化、财政改革、贸易和进出口政策、外国在华投资等有关问题。

6. 在中国现代语言学之父、中国现代音乐学先驱赵元任指导下,开展应用语言学研究,包括电码、密码、中国方言和边境少数民族语言的收录。

7. 在S. R. 周博士和哥伦比亚大学教授J.T. 肖特韦尔(James T. Shotwell)领导下,研究战后问题与世界和平组织的建设。①

纵观中国近代出国留学史,从政治救国到学术救国再到科学救国,每个时期出国者所选择学习的东西都是有侧重点的,这与每个时期中国的社会环境和所需要的人才是密切相关的。在推翻封建制度之前,急需政治型人才,来变革中国的社会制度;辛亥革命后,中国的政治局面依旧一盘散沙,仁人志士意识到一味地学政治、学思想并不能救国,于是转而求学术。然而局面仍未好转,以西方科技文明为典范的现代化进程,给现代人类塑造了科技专家意义上的观念,因此,他们大多转而选择科学救国这一条道路,科技型的专业人士越来越多。南京国民政府一直强调发展实科类留学教育,在选拔出国留学者时,则以理、工、农、医为重点。

① Chih Meng's Manuscripts, 56-57.

博士研究生毕业学位论文(简称“博士论文”)作为学校教育最高阶段的书面结果,最能代表学生科研成果以及学校研究生教育的最高水平。美国大学对博士论文质量及学位管理相对较严,因此,博士论文在美国享有一定的学术地位和公众效应。据华美协进社调查,1929—1954年间,中国留美学生(含留学加拿大者)有9334人获得学位,其中有2789人次获得博士学位,7221人次获得硕士学位。造成累计人次大于综合人数的原因是诸多留美学生不止获得一个学位,其中多有获得两三个学位者。这正说明他们所接受美国教育的程度及其较高素质。据袁同礼编《中国留美同学博士论文目录》统计,1905—1960年间,共有2789人在美国和加拿大的116所大学获得博士学位(其中加拿大大学4所,共28人)。其中,理工科类共1914人,占68.6%(物理科学696人,地球科学40人,生物学439人,生理科学149人,工程590人),是文科类(人文科学327人,社会科学548人,共875人,占31.4%)的两倍多。[①]理工科院校的美国学生通常要在企业先实习一段时间,积累一定的实践经验,然后才有资格成为一名工程师。

由于战争需要,美国武装部门抽出大批工业领域中的技术工人,服役于军队,导致国内缺乏大量熟练工人。在迄至1940年的不景气中,各工业部门对于训练青年人员也降到了最低的数额,严重影响了工业生产,迫切需要熟练的技术人员填补岗位上的空缺,保证生产的持续进行。在美国急需熟练工人的当口,也为滞留美国的中国留学生提供了实习机会,既可以让他们继续保持科研状态,提高专业技术水平,也可赚取一定的生活费用。美国工业联合会对实习学生之选择原则为:应用型人才。也就是说,不论实习还是科研工作,注重选用工程机械等专业的学生,因而面向应用专业的岗位相对多些。为了解决理论联系实际的问题,中基会委托华美协进社积极动员留学生参加实践培训,并为他们联系实习培训机构。

经过精心筹划和严密组织,首次培训计划于1939年6月付诸实施,共分3个小组,分别在克莱斯勒汽车公司与通用汽车公司、美国公路管理局、宾夕法尼亚州灰狗运输公司参加实践培训。1942—1943年间,共有300多名中国留学生被安置在美国的工业及商业部门,绝大部分在军事工业部门实习,主要机构

① 王焕琛.留学教育——中国留学教育史料[M].台北:台湾“国立”编译馆,1980:1144-1145.

包括:田纳西工程总署、农业部航空探测署、火石轮胎公司、道格拉斯飞机制造公司、纽约市布鲁克林区橡子绝缘电线公司、纽约市联合飞机公司、纽约市美国电话电报公司、伊利诺伊州芝加哥电子自动化公司、密歇根州第波恩的福特工业学校等,重点培训战地救护人员、汽车驾驶员、汽车维修工人、飞机驾驶员、机械师和其他空勤人员。

一些美国友好人士也为中国留美学生实习培训积极努力,如约瑟夫·贝利。1890年,年满30周岁的约瑟夫·贝利(Joseph Bailie)先生,作为美国大学生海外志愿传教运动的一员来到中国传教。1899年,贝利担任北京京师大学堂(北京大学的前身)英文教习,并开始积极学习中国传统文化与古典哲学。1910年,贝利先生应金陵大学之聘担任算学教习。1911年,淮海流域发生水灾,贝利前往赈济,创办"义农会",以工代赈,救济灾民。1916年,金陵大学农科与林科合并,贝利担任首任科长。就这样,全国农业本科教育办学历史最悠久的金陵大学农林科,在贝利先生的努力下,一手创办了起来,实谓中国农业本科教育之先河。1917年,华北地区黄河泛滥成灾,贝利离开金陵大学去华北,加入"华洋义赈会",专职以工代赈,组织垦边。1920年,贝利先生回到美国养病。养病之余,他看到因为世界经济危机,英美工党排斥中国华工的现象非常严重,留美的中国工科学生几乎没有进入工厂实习的机会。于是,他亲赴各地工厂游说,一再重申与中国学生友好,对美国工业出路有好处。在他的努力下,美国福特汽车公司老板亨利·福特首先允诺,其他大工厂亦相继表示同意为中国留学生建立一所半工半读的培训学院,由贝利先生每年从美国各大学挑选100名主修工程、技术等相关专业的中国留学生来此接受实习培训,这种培训也得到了华美协进社的大力支持与配合。结果证明,贝利先生的这一做法取得了巨大成效。这些留学生经过严格的实习培训,学成归国之后大都成为中国工程界著名的工程师,当时被人们称作"贝利的弟子"。同时,贝利先生还在上海创办了工人职业补习学校,实行半工半读的教学方式,不仅为留美归国学生提供实习培训与就业指导,而且也为工厂的工人与学徒提供在职补习教育,从而通过这种中外合作的形式开创了中国的职业教育。如著名汽车工程专家、中国汽车工业技术的主要奠基人孟少农在1943年获得美国麻省理工学院硕士学位以后,经华美协进社的介绍,来到位于底特律西郊的福特汽车制造厂实习、见学。后来,他又去往位于佛尔蒙州的J&L机床厂实习。这是一家生产多种机床的老厂,有充分的动手实践机会,既能组装机床,又能实际操作设备。在孟少农看来,只要是对祖国有用的东西,他就努力地学习,大胆地实践。学成归国之后,孟少农最终成为中国汽车工业的创始人。

1938年8月31日,从昆明至畹町全长959.4千米的滇缅国际通道(Burma Road)国内段全线建成通车,它从昆明经下关、保山、龙陵等地,由畹町出国界,外接缅甸腊戌,再与缅甸中央铁路连接,沿线高山大川起伏跌宕,地形地貌和地质条件十分复杂。滇缅国际通道是当时中国抗日战场与世界反法西斯诸国之间唯一一条国际通道,承担着为整个大后方补给的"抗战输血管"的作用。抗战期间,由于洪水冲溃路面以及美国运输汽车故障频发,滇缅国际通道的作用极大地受阻。为了解决这些问题,华美协进社在中国留美学生中招募了474名志愿者,为其提供培训经费,参加由美国两大汽车公司——福特汽车公司与克莱斯勒汽车公司组织的技术培训。同时,美国公路管理部门也向华美协进社提供了实验室设施,用于检测滇缅国际通道路面材料的性能,以确保道路畅通。经过培训,这些志愿者以技术人员的身份组成归国服务团,与同胞并肩作战,铺筑足以抵抗洪水的路面,同时加强改善对运输汽车的维修与保养。滇缅国际通道无形中改变了战争的进程,使得日本放弃了原来要在正面打败中国军队,迫使国民政府屈服的计划,而改为从越南和缅甸来封锁中国的最后外联通道。这样一来,也给了疲惫的中国军民喘息的机会。

华美协进社组织的实习培训活动也得到了大批美国专家学者的帮助和指导,他们经常给孟治社长去信,就培训计划提出许多宝贵的意见和建议。1943年,全面抗战期间第一位抵华的专家、时任美国农业部土壤保护署(The Soil Conservation Service)首席助理、农林学家、优秀的水土保持专家沃尔特·罗德米尔克在信中提到了中国赴美学习农林专业的留学生在水土保持方面加强实践锻炼的重要性:

> 中国幅员辽阔,为了提高国土资源利用率,促进水土保持工作,必须加大宣传力度,采取有效措施。实现这一目标的基本前提乃是绘制各种各样详细而精确的地图,因为水土保持工作的进展情况在一定程

度上取决于地图的精准与否。鉴于此,我建议,您可以充分利用我们水土保持服务中心提供的设施,对中国留学生进行实践培训,使他们掌握通过航空拍摄绘制地图的本领。为了获得更多的感性经验,我热诚地邀请您参观我们设在华盛顿贝尔茨维尔(Beltsville)的工厂。该厂拥有一支规模相当可观的员工队伍,以及通过航空拍摄绘制地图的全套设备。在那里,您将亲眼目睹西德(Synder)先生如何指导员工学习掌握绘制地图的详细步骤。该厂员工的年龄从25岁到50岁不等。这是一次难得的好机会,因为高校在这方面所从事的教学和研究远远不够,只有我们水土保持服务中心始终致力于相关问题的研究,并取得了可喜的成果。然而,成功只能代表过去,我们期待做出更大的贡献。我们提出的此项建议极具现实意义,随着抗日战争的爆发,将有大量飞机、飞行员和摄影器材投入战斗,因此也提供了航空拍摄的机会。但是,为了避免坐失良机,必须事先培训大批技术人才,通过航空拍摄绘制地图以及建立地面控制据点。目前,中国留学生由于战乱无法回国,中国政府就应该要求他们(尤其是主修工程学的留学生)把握机会,积极参加实习活动,以便做好随时报效祖国的充分准备。

水土保持服务中心将为中国培训大批能够绘制土地性能分析图的人才。这种地图并非一般的地形图,它不仅涉及适于耕作的具体自然条件,而且包括为了实施水土保持计划而进行的地表区划。

中国一直需要防洪抗旱、筑坝蓄水方面的水利人才。但是,现有高校缺乏设置水利工程方面的课程。为了弥补这一缺憾,我们水土保持服务中心设置了相关的专业培训课程和活动。我们规定,农业院校毕业的美国大学生必须在此参加实习之后方可走上工作岗位。

中国将来也会需要草场管理人才。因为中国西北地区丰富的草场资源一直未得到应有的重视,所以,必须培训大批管理人才,开发那里的草原和山地,促进畜牧业的发展。

中国也需要农业技术人才,以便把我们的土地利用规划和水土保持计划付诸实施。

中国还需要水文学研究人才,实现对水资源的利用和控制。如今,我们在华开展的水土保持计划受到严重制约,主要原因在于我们对中国农业地区的水力资源径流率一无所知,包括各个灌溉区。我们水土保持服务中心和美国林业部一直在水文学方面进行深入系统的合作研究,并建有水文实验站。我建议,中国留学生毕业之后可在此参加实践锻炼,并从事一系列重大研究项目。我热烈欢迎您到我在南加州建立的圣迪马斯(San Dimas)水文实验林参观,这是目前国内外功能最为齐备的实验林地之一。它会使您了解一些控制水患的有效方法,在计划充分利用和控制水资源之前须具备的常识以及如何科学而合理地利用降水。①

国际著名的经济学家与教育家W.麦肯西·史蒂文斯(W. Mackenzie Stevens)曾担任中华民国的技术顾问,他在写给孟治的信中从工业发展的角度谈到了培训问题,认为实习培训对中国意义重大、刻不容缓:

为了发展中国的基础开采业,工程学和化学专业的实习绝对不容忽视,因为它们关系国计民生。对于那些经营规模较小的企业,更应予以高度重视和充分利用。

中国留美学生应加强在工厂和企业的实践锻炼,尤其要重视其资源的丰富程度和新型设备的利用程度。当前普遍存在的问题是,这些留学生归国之后,不顾本国国情,机械移植美国的生产方式,无法做到因地制宜,学以致用。②

1944年2月5日,俄勒冈州立大学电机工程系前系主任F.O.麦克米伦(F.O. McMillan)在写给孟治的信中也提到实习的必要性与迫切性:

从广义上讲,我认为主修工程学专业的学生应积极参加工程设计、建设和维护方面的实习活动,而不能只是一味"纸上谈兵"。我之

① Chih Meng's Manuscripts, 58-60.

② Chih Meng's Manuscripts, 61.

所以一直坚持这种观点,是因为我非常了解中国现状,中国目前亟须解决一系列工程问题,需要聘用大批富有实践经验的工程技术人才。我认为,设计不仅应包括机器设备的设计,而且还要有电厂和通信公司及其下属企业的无线电传送线路和分配系统的设计,对此类设备的操作和维护尤为关键。参加实习活动必须亲临企业生产第一线,学校很少能够提供这样的机会。旅行考察既生动有趣,又使人获益匪浅,但毕竟不可能替代实习锻炼。如果对中国目前的通信、电力、工业等领域内存在的发展缓慢、严重滞后等现象,以及对机械的操作和维护不善等问题进行一番寻根问底式的调查,就会发现它们在很大程度上是由工程师这一职业一直未能得到社会各界的高度重视所致。如今,中国电力企业面临某些资源的严重短缺现象。这些资源包括:电磁铁、绝缘纸张、纤维和纺织品、各种类型的塑料、合金电阻、硼矽酸盐玻璃与绝缘玻璃、高质量的电磁产品、用作灯丝的钨丝。短缺的资源绝不限于以上几种,它们只是几种有代表性的急需资源,中国留学生应有的放矢地参加理论学习和实践培训。①

1944年2月7日,帝王谷水利工程(The Imperial Valley Irrigation Works)监理工程师威利斯·C.巴雷特(Willis C. Barrett)先生在写给孟治的信中,主要从水利工程的角度建言献策:

记得您曾经向我提出过一个比较复杂的问题,其实从某一方面来看,该问题迅速便可得到解决,即鼓励目前正在美国的1400名中国留学生从事相关领域的职业。这些工作待遇优厚,然而从事人员却极其有限,致使中国留学生无法立即投入祖国战后重建工作。因为每个学生都要面临实习选择问题,而这种选择与其将来能否直接服务于社会密切相关。从客观上讲,中国留学生有权根据个人意愿选择实习内容,但从现实来看,他们的选择往往忽略了祖国和社会的需要。

---

① Chih Meng's Manuscripts,62.

在中国，工人专事体力劳动，受过专门教育和系统培训的技术人员则专事脑力劳动，两者分工明确，不存在密切配合和共同合作。中国民众经常被那些社会观察家的言论所误导，认识不到美国富强的原因主要在于分工合作、协同生产。美国科学技术发达，拥有大批科技人才，致力于军工产品的研制和开发。如果失去这些技术人才，不及半年，城乡垃圾便会堆积如山，人们的生活也会陷入一片混乱。为了促进中国工业的发展，青年学生必须积累丰富的实践经验，做到理论与实践的紧密结合，学以致用。作为一名中国工程师，不仅要胜任设计工作，而且必须具备一个技术人才的综合能力。①

综上所述，他得出以下结论：

简言之，首先，中国留学生必须参加理论联系实际的实习培训，惟其如此，才能真正驾驭各种精密仪表、实验器材和机械设备；其次，应提高工作效率；最后，开发使用电力之外的其他能源。

对于中国目前的人才需求状况，我认为首推道路设计工程师。抗战结束之后，这种人才更为急需，以承担设计修筑任务，而且按照中国现状，只能采用沙粒、黏土和碎石铺筑路面。依我之见，中国在筑路方面应向美国乡村地区学习，因为其造价较低，但是养护费用不菲。

国家用于水利工程方面的投资必须达到几百万美元，水利工程师应设法研究解决河道淤塞问题。那些主修水利工程学的学生应该到一些著名的水利工程机构进行锻炼，积累丰富的实践经验，在此需要重申的是，必须熟练掌握水利工程结构。以灌溉为例，他们应进一步深入系统地研究排水方法。土木工程师也要具有丰富的实践经验。美国大学生毕业之后必须先在熟练技师的带领下实习一段时间，以亲身感受理论与实践之间的巨大差异。然而，中国在这一方面却存在严重不足，大学生毕业之后直接步入社会，担当服务社会的重任。根据

① Chih Meng's Manuscripts, 63-64.

这种现状，中国留学生归国之前必须参加实践培训，掌握操作技能。……相比美国同行，中国的工程师和技术人才应致力于研制开发新型机械设备，避免主观臆测，应因地制宜地开展研制工作，掌握操作、维修、安装精密设备的本领。关于参加此类技能培训的中国留学生，通过本人的游历考察，我认为悉数参加水文工程和水利工程的实习培训也未尝不可，以期将来报效祖国。其他技术领域的专业人士肯定对此持有异议。我认为，最好由中国政府决定留学生的实习项目。①

1943—1944年间，12名中国留学生在田纳西工程总署实习。该工程为大萧条时期美国政府资助的最大的灌溉与发电工程，中国受训人员从计划部和设计部开始工作，然后到工地实习，参与水库大坝和电厂的施工。这些实习生均为自己能够参与这一世界一流和现代化建设项目而感到自豪。特别令人兴奋的是，他们能够在短期内参与和观摩田纳西工程的不同施工阶段。一位参与实习的留学生在给孟治的信中写道：

田纳西工程所有施工的进行都如同在科学实验室里进行试验一样。虽然中国不可能模仿这一项工程的每一个细节，但是据我在过去15个月中获得的经验和知识，我坚信自己在学习一种对中国未来重建工作非常有用的组织工程的经验。②

陈金妙(音译)(1939年毕业于燕京大学)在纽约大学学习企业管理，毕业之后到康涅狄格州纽黑文的一家研制枪炮的军工厂实习。他说：

我的实习工作是生产管理中的重要环节，即进行统筹规划，主要包括生产评估、材料预算以及人、财、物的合理配置。

因为生产管理直接关系企业的兴衰成败，所以我决定学成之后报

① Chih Meng's Manuscripts, 63-64.

② Chih Meng's Manuscripts, 69-70.

效祖国。我非常热爱自己的实习工作,并对这家实习单位充满了感激之情。①

杨叔秋(音译)(1933年毕业于南京中央政治学校)在明尼苏达大学获得经济哲学博士学位,后到纽约联邦储备银行实习。他写道:

在美国联邦储备银行第二联邦储备区,我的实习工作是分析该银行每周储备金盈亏的原因,然后制成表格。目前,我正忙于核算、制作该银行在1942年的实际利率表。②

黄玉红(音译)先生(1942年毕业于伊利诺伊大学,获理学学士学位)毕业后到宾夕法尼亚州的西屋电气厂(Westinghouse Plant)实习,归国之后,他在南京国民政府的国民资源委员会供职,负责监管发电厂的配备和运作。他指出:

因为我对电厂的运营很感兴趣,所以在实习过程中,我认真参观走访了实习工厂的每一个部门,熟悉各种机械设备,与工人们的合作也非常默契、愉快。③

胡汉泉先生(1940年毕业于上海交通大学电机系电讯专业,获工学学士学位,后来成为真空电子技术和微波真空电子器件专家、中国微波真空电子器件的主要开拓者之一)于1940—1941年在美国密歇根大学电机系学习电子通信,毕业之后参加无线电工程方面的实习培训。他写道:

1942年10月—1943年12月,我进入美国斯巴登无线厂(Sparks-Withington Company)实习,主要负责设备的测试,设备包括米波车载无线发射机、接收机、定向机和其他有关设备。通过实习,我的操作技能

① Chih Meng's Manuscripts, 69–70.

② Chih Meng's Manuscripts, 69–70.

③ Chih Meng's Manuscripts, 69–70.

> 大大提高,并积累了丰富的实践经验。对于将来有志于成为一名管理无线电工厂的工程师来说,这些技能和经验是必不可少的。[①]

汉森·黄先生在美国陆军军事学院(Army War College)语音实验室工作,主要从事电影剧本创作。他把美国陆军部用作培训实习教材的几部电影剧本译成中文,还参加过美国国务院举办的约150部纪录片的首映式,并发起编纂中文电影辞典活动。主修音乐的中国留学生曾为美国国会图书馆录制了一些中华民乐。

这些实习活动受到了美国民众的广泛关注,各大报刊以图文并茂的形式对此做了大量报道,颂扬此次活动所秉持的人道主义精神,对中国的战后重建和中美两国的合作前景充满了信心。同时,这些毕业实习活动,不仅提高了留美学生的实践能力,而且为国家建设输送了大批合格人才。归国之后,这些专业技术人才活跃在祖国抗战的前线和后方,出没于敌人的炮火与硝烟之中,成为祖国在抗日战争中一支不可或缺的力量。

1939年2月22日,中美文化协会在重庆宣告成立,"目的在促进中美文化关系,增进两国睦谊"[②]。大会推选宋美龄与史汀生(H. L. Stimson)为名誉会长,华美协进社顾问委员会委员孔祥熙为会长,该协会有力地推动了华美协进社在华事业的开展。当时,中国的国际地位有了较大提高,但中美之间仍旧存在许多隔阂,美国人对中国的善意大多源于同情、怜悯,缺乏对于中国文化的深层观照。宋子文主持的"战后问题中国研究小组"(郭秉文、晏阳初都是成员)接受了美国著名作家赛珍珠(Pearl Sydenstricker Buck)提出的建议:"应立即进行一项极具智慧且有详细计划的教育工作,让美国人知晓中国和中国人的真相。"[③]1943年9月24日,中美文化协会在华盛顿举行成立大会,下设计划组、讲演训练组、宣传组,由郭秉文担任首任会长,华美协进社社长孟治以及赛珍珠等担任顾问。

1941年12月7日,日本偷袭美国珍珠港,美国正式对日本宣战,标志着美国

① Chih Meng's Manuscripts,69-70.

② 中美文化协会香港分会成立[N].申报,1939-05-16(2).

③ 吴相湘.晏阳初传——为全球乡村改造奋斗六十年[M].长沙:岳麓书社,2001:345.

逐渐从踌躇中立的立场阔步走出，这是美国永久参与国际事务的起点，昭示着世界格局将重新洗牌，美日开始争夺太平洋上的霸主地位。1942年1月1日，美、中、英、苏等26个国家签署了《联合国家宣言》，国际反法西斯统一战线正式形成，中美正式结为第二次世界大战中共同抗日的同盟。与此同时，美国对华政策也有了新的调整，开始积极援助中国这个在东方战场上与日本斗争了多年的国家，提供大量贷款、军事装备和军用物资，并帮助训练国民党军队。太平洋战争时期，在美国对华经济、军事援助的夹缝中，蜿蜒着文化援助纽带，当然包含了美国战时国家利益。军事上，美国希望中国在东方战场上牵制、打击日本，缓解其在欧洲战场上的巨大压力；经济上，美国正在酝酿对华倾销货物；文化上，美国希望在战局发生转机时对中国进行民主输出。1942年1月29日，为提高中国军民抗日士气，打造一个"亲美的中国"，美国实施了对华文化援助计划，这也是美国对华文化外交的开端。计划内容包括中美专家互访、图书交流、拨款两万美元援助在美国的中国留学生、邀请中国技术人员留美、电影广播宣传等项目。美国著名汉学家费慰梅(W. C. Fairbank)认为，"对华文化援助是军援之外的必要措施"[①]。因为文化援助给予战时中国一种特殊的精神鼓舞，也体现了中美两国在反法西斯战争中的战略同盟关系。

1942年11月26日到1943年6月27日，应罗斯福总统邀请，蒋介石夫人宋美龄访美。从东部国会到西部好莱坞，宋美龄发表了系列演讲介绍中国人民的抗日战争，她的努力促使了《排华法案》(*Chinese Exclusion Law*)的废止。1943年12月17日，美国总统罗斯福签署法令废止《排华法案》，同时通过《麦诺森法案》(*Magnuson Act*)，允许已经在美居住的华人成为已归化公民，并且不会受到驱逐出境的威胁，允许每年有105名华人的入境移民限额。《排华法案》由美国总统切斯特·艾伦·阿瑟(Chester Alan Arthur)于1882年5月6日签署成法案，允许美国暂停入境移民。该法案是针对大量华人因中国的内部动荡和有机会得到铁路建设工作而迁入美国西部所做出的反应，它是美国通过的第一部针对特定种族的移民法。从废止《排华法案》开始，中美关系的深度和广度都远远超过以往

① Wilma Fairbank. America's *Cultural Experiment in China (1942–1949)* [M]. Cultural Relations Program of the U.S. Department of State: Historical Studies: Number 1, Bureau of Educational and Cultural Affairs of U. S. Department of State, Washington, D.C., 1976: 92.

任何时期。“一切皆以美国之马首是瞻”,“无论何时均与美国始终保持一致”,大致可以说是蒋介石及国民党政府对美政策的基调。客观地说,向美国靠拢、与美国结盟,是有利于中国抗战大局的,不过如此彻头彻尾地“一边倒”,把中国与美国硬拴在一起,就势必产生依附性,从最终的结果看,又势必有副作用。如果把视角推移到20世纪40年代后期,这种副作用就更加明显了。①

1943年,孟治社长担任中基会在纽约成立的驻美委员会秘书一职,旨在保障中基会在美国的一切权益,“管理在美各基金之投资,并利用本会基金之收入,以维持在美留学之各研究员,并为国内图书馆及学术机关订购书籍杂志”②。总之,正值发展阶段的华美协进社以抗日为职志,在以民间领域为主要表征的中美教育文化交流中,充分发挥民间社团之优势,既充当了政府与社会之间的“黏合剂”,又扮演了中美两国间“亲善大使”之角色。

① 杨玉圣.中国人的美国观——一个历史的考察[M].上海:复旦大学出版社,1996:159.

② 中华教育文化基金董事会二十年事业简述[Z].1946(12):8.转引自赵慧芝.中基会和中国近现代科学[J].中国科技史料,1993,14(3):68-82.

第四章

华美协进社的成型
（1944—1949年）

随着抗日战争最终胜利的到来,中国胜利后成为一个新中国还是维持一个旧中国的斗争,日益成为国内政治斗争的中心。在"两个中国的命运"大决战之际,中国社会内部孕育着新的内战,美国开始大规模地卷入中国事务。华美协进社也进入了新的发展阶段。

一、扩大办公场所

华美协进社的办公场所坐落在美国纽约57街西119号,包括两间小办公室和一间容纳4把椅子的休息室,它们位于一幢新建大厦内,该大厦地处第6与第7大道之间的街区北边,东部毗连繁华商业地段。当办公人员由2名增至9名时,华美协进社另外租用了两间办公室,以上开支均未超出该社的经济承受能力。当时办公室内摆满了办公桌椅,显得十分拥挤,同时来访的人员一旦超过4人,便会出现室内人满为患的局面。为了妥善处理奖学金与实习培训等相关事宜,华美协进社只好到处租借房屋。到1938年,随着与留学生接触面的急剧扩大以及参加师资培训班人员的增加,扩大办公场所逐渐成为华美协进社的当务之急。

作为美国对外关系协会的总负责人,华特·H.马乐理(Walter H. Mallory)先生也是一位"中国通"。1922—1926年期间,他曾在中国领导华洋义赈会(China International Famine Reliefe)工作,后来成为华美协进社的发起倡办者之一。对外关系协会拥有一幢极其宽敞的四层办公大楼,包括办公室、图书室和会议室。

该协会开展的活动在某些方面与华美协进社类似，如组织成员举行集体讨论或大型集会，向外国学者与其他知名人士提供热情周到的服务。在与马乐理先生的多次会谈中，孟治也希望能为华美协进社寻觅一个与对外关系协会相当的办公场所。与此同时，对外关系协会根据实际需要决定扩建办公场所，并成功获得了普拉特(Pratt)家族捐赠的一处地产。受其影响，孟治与马乐理向华美协进社董事会提出议案，强烈呼吁扩大办公场地。1943年5月25日，马乐理先生当选为华美协进社董事会主席，在他的领导下，董事会正式通过上述议案，并授权该社社长着手寻觅一个长期的办公场所。

孟治社长早年在清华就读时，曾结识路思义夫妇。他之所以产生了解路思义夫妇的愿望，一方面是由于路思义夫妇曾在自己的祖籍地山东开始在华的传教生涯；另一方面则因为路思义博士是参加反基督教运动的积极分子，五四运动也明确提出反对宗教的口号。最终，孟治成为路思义博士的忠实追随者，因为路思义博士坚信，西方基督教与中国儒学之间并不存在不可调和的矛盾，所以当他结束在华的传教生涯返回美国后，便不遗余力地向美国民众广泛介绍中国哲学思想。路思义夫妇的长子亨利·鲁宾孙·路思(Henry Robinson Luce)出生于山东，他与孟治在1933年召开的一次国际会议上重逢，友情甚笃。1943年9月28日，孟先生向路思呈递了扩建华美协进社办公场所的倡议书，希望得到他的帮助。

1944年1月21日，华美协进社经美国联邦政府暨纽约州教育厅分别承认核准立案，颁发证章。该证章规定华美协进社的社旨为："促进中美人士从事于文艺、科学、历史并其他有关于教育及文化工作，期使互相了解中美两国文化教育情形。同时复设具奖学金借以资助留美学生之生活需用。在教育及文化措施方面，除印发刊物，举行学术讲演，无线电播音，放映电影，并举办文化及实业展览外，复借讨论会及座谈会以检讨中美两国间之关切问题，俾得随时传达讯息，交换意见。"①核准立案之后，华美协进社获得了在当地接受房产捐赠等一系列法律权利。

① 教育与文化：华美协进社概况[J].教育通讯(汉口)(复刊)，1947，3(12)：36.

纽约州立大学教育系

华美协进社并入的完全许可证

该文件证明评议委员会同意并代表纽约州立大学教育系签署这份完全许可证,批准以下人员加入纽约州立大学教育系:唐纳德·M.布罗迪(Donald M. Brodie)、华特·H.马乐理、孟治、富路德(L. C. Goodrich)、埃格尼斯·桑波恩·彼尔逊(Agnes Sanborn Person)及其同人与继任者。

……

该社团并入纽约州立大学之后,名称保持不变,社址位于纽约市,加入纽约州立大学教育系的上述人员成为华美协进社首届董事会成员,他们的任期直到社团成员推选出理想的接任者为止,董事权力的大小应由集体选举决定,该社必须制定相应细则规范具体实施过程。董事会应充分利用自身权力,以无记名投票的形式选举董事会缺额,规定董事的具体权限与董事会成员人数,董事会成员一般应保持在5~25人之间。

由此可见,华美协进社将不仅仅限于发挥一个教育社团的功能,其收入禁止作为个人营利之用;该社团的负责人、成员与职员可以接受或有权接受适当的酬金,但必须去除服务费。

授权与日期:1944年1月21日

评议委员会同意并代表纽约州立大学教育系签署以上文件

加盖双方公章　　　　负责人签名

顺序号:5031[①]

在华出生的美国媒体大亨、时代集团(Time Inc.)总裁亨利·鲁宾孙·路思在1936年创办了亨利·路思基金会(Henry Luce Foundation),由于对中国文化的眷

① Chih Meng's Manuscripts, 132.

顾,其中有不少款项捐给促进中美文化交流以及中国文化研究项目,并长年为亚洲研究和华文教育提供奖学金。为表彰华美协进社做出的突出贡献,该基金委员会于1944年1月22日捐赠纽约曼哈顿上东城65街125号的一幢典雅的四层红砖楼为该社社址(125 East 65th Street, New York 21, N.Y. U.S.A.10065)。新社址门口的一对石狮子和红漆大门尽显东方风情,长方形的旗幡从二楼悬垂而下,迎风飘动,上面绣着"华美协进社"五个汉字。基金会还在社内修建了一座富有诗情画意的中式花园——"中国大厦"(China House),用以纪念已故的"亨利·温特[斯]·路思博士(Late Dr. Henry Winters Luce)前此四十年致力于中国现代教育建设之功绩"[①]。这座四层楼的新社址,标志着华美协进社在寸土寸金的纽约真正扎下根来。

华美协进社于1944年12月1日举行"中国大厦"成立仪式,邀请来自中美两国社会各界的600多位嘉宾出席,主要包括中国驻美大使魏道明及其夫人、路思义夫人、路思先生、伊丽莎白·路思·穆尔夫人与郭秉文博士等。郭秉文博士简要陈述了中美两国的团结与合作,胡适博士也出席了成立仪式,他对由美国传教士与教育家占主导地位的中美教育文化交流史进行了回顾和评价,并希望"中国大厦"能够成为促进中美理解,加强两国教育文化交流的里程碑。诚然,相较于社团初创时期的两间教室、两名工作人员,的确是空前的进步与成功。为了成为像中基会一样永久独立之机构,华美协进社更加积极地在美国筹募基金、善款,以期让更多的美国孩子有机会学习中文,更多的杰出华人可以来美交流,最终能够更好地传播中国文化。

在"中国大厦"成立之后的半年时间内,参观访问人数即达2000人之多,其中并不包括参加会议与社交聚会的来宾。在此期间,中国大厦共举办102次会议,社交聚会则包括5次兄弟会、1次圣诞晚会与新年晚会、1次宴会、4次结婚典礼、纪念约翰·杜威博士诞辰85周年庆典、舞会以及每周五下午举办的茶话会等。前来"中国大厦"参观访问的集体与组织包括:道尔顿学校、林肯学校、卓宾(Chapin)学校以及布瑞利(Brearly)学校的教师,布隆克斯公立学校的学生,威尔斯(Wells)学院的艺术团,沃尔特·惠特曼(Walt Whitman)学校的师生,布隆克斯

① 教育与文化:华美协进社概况[J].教育通讯(汉口)(复刊),1947,3(12):36.

威尔(Bronxville)的女童子军,泛太平洋妇女协会,美国红十字会中国分会等。“中国大厦”甫一成立便呈现勃勃生机。

二、拓宽业务

(一)开展教师培训活动

华美协进社自从1926年成立以后就秉持跨文化理解有助于建立并巩固全球社区的信念,致力于加深美国公众对于中国的了解。1942年,菲力普斯·格林(Phillips Greene)夫妇回到自己的家乡——新泽西州的蒙特克莱,他们曾在中国的雅礼大学担任教师。令他们感到十分诧异的是,在家乡,即使是受过良好教育的人也仍然对中国和中国民众存在诸多误解。鉴于此,他们强烈地意识到,只有通过学校教育和师资培训才能达到改变现状的目的,于是就向蒙特克莱州立师范学院(现在的蒙特克莱州立大学)院长哈里·A. 斯普拉格(Harry A. Sprague)提出这一建议。格林夫妇与斯普拉格博士曾经听闻胡美博士谈及华美协进社的种种业绩。因此,为了“加深对中国的认识与了解,以期进一步意识到中美两国和平共处、互利互惠的需要”[①],从1944年起,华美协进社决定在蒙特克莱州立师范学院开设关于中国文化暑期班(Summer Workshop on China),时间一般为6月底到7月初,历时约两周,每天的上课时间从上午9点开始到下午4点结束,晚上通常安排讲座、音乐会、舞会以及电影赏析等活动。华美协进社聘请的指导教师个个学有专长,为了促进学员对中国的认识与了解,教师们非常注重日常搜集、整理与所教课程相关的知识材料,如:幼儿园教师学习手指游戏与中国童谣;小学教师学习在算术课上如何教二年级的孩子使用算盘,并向孩子们系统介绍中国的农业生产、家庭生活、喜庆节日、交通运输等方面的常识;高中社会科学教师学习如何将中国历史与世界历史、国际关系融为一体;高中英语教师学习如何比较中西方的诗歌与小说;所有教师都要学习中国音乐与艺术方面的知识。学员主要是新泽西州的中小学教师与大学生,大多是女性,有些比教授年纪还大,但都对中国文化十分热忱,大家相处得很融洽,也很热闹。具

① Chih Meng's Manuscripts, 145.

体管理工作由华美协进社社长及其助理负责。蒙特克莱州立师范学院为研修班学员提供以下设施与服务：教室、图书馆、宿舍、食堂以及专门供应午餐的自助餐厅，并委派一位社会学教授担任学院与华美协进社之间的协调员，具体负责评审学员的论文、设计，检查作业，就学员能否获得结业所需的3个学分发表决策性建议（教育委员会批准该学院可以在每一门培训课程结束之后给学员3个学分）。

两年之后，华美协进社在蒙特克莱州立师范学院开设的研修班取得了丰硕的成果，许多教育官员与学者纷纷对此予以褒奖。

> 国家教育部对蒙特克莱州立师范学院与华美协进社在过去两年中的精诚合作及其取得的巨大成就予以充分肯定。目前，越来越多的教师渴望接受这种培训，以便进一步了解世界友邦。
>
> 约翰·H. 包斯哈德博士
> （John H. Bosshart）
> 新泽西州教育委员会

> 华美协进社开展的活动有利于国际关系的改善，它的创立应被视为对联合国这一国际组织的直接贡献。我们勇挑教授《国际关系与世界一体化》的重担，然而，“纸上得来终觉浅，绝知此事要躬行”，只有将书本理论与实践经验有机结合，才能真正做到学以致用。如果没有华美协进社举办的这些培训，就无法深入系统地分析、教授世界历史、世界文学，以及从事当代社会、经济、政治问题的研究。
>
> 哈里·A. 斯普拉格博士
> 蒙特克莱州立师范学院院长
> （国际教育重建委员会）

> 倍感荣幸的是：近年来，我在蒙特克莱州立师范学院与华美协进社，进行了多方面的接触，结识了该社的许多指导教师，并对他们开设的培训课程进行了深入研究。通过开设中国问题研修班这一新颖、便

捷的有效途径,学员们获得了了解中国文化与中华民族的机会。该研修班的独特之处主要在于指导教师与工作人员皆由中国学界知名人士担任。聘请外国教授与学者介绍自己的民族与国家,收效甚巨,对于该研修班邀请众多中国学术名流担任指导教师,其收效更是不言而喻的。

C. O. 阿恩德特(C. O. Arndt)
纽约大学教育学教授
(曾经担任美国教育部远东教育问题方面的高级专家)[①]

不少学员也结合亲身经历,表达了自己在培训活动中的收获与体会:

华美协进社永在我心中,它启迪了我的智慧,照亮了我的生活。通过认真学习,并与中国学界名流保持密切接触,我对中国这个古老而又伟大的国家及其文化有了进一步的了解,幸甚至哉!

维珍妮亚·G. 科林斯(Virginia G. Collins)

我曾经在哥伦比亚大学获得硕士学位,然而,只有华美协进社开设的这些培训课程才能够真正激发我的兴趣。结束培训之后,我将返回原来工作的学校,向学生们介绍中国孩子的兴趣与爱好,以唤起他们学习中国文化的热情。

珍妮特·N. 戴维斯(Jeannette N. Davis)

此次培训颇具创新精神,且成效卓著,这是一次令我终生难忘的教育活动。让我们齐心协力,争取使华美协进社弘扬的“天下一家”理念遍布美国的各个角落。

摩里恩·W. 伊顿(Maurine W. Eaton)

① Chih Meng's Manuscripts, 150-152.

通过参加华美协进社举办的培训活动,我接触到了许多新指导教师,他们治学严谨,具有很高的学术造诣。在培训过程中,他们不仅为我们答疑解惑,而且让我们了解了许多背景知识,最终收到了举一反三、触类旁通的显著效果。

以前,我只认识一名美籍华人,通过此次参加培训,我结识了不少华人。现在,我觉得自己对中华民族及其思维方式、生活哲学已有了进一步了解,我衷心地希望自己能够更上一层楼。此项培训为跨文化领域研究做出了杰出贡献。

布兰·维兰齐(Blanche Vilanch)
帕特逊友协(The Paterson Fellowship)副会长暨策划主任
(该组织旨在增进社区民众的相互了解)

参加此次研修班的收获绝不亚于赴华从事实地考察,从某种意义上来说,它可能比后者更胜一筹。像我这样的普通游客鲜有机会在中国结识这么多精通英汉两种语言的中国学者。我尤其喜欢这些东方人特有的机智和幽默。

爱丽丝·利德(Alice Reid)①

1948年6月28日至7月10日,第五期暑期文化班如期举行。"主持人为华美协进社社长孟治及该社文化部主任陈福田,经已聘请下列各位讲授:燕京经济系教授郑林庄,哈佛大学访问教授钱端升,燕京历史系教授洪威廉,音乐家李抱忱,联合国代表团顾问林侔圣,耶鲁大学语文教员王方宇,哈佛中文系助教(Assistant Professor)杨联陞,清华历史系教授孙毓棠。讲授内容为中国历史、地理、政治、经济、哲学、文学、教育及中国语言等。除讲演外并有讨论节目,此项节目由陈福田及黄奉仪女士主持,并已邀请女画家张崐仪,女声乐家高芝兰、王方守及杨联陞领导讨论。该文化班主要目的在使美国教员对中国有正确知识及认识,从而可以教育美国中学生及小学生,使之了解中国对世界文化之贡献。"②

① Chih Meng's Manuscripts,150-152.

② 教育与文化:华美协进社在美举办暑期文化班[J].教育通讯(汉口)(复刊),1948,5(8):32.

华美协进社举办暑期文化班的时间长达15年之久,衡量其真正绩效,莫过于接受完培训的学员能否将所学知识积极转化和运用于教学实践。杜丽丝·福克斯(Doris Fox)夫人是帕塞伊克县纪念初中文法学校的教师,自从参加培训活动之后,她对中国艺术进行了潜心研究,在她的极力倡导下,新泽西州率先为中小学生开设了中国艺术课程。学校在已设的为期10周的各种兴趣班的基础上,增设了中国艺术兴趣班,学生可以根据自己的兴趣选择加入不同的班级。因为中美两国在文化艺术传统与发展方面存在诸多本质性的差异,所以广大师生无须刻意模仿中国艺术家的技能技巧或独特风格,孩子们可以在艺术的天空中尽情翱翔。与此同时,他们的每一件艺术作品都以所学的中国艺术为基础。这种寓教于乐的教学形式,不仅使孩子们了解了中国人的生活,而且培养了他们对中国艺术的鉴赏力,让他们掌握了一些基本的艺术创作原理。

杜丽丝·福克斯还把孩子们的艺术作品精心收集,并举办了一次展览会。其中,有些孩子对中国艺术情有独钟,他们的作品经过10周的反复酝酿、精心打磨,堪称同龄人中的上乘之作,此次活动展出了许多令人赏心悦目的绘画、雕塑、海报等,主要描绘中国人日常的生活起居等。孩子们对中国的许多民间故事和神话传说非常感兴趣。在这些故事的启发与引导之下,孩子们乘着想象的翅膀,大胆创作,尽情发挥。展览会也陈列了许多活灵活现的中国小雕塑,这些小雕塑以黏土为主要原料,在学校的干燥室里描绘、烧制而成,佛祖与罗汉的头部塑像则由黏土与混凝纸烧制而成。此外,展出的还有许多关于中国龙的绘画作品、中国名人肖像、寻常人家及其家庭生活速写,这些画主要采用蜡笔、水彩绘制而成。展厅内的一面墙上画满了孩子们对中国艺术的创意想象,苍劲挺拔、直插云霄的树木表现了中国国画的典型特色。此次展览的另一个亮点是,一个与肩同高的屏风上绘有蓝黄两色的不同色调的有机组合,分别代表中国的蓝天、碧水、绿树与黄色的小鸟。

T. M. 罗杰(T. M. Rodger)夫人也曾在暑期文化班接受培训,结业之后,她于10月10日(中华民国国庆日)在帕特逊中心高中举办了一次集体活动,要求学生根据自身兴趣,选择中国文化艺术的某一方面进行深入学习,并就此发表演说,内容可以涉及中国的历史、地理、风俗、工业、民族、文化、教育、政府、发展现状与前景展望。来自这所中学的9名学生组成了演讲小组,他们都对中国的文化艺术怀有浓厚兴趣，并在演讲中做了淋漓尽致的发挥。演讲结束之后，T. M. 罗杰夫人接着组织了一场小组辩论赛。她曾在写给华美协进社的一封信中说道：

> 坐在听众席上的广大学生被演讲者的精彩陈词所感染，他们不仅摒弃了以往对中国文化艺术的排斥与漠然，而且对它充满了向往之情。活动结束之后，当我们同校长等人离开礼堂时，师生们纷纷要求今后多多举办此类活动。能够为中国与华美协进社尽绵薄之力，我们感到无比荣幸与自豪。①

从此，中国文化之传播犹如星火燎原，迅速扩展至整个新泽西州。赫肯色市的广大师生及家长专门腾出一周的时间学习了解中国文化，全市各大学校为儿童与成人举办了丰富多彩的艺术展览、露天聚会，并开设了一些相关课程，同时也邀请中国学者到7所中小学进行演讲。这些演讲者为学生们演唱中国歌曲，讲中国故事，详细讲解中美两国的异同之处，介绍中国的一些传统节日与喜庆活动，阐释中国人的哲学观念与生活理念。孟治博士曾在该市举办的首届活动上演讲《中美文化交流百年回顾》。华美协进社还不定期地出资举办一些流动展览，内容包括刺绣、服装、鞋类、餐具等，此类展览在全国巡回展出的时间长达10年之久。

来自新泽西州的各大团体组织纷纷前往“中国大厦”参观访问，观看电影展播，品尝中国饭菜，欣赏茶道，聆听名家演讲。1946年春，纽约博物馆举办了华美协进社成果回顾展，有2500多名来宾参观了此次展览。

为了支持华美协进社更好地开展工作，赫肯色市的一个教师团体制订了一则关于推广中国文化艺术的学校活动计划。不久，参加此次活动的全体师生被邀至华美协进社录制广播节目，详细讲解该计划的具体实施情况。全球最著名的汉语广播机构“美国之音（The Voice of America，VOA）”在转播此次节目时指出：“作为这次节目的主持人，孩子们用自己的方式向听众讲述心目中的中国。”

---

① Chih Meng's Manuscripts，155.

节目内容包括中国谚语、地理概况、历史回顾以及孩子们用中英文演唱的中国国歌与中国民歌。1948年圣诞节期间,该节目在中国进行转播。

圣诞广播

这是一次中英文广播节目,由来自新泽西州赫肯色市州立街道公立学校的7年级与9年级学生主持,此外,他们还用中英文演唱了中国国歌与两首民歌。"美国之音"在圣诞节期间重播了此次节目。

一场融戏曲、哲学、艺术于一体的展览活动在美国举行

昨晚,帕塞伊克女子学院俱乐部成员在该校礼堂举办了"中国之夜"活动,内容包括中国艺术品展览、中国哲学讲座、根据王宝钏与薛平贵的故事改编的英文剧本《王宝钏》(*Lady Precious Stream*)。其中中国艺术品展览由吉略·纳德勒(Giulio Nardella)夫人负责,展品主要由各位收藏家友情提供,如爱德华·A. 格林(Edward A. Greene)夫人的手刻木雕,安妮·布朗(Anne Brown)女士的软木画与中国草书作品,休·古兹利(Hugh Guthrie)的中国旗袍,西奥多·福克斯(Theodore Fox)夫妇的中国景泰蓝瓷碗与花瓶,迈克尔·杰克威克斯(Michael Jackovics)夫妇的新娘小木偶、翡翠饰针、遮阳伞。

同时参展的还有:莎罗特·杨(Charlotte Young)小姐提供的一组中国木偶群像,描绘中国人的家族生活;弗雷德·弗伯赫(Fred Vosburgh)夫人提供的银制鸦片烟具、工艺精湛的银制咖啡壶和茶壶。福克斯夫人在纪念初中文法学校艺术课上指导孩子们完成的作品也参加了此次展览,如孩子们别出心裁地在漆布上设计用木板或金属板印制的图案、泥塑、炭笔素描、混凝纸面具。此外,约瑟·伍德(Joseph Wood)夫人还为本次展览提供了锦缎丝绸。

在观看戏剧演出时,观众必须充分发挥想象力,才能够对剧中所描述的御花园和皇帝上朝的宫殿有所了解,因为此次演出的舞台并非位于中国剧院之内。在戏剧演出的过程中,道具管理者玛杰丽·布纳尔(Marjorie Bunnell)小姐与弗兰西斯·杰克威克斯(Frances Jackovics)

夫人一直在舞台上跑前跑后,及时为学员提供道具。

在剧中,茉莉尔·凯谢尔(Muriel Cashell)小姐扮演唐懿宗时期朝中宰相王允(王宝钏之父),弗兰西斯·史密斯(Frances Smith)扮演宰相夫人,芭芭拉·阿尔图(Barbara Aalto)夫人与凯瑟琳·伍理(Catherine Woolley)小姐分别扮演王宝钏的大姐王宝金与二姐王宝银,布朗(Brown)小姐扮演女主角——王宝钏,南茜·舒尔婷(Nancy Schulting)小姐扮演男主角——薛平贵。

剧中人物全部穿戴地地道道的中国服饰,这些服饰由以下人士提供:弗兰克·马塞勒斯(Frank Marsellus)夫人、本杰明·M. 米契尔(Benjamin M. Mitchell)夫人、加德莫斯(Cadmus)夫人、克莱登宁(Clendenning)夫人、格林夫人、玛丽·伊丽莎白·莱恩特(Mary Elizabeth Lent)小姐。该剧由福克斯夫人编导,旨在表现中国文化艺术与哲学思想。

安顿·兰达罗(Anton Randazzo)夫人负责的接待委员会向各位来宾提供茶水、杏仁饼和年糕。她们还在食品中包入一些小纸条,把这些写有中国古代哲学家孔子、老子等人的名言警句附带赠送给各位嘉宾。

活动接近尾声时,帕塞伊克女子学院院长汤玛斯·H. 波义德(Thomas H. Boyd)夫人向所有提供展品的人士以及此次活动的策划者表示了诚挚的谢意。

去年暑期,当海伦·M. 贺尔(Helen M. Hall)小姐在蒙特克莱州立师范学院参加华美协进社举办的研修班时开始着手筹划此次活动。拉赫尔·普莱西(Rachel Pressey)小姐对戏剧演出进行了精心指导,来自帕塞伊克大学的玛丽娅·普拉姆勃(Marion Plumb)担任主持人。[①]

为了使这种文化学习活动能够持续开展下去,华美协进社组织学员成立了学友会与中国文化暑期班。其中,学友会每年至少举办三次聚会,会员每年缴纳会费两美元。学友会不仅民主选举会长,而且还拥有自己的会刊——《时事

① Chih Meng's Manuscripts, 157-158.

通讯》(季刊),旨在使会员及时了解同窗学友的优异表现,以及介绍有关中国文化的展览、书籍、讲座等动态资讯,是一种加强会员接触的信息渠道。中国文化暑期班的日间课程主要针对申请获得学分的师生开设,夜间举办的讲座与讨论活动则面向公众开放。每期培训学员50到100名不等,其中有相当一部分学员来自其他各州。暑期班上午开设的课程主要讲授中国文化与文明之发展,以及当代中国的公共团体与社会问题。接下来的午休时间为两个小时,主要用于自习和举办联谊活动,如演唱中国歌曲、学写中国书法。下午的时间用于自由讨论,指导教师为每一个学员答疑解惑。学员必须制订学习计划,确保学业的顺利完成,并能在返回自己工作或学习的学校后学以致用。

华美协进社通过营造一种宽松、融洽的学习氛围,使学员通过各种社交聚会(如早茶会、午间聚餐以及晚间不定期举办的各种集会)与社会各界知名人士密切接触。每当临近期末时,华美协进社会特地为学员们举办一次中餐聚会。该社有时还组织学员参加中国戏剧演出或中国音乐会。在中国文化暑期班担任指导教师或举办讲学活动的学者主要包括:

冯友兰,国立清华大学哲学教授。

胡适,中国驻美大使。

洪业,燕京大学历史学教授,哈佛大学客座教授。

梁思成,耶鲁大学客座教授,国立清华大学建筑学教授,曾被政府推荐为联合国大厦设计顾问团的中国代表。

柳无忌,耶鲁大学客座教授。

孟治,华美协进社社长。

戴爱莲,歌唱艺术家,中国民间舞蹈之先锋。[①]

讲座题目主要包括:

中国之国土与民众

① Chih Meng's Manuscripts, 148-149.

中华民国之产生与发展

中华民族之发展历程

中国与其邻邦

中国之国际交流

中美关系

中国语言与文学

中国文学作品选读

中国哲学流派

中国艺术:绘画、建筑与音乐

今日中国:政治、社会与经济

中国教育

中国民众的日常生活①

经过几年的不懈努力,中国文化暑期班得到了社会各界的广泛赞许,开办的地域范围也迅速扩大。1949年,华美协进社董事皮埃尔·F. 古德利奇(Pierre F. Goodrich)邀请在印第安纳州立大学系统中最著名的综合性公立大学之一——鲍尔州立大学任教的地理学副教授弗罗易·赫尔布特(Floy Hurbut)博士,出席该社在新泽西州举办的第六期中国文化暑期班。赫尔布特博士曾经在中国旅居十年,经过此番参观考察,她对文化班予以很高的评价。1950年,鲍尔州立大学校长约翰·R. 埃孟斯(John R. Emens)博士邀请孟治来校开设关于中国文化的中西部暑期研修班,并任命赫尔布特博士为负责人。

首届中西部暑期培训班共有35名教师接受培训,培训班每周开课6天,具体课程内容与蒙特克莱州立师范学院大致相同,不同之处在于延长了授课时间,要求学员必须修满四个学期的课时学分。同时,鲍尔州立大学还创建了两个旨在传播中国文化艺术的组织,分别面向本校学生与学校所在城市——曼西市市民服务。

① Chih Meng's Manuscripts, 149.

(二)进行科学调查统计

华美协进社非常重视开展科学调查活动。1943年,在留美中国学生战时学术计划委员会的大力协助下,该社针对美国华人社区进行了科学调查,旨在了解海外华人的贡献及其对当地的积极影响,并为当地华人提供就业指导,介绍改善其经济状况的途径和方法,帮助他们更好地适应社会与环境变化。该项调查活动持续了三年。在此期间,适逢中国著名社会学家费孝通教授应美国国务院之邀,前来美国访问讲学。于是,他欣然接受华人社区调查组之邀,对调查人员进行了悉心指导和帮助。

1944年4月,留美中国学生战时学术计划委员会向主修社会学的中国留学生颁发了两项研究金,每年资助4700美元。由于芝加哥大学是当时社会学研究的重镇,因此华美协进社决定首先在芝加哥唐人街展开社区调查,并以此作为纽约和旧金山华人社区之典型案例。留美中国学生战时学术计划委员会委托芝加哥大学社会学系罗伯特·巴克(Robert Park)教授负责协助此次调查活动。

华美协进社意欲通过调查活动,唤起美国社会创办华人社区的热情,引起社会各界对美籍华人的权利和问题的关注,同时也希望中国政府和人民能够充分意识到美籍华人对中美两国所做出的巨大贡献。

由于调查的时间与空间有限,华美协进社决定将调查对象限定为30岁以下的青年。因为对于已过而立之年的人来说,他们的职业和潜能均已定型,所以改善其处境的概率较小。相比之下,青年的成长则面临无数机遇和挑战(要求被调查者回答的标准问卷见附录一)。

此项为期三年的科学调查在一定程度上唤起了美国社会创办华人社区的热情,引起了社会各界对华人权益的关注。此外,孟治和巴克教授逐渐意识到,要想对华人社区开展进一步调查,必须投入更多的时间和资金。最终,他们一致认为,当务之急是利用现有资源从事一些实验开拓性质的工作,从而鼓励、带动更多富有潜力的个人或社团进一步展开深入调查,许多主修社会学的中国留学生因此走上了文学创作、社会服务和教书育人的道路。罗丝·H.李(Rose H. Lee)是巴克教授的得意门生,后来获得哲学博士学位,曾编著出版《中国人在美国》一书，这是一部极具历史研究价值的著作，采用了许多翔实确凿的统计数据。林陆（音译）曾编辑出版人物传记辞典《旅美华人》。

同时，华美协进社也积极从事科学统计工作。为"调查各地中国同学之生活，及协助解决各种问题，并访问各校对我国同学之负责人"[①]，华美协进社每年均遣员前往各地调研。调研报告表明："各地同学年来努力学业成绩均多优异，于业余之暇，对于团体活动，亦极努力推进，给予各校当局良好之印象，故目前各校倍加注意中国同学，且设专员负责指导与协助，殊为我留美同学之好消息云。"[②]

此外，华美协进社图书室还专门发起关于中国留美同学论文及其他课余作业的征集启事："自中国同学旅美以来，已有七十余年的历史。在这七十余年中，同学们获得博士、硕士高等学位的数不胜数，更有不少同学名列全校之冠，为海内外人人所钦慕。虽然这些同学的毕业论文及其他的作品，或有发表在报章杂志上，或有刊印单行本的，但多数都是束之高阁，或星散在各学校图书馆里。所以本社计划在今年内收集全体留美同学所撰的硕士论文、博士论文、诗歌、散文、音乐歌谱、照片影集、建筑图案、水彩、油画……凡有贡献于中美文化交流的任何作品，已发表或未发表的，都异常欢迎。本社将所集合的材料编为图书目录，该目录将成为留美同学对文化贡献的总表现，也是同学们搜寻关于中国材料的中心点。因此恳切地希望同学们不吝金玉，将作品寄下，赐予本社的协助，使这次的征集得以成功。"[③]

在负责为中国留美学生联系实习机构的同时，华美协进社也对他们的具体情况进行了详细的调查统计。在1945年5月召开的华美协进社年会上，孟治社长在报告中公布了统计材料，如表4-1和表4-2所示（1944年8月—1945年1月）。

---

① 各地学术建国讨论会消息：华美协进社遣员访问各地同学[J].学建通讯，1945(22):3.

② 各地学术建国讨论会消息：华美协进社遣员访问各地同学[J].学建通讯，1945(22):3.

③ 华美协进社图书室征集留美同学论文及其他课余作业启事[J].学建通讯，1945(22):4.

表4-1 中国留美学生学科统计表①

专业	中国留学生数/人	专业	中国留学生数/人
农科	17	化学	40
建筑	4	其他自然科学	71
财政金融与工商经济管理	83	法律学、文学与教育	39
化学工程	34	医学与制药学	19
电机工程	43	其他社会科学	24
航空工程	110	政治科学	18
土木工程	66	其他领域	66
其他工程	20	合计	654

表4-2 中国留美学生实习情况统计表②

<table>
<tr><th colspan="2">实习单位或内容</th><th colspan="2">中国留学生实习人数/人</th><th>月薪/美元(包括加班费和津贴)</th></tr>
<tr><td colspan="2">军工企业</td><td colspan="2">54</td><td>12760.00</td></tr>
<tr><td colspan="2">美国政府机关</td><td colspan="2">194</td><td>39800.00</td></tr>
<tr><td rowspan="7">国防工业</td><td>航空航天工业</td><td>77</td><td rowspan="7">253</td><td>30810.00</td></tr>
<tr><td>汽车工业</td><td>29</td><td>6135.00</td></tr>
<tr><td>橡胶工业</td><td>21</td><td>5260.00</td></tr>
<tr><td>化学工业</td><td>26</td><td>4410.00</td></tr>
<tr><td>机械工业</td><td>7</td><td>1225.00</td></tr>
<tr><td>造船业</td><td>32</td><td>9680.00</td></tr>
<tr><td>其他</td><td>61</td><td>14650.00</td></tr>
<tr><td colspan="2">美国国务院实习培训</td><td colspan="2">22</td><td>2800.00</td></tr>
<tr><td colspan="2">铁路与交通</td><td colspan="2">4</td><td>880.00</td></tr>
<tr><td colspan="2">教育机构</td><td colspan="2">21</td><td>4190.00</td></tr>
</table>

① Chih Meng's Manuscripts, 66.

② Chih Meng's Manuscripts, 67-68.

续表

实习单位或内容	中国留学生实习人数/人	月薪/美元(包括加班费和津贴)
社会服务	4	598.00
医疗服务	10	980.00
医药与营养	8	1655.00
农业	11	1980.00
金融业	14	2350.00
法律机构与图书馆	19	2730.00
新闻	6	1290.00
公共管理与卫生	13	2660.00
酒店和商业机构	6	1050.00
农药生产企业	1	280.00
公众服务	8	1350.00
艺术和宗教服务	6	750.00
合计	654	150273.00

在对中国留美学生进行长期追踪调查的基础上，华美协进社向中美两国有关机构提供了翔实的统计数据：到1948年5月，中国留美学生总计2710人，他们学历高，分布广，分布于美国45个州的405所大学。其中包括女生731人，约占总人数的27%；研究生1680人，约占总人数的62%。中国留美学生所获得的是一种比较全面、正规的留学教育，所学科目达141种，几乎涵盖所有学科领域，大致可分为6大门类："①自然及应用科学，占26%强；②工程，占23%；③人文艺术，占20%强；④社会科学，占16%强；⑤组织管理，占7%强；⑥教育，占6%。本年度全美共有两万外国学生，加拿大有3500人，其次为中国学生，占所有外国学生之13.5%。中国学生几乎分布全美各省"①，只有内华达州、南达科他州、北达科他州的大学中无中国学生。1949年，中国留美学生人数比上年增长了约40%，多达3797人，成为近代中国百年留美教育史上的顶峰时期。另据统计，从1850—1949年长达一个世纪的时间里，中国留美学生总计18400人，而

① 中国留美学生二千七百余人分布美国四十五省[N].申报，1948-06-18(6).

1946—1949年间赴美留学者即达到5000人左右,占百年留美学生总人数的四分之一以上。[①]这批中国留美学生的成分也比较复杂,他们的身份有研究员、技术员、工程师、教师、医生、律师、会计等。总体而言,留美学生的学习情况令人满意,相对投身于政治活动的热情而言,他们更相信教育功能而专心学习,以致所学科目多,毕业学历高,绝大部分均在各自领域成就卓著。

战后赴美人数如此大幅度增长,出现留美高潮,主要受到国际、国内两大因素的影响。从国际因素来看,第二次世界大战后,德国、日本等战败国受到了战争的严重破坏,全国一片废墟,且处于盟国的控制之下,难以接受外来的留学生。而英、法等"二战"的胜利国也受到战争的重创,元气大伤,"同时战争期间大批应征入伍的青年、学生,战后复员重又涌入校园,大学里人满为患,自然无法接纳外国留学生"[②]。相比之下,美国本土远离战场,除夏威夷外没有受到战争的摧残,是"二战"当中最大的受益者,其经济在战后又得到了迅猛发展,综合国力大大增强,一变成为世界超级大国,因而也成为中国留学生趋之若鹜的理想国度。此外,战后美国政府为了维护在华的长远利益,与南京国民政府的关系较为密切,对其实行积极的扶持政策,并向中国留学生敞开大门,提供各种奖学金和接济以及实习和工作机会等,同时,美国还积极邀请中国技术人员赴美深造。1947年,蒋介石政权同美国签订《中美文化协定》,成立美国在华教育基金委员会,利用美国剩余战时财产售与国民党政府所得的2000万美元作为中国各大学推进英文教学,协助美籍教授来华讲学,派遣留学生及其他教育活动之用。1949年8月1日,美国众议院通过了一项以400万美元援助中国留学生的法案。与此相适应,国民政府也以政策为杠杆,增大留学派遣的力度,增多留美选拔考试,鼓励和推动各界人士留学美国。另外一个重要原因是,随着内战的爆发和扩大,中国的大批青年学子感到国内前途暗淡,无所作为,所以他们带着沮丧和无奈,为避开战祸,纷纷自筹经费赴美留学。因此,在20世纪40年代中后期,以"留学""讲学""实习""考察""参观"等名义出国的中国学人,数目很大。

西方汉学发展的重要标志之一,是一批著名学府或汉学机构纷纷开设汉语

① 留学生丛书编委会.中国留学史萃[M].北京:中国友谊出版公司,1992:95.

② 李喜所,刘集林.近代中国的留美教育[M].天津:天津古籍出版社,2000:125.

和中国文化课程。其中较为突出的有英国伦敦大学东方学院、德国哥廷根大学汉学研究所、美国哈佛大学远东系、美国哥伦比亚大学中文系、苏联彼得格勒东方学院、苏联莫斯科中山大学中国学研究所，等等。[①]其中，美国哈佛大学，计划增设以苏联及中国为重心之地方研究课程，列为国际关系之一科，大约将于1946—1947年度实行。据该大学校长布克称，地方研究课程之增设将属试办性质，该项课程包括战时陆军所采用之语文速成科目。学生对于选定区域之一设知识将受特殊训练，并予以研究之机会。国际关系科，以世界问题为基础，专为有志于外交事务者而设，俾给以适合个人需要背景及利益之工作。该大学语言及国际问题小组委员会，对于该项课程之设置，加以赞许，谓将利用哈佛大学之丰富人才，发展一项国际问题及语言之研究课程，因该大学中不乏熟悉苏联及中国情形之教授。1948年，应美国国务院之请，华美协进社调查了全美29个州的大学及独立学院，设有中国文化之课程者计有76个院校，设有语言课程80门，美术课程34门，历史文化课程150门，政治课程26门，其他课程37门，所设课程总数为327门。[②]这些调研结果充分表明，为建立世界战略，美国也开始加强对中国的研究，而汉语和中国文化课程的开设，无疑为中国留学生提供了大显身手的舞台。

中国留学生为美国汉学界提供了诸多帮助，意义深远而重大。他们通过汉语和中国文化课程教学，帮助美国汉学学者提高了汉语言使用能力，加深了对中国文化知识的理解，甚至在一定程度上改变了汉语教学和研究体系，使关注点由原来的古汉语和古文献逐渐转变为现代汉语和现代作品，为美国汉学开拓了更现实、更广阔的空间。同时，留学生还通过给美国汉学家当助手，进行中文文献资料库建设，助其更加便捷、高效地利用珍贵的中文文献资料，使得汉学研究得以建立在更扎实的资料基础上，不断取得硕果。总之，中国留学生对美国汉学界提供的帮助、所做的工作，业已构成美国汉学的重要组成部分。

---

① 元青.中国留学生对西方汉学的贡献——以20世纪上半期为中心的考察[J].天津师范大学学报(社会科学版)，2014(3)：7-12.

② 王焕琛.留学教育——中国留学教育史料[M].台北：台湾“国立”编译馆，1980：2685.

(三)投身民族复兴大业

中美结为反法西斯同盟之后,越来越多的美国人开始关注中国文化,为了增进中美相互理解,促进中国战后建设,华美协进社率先举办学术建国讨论会,邀请中美两国专家学者开展专题研讨。1945年4月7日,中国共产党的创始人之一、中华人民共和国开国元勋董必武代表中国共产党出席旧金山联合国制宪会议。4月25日,董必武与宋子文、顾维钧、胡适、吴贻芳等出席联合国成立大会。在会议期间,董必武代表中国共产党进行了广泛的宣传外交活动。会议结束后,董必武一行赴纽约,广泛接触美国各界人士和旅美华人华侨。应华美协进社邀请,董必武出席该社举办的"人权论坛",发表了题为"中国问题的关键"的演讲,有力地宣传了中国共产党的抗日民主主张,扩大了中国共产党的政治影响,提高了中国共产党在旅美华人华侨心目中的地位。除董必武外,"人权论坛"还曾邀请过冯玉祥发表演讲。1942—1947年间,华美协进社结合一些城市与高校的特色,举办了旨趣各异的中国复兴论坛(China Reconstruction Forums)。随后,华美协进社还创办《国家复兴杂志》(季刊,后改为《中国与美国》),为中华民族的复兴寻求良方,为中美交流的持续健康发展奔走呼号,华美协进社的发展进入成型阶段。

在第二次世界大战中,中美两国人民并肩作战,共同捍卫世界和平。为了庆祝抗日战争的胜利和国民政府由重庆迁回南京,1945年12月28日,华美协进社与大纽约区中国学生活动委员会(The Chinese Students Activities Council of Greater New York)在纽约的罗斯福酒店举办了一场欢庆宴会,由孟治社长担任主持人。出席宴会的有中国留美学生,中国赴美从事学术交流活动的部分专家、学者,以及美国教育文化界与工商企业界代表共600余人。欢庆宴会上特邀的嘉宾有:温德尔·威尔基(Wendell Willkie)夫人、吴贻芳博士(金陵女子文理学院院长、生物学家)、华特·H.马乐理(曾任华美协进社董事会董事长、美国对外关系协会总负责人)、李书华博士(前教育部长、北平研究院副院长,在伦敦出席联合国教育大会的中国代表)。在宴会上,主持人对致力于中美人民理解工作的美国友人提出嘉奖,并为即将学成归国的中国留学生和实习人员饯行。胡适先生在宴会上发表了精彩演讲,他强调指出:"中美教育文化交流具有极其重要的历史意义……随着抗战的胜利结束，中国将有越来越多的人赴美留学，我们也衷心希望并热烈欢迎今后有更多的美国友人来华参观访问。”[①]此外，燕京大学校长司徒雷登与中国现代著名作家林语堂也发表了庆功演说，赞颂留美归国学人在抗战期间的坚贞和勇敢，并深刻揭露日本的侵华罪行。

1946年5月，为了加强中美两国之教育文化关系，华美协进社社长、中国留美学会[②](The Chinese Students Alliance in the United States of America)会长孟治博士专程前往美国西海岸各地旅行。孟氏此行荣获洛杉矶南部加利福尼亚大学授予之名誉博士学位，表彰他对国际教育的显著贡献，及对促进中美关系之工作成就。经过西海岸之行，孟治在美国所见之最令人兴奋之体会，莫如美国人民国际意识之日见浓厚，深信此项意识，与未来有莫大关系。[③]他极力主张继续扩大中美学校交换留学生计划，以期推动中国复兴建设与中美合作事业。

（四）传播中国文化艺术

为了充分发挥艺术在文化传播中的独特功能，在中美两国各大博物馆与艺术协会的大力协助下，华美协进社组建了艺术委员会（Art Committee），在“中国大厦”设立艺术精品陈列室，用于不定期地举办中国艺术展览，架起了美国人民了解中国文化艺术的桥梁。1944年12月1日，在庆祝“中国大厦”成立的开幕式结束之后，华美协进社在艺术精品陈列室举办了从中国汉代到宋代的陶瓷珍品展览。此外，由姚叔莱先生提供的唐代彩釉骑马俑及其亲自装裱的四幅中国传统的石刻摹拓壁画也格外引人注目。

这些中国传统的石刻摹拓壁画为浅浮雕艺术品，原存于山东省的一个祠堂，用以纪念汉朝末年（约公元150年）的吴氏家族。

在中国的远古时代，即4000年以前，绢帛与纸张尚未成为人们的日常书写工具，大事记载主要依靠石刻与骨雕，石碑往往树立在公共场所供人阅览，因此，世界上历史最悠久的公共图书馆出现于中国，后

① Chih Meng's Manuscripts，106-107.

② 中国留美学会：中美人士公认为中美文化关系之中枢，在促进中美文化教育关系方面不遗余力，为留美中国学生服务，造就中国技术人员，并协助美国教育界人士研究中国问题。

③ 中美交换留学生计划应继续扩大[N].申报，1946-05-09(5).

人称之为“碑林”。为了临摹碑刻文字,人们总是先在石碑上刷一层墨汁,接着在其表面覆纸一张,然后进行适当的敲击,这种方法最初广泛用于临摹古籍。因此,石刻摹拓作品既体现考古价值,又具有独特的艺术魅力。

“中国大厦”有幸获得吴氏石刻摹拓作品真迹与一部影印书籍(珍藏于华美协进社图书室),该书于1893年在巴黎出版,由沙畹(Edward Chavannes)[①]收藏,他在扉页中写道:“本书完成于中国两汉时期,由皮埃尔家族收藏。”在过去的150年中,许多珍藏于中国各地祠堂的石刻摹拓作品流失海外,从而使世界各地的汉学家有机会了解这些艺术作品。然而,它们在美国却属罕见,只有芝加哥菲尔德博物馆与剑桥福格博物馆有少量收藏。

为了纪念吴梁(音译),他的三个儿子和一个孙子为他修建了祠堂。根据12世纪树立的一块纪念碑,人们可以看到以下记载:“为表孝心……他们精心挑选石料……他们择取了完美无瑕、光洁平整的石料,由能工巧匠精心雕刻碑文与图案;吴氏的碑文如行云流水,出神入化,给后人留下了一笔宝贵的文化遗产,他的杰作将流芳千古,激励后人。”如今此预言在很大程度上已变为现实,这一点远远超过了吴氏的梦想。

碑文很少涉及吴氏家族与当时的历史,而是主要记载历代相传的神话故事与历史图解,其中包括中国神话传说中的一些典型代表,如“原始夷族部落、海怪、翼龙、中国古代帝王、彪炳史册的英雄、恪守妇道的女杰”。[②]

同时,华美协进社还展出了1847—1944年间关于中国学生负笈美邦的历史图片与原始资料,主要包括:容闳的一封书信,部分早期中国留美学生的快照与签名。他们学成归国之后,大多成为国内的知名人士,如宋美龄(后来成为蒋介石的夫人)初入卫斯里大学的一张照片,来自艾姆赫斯特(Amherst)的费厄林(Fearing)及其家人与梁敦彦长达17年共延续了两代人的来往书信精选。

---

① 沙畹(1865—1918):法国著名的东方学家、汉学家。

② Chih Meng's Manuscripts, 126.

20世纪40年代，该社负责举办的规模较大的中国艺术品展览包括：

1945.2.16—3.10 中国漆器展；

1945.5.18—6.14 中国清朝康熙年间的三色彩展；

1945.12.3—1946.1.15 关于动物与鸟类的中国青铜制品展；

1946.4—5 中国玉器展；

1946.12.2—1947.1.5 中国明朝与清朝康熙、雍正、乾隆年间的艺术品展；

1947.4.28—5.31 中国牙雕、骨雕艺术品展。[①]

这些展览为美国朋友深入理解中国艺术品创作环境提供了良好的文化氛围。在中美文化交流中，由于两国的文化传统和文化背景不尽相同，只有尽可能地交代清楚展出作品的文化背景、增加相应的辅助手段，才能真正起到文化交流的作用，达到自如地理解和沟通的目的。

自1948年2月5日起，华美协进社与哥伦比亚大学合作，开始举办以"中国实况"为题的系列公开演讲或艺术义演，邀请"中国在美著名之历史家、教育家及艺术家等，分别对中国之历史、文学、哲学、法律、艺术、文化及教育发表演讲。此项连续演讲将由毕业于哥伦比亚大学之我驻美大使顾维钧开始，顾氏将对'中国实况'作一介绍"[②]。其他演讲人及其题目包括：张彭春的《论中国教育及文化》、前经济部次长何廉的《中国经济发展》、赛珍珠女士的《讨论中国社会生活》等。通过华美协进社渠道丰富、扎实有效的努力传播，中国文化传播的内容由衣食住行的器物层面，逐步深入文化的精神层面，中国标志更加丰富起来。

（五）团结中国留美学生

1945年8月15日，日本天皇裕仁正式宣布无条件投降，世界反法西斯战争和中国抗日民族解放战争胜利结束。1946年6月26日，国民党军队大举进攻中

① Chih Meng's Manuscripts，247.

② 哥伦比亚大学敦请顾维钧林语堂演讲[N].申报，1948-02-03(6).

原解放区,并以此为起点向各解放区进攻,中国共产党领导的人民军队在各个战场奋起抗击,全面内战爆发。毛泽东把这场由蒋介石发动的内战定义为“美国出钱出枪,蒋介石出人,替美国打仗杀中国人,借以变中国为美国殖民地的战争”[①]。为了进一步获得美国资助,同年11月,国民政府与美国签订了《中美友好通商航海条约》,其中规定,美国人在中国境内,除享有居住、旅行、从事商务、开采矿产资源、保有土地及从事各种职业的权利外,并有从事科学、教育、宗教及慈善事业的权利。条约同时规定,中美两国可以互相翻译作品,互相设立学校。该条约首开美国大规模经济侵略之先声,此后,美国政府便不断地向国民政府提供军事、财政和物资援助。同时,这一条约也在客观上推动了中美教育文化的交流。

抗战爆发之后,留美学生的两大组织——中国学生联盟与中国基督教学生联合会——陷入瘫痪状态并相继解体。为了增强留美学生的民族凝聚力,华美协进社及时地承担起了团结留学生的重任。1945年,华美协进社组织留美同学在“中国大厦”举行两大联欢会:圣诞晚会与除夕同学会。“中国大厦于十二月二十四日晚八时假该厦会议厅举行圣诞晚会,到中国同学约二百人,盛况空前”,“到会者,除本市各界人士外,并有美东及美中各地之同学及专家多人,而最近甫由祖国到美同学三十余人,亦被请到会。开会时,由孟治先生致欢迎辞,继由严仁颖君介绍各地同学,及新到美之同学。”之后不久,“华美协进社于十二月三十一日夜假中国大厦会议厅举行除夕同学会,庆祝中华民国三十四年之来临,是晚计划到中国同学二百五十余人”。[②]

1946年6月,旅美南开校友会(Nankai Alumni Association in the USA)在张伯苓校长访美接受哥伦比亚大学授予的荣誉博士学位期间正式成立,时任华美协进社社长的孟治博士被推举为首任会长。自从成立以来,旅美南开校友会为凝聚海外校友,助力母校发展,传播南开文化,提高南开声誉,发挥了重要作用,为中美文化、教育、科学等领域的交流与合作做出了积极贡献。

1946年8月,抗日战争结束之后,针对中国留学生的各项奖金,立即相继停发,华美协进社鉴于留学生中有一部分可以最近完成学业,但经济无着,顿使求

① 杨玉圣.中国人的美国观——一个历史的考察[M].上海:复旦大学出版社,1996:230.

② 各地学术建国讨论会消息:留美同学两大联欢会[J].学建通讯,1945(22):3.

学生活产生恐慌,多年潜心攻研,或将前功尽弃。该社经向各方声请援助办法,征得中国战时学术计划委员会同意,将该会剩余款项,变为奖助一小部分留学生之用。凡申请奖助之留学生,须在美留学一年,且须全部时间在美留学。申请补助者,并须向华美协进社递交申请表格。

1948年4月30日,纽约清华校友分会在华美协进社举行庆祝校庆盛大晚会,“除聚餐外并备有其他庆祝节目。会长孟治先生致辞,蒋廷黻先生作简短讲演,此外将有林语堂先生之中文打字机表演等节目。预计各地校友云集纽约将有八十人到会”[①]。同时,华美协进社也编辑出版了大量新闻刊物、专题论文和指南手册,为留美学生提供互通信息、切磋交流的机会。一些政府机构和教育团体也纷纷委托华美协进社代管研究金与奖励金的发放。1942到1946年期间的托管机构包括:中基会、中国教育部、中英庚款董事会、云南省政府、美国国会和留美中国学生战时学术计划委员会。

美国专家认为,参加实习的中国留学生不仅应该学习美国产品的制造工艺和工程进展,更重要的是应理解美国人民及其制度。在美国国务院的建议下,华美协进社“好客项目”委员会于1945年组织了一系列“好客项目”,以期为中国学生和学者提供社会交流机会,该项目活动遍及美国20个大中城市:纽约、芝加哥、费城、克利夫兰、辛辛那提、圣路易、巴尔的摩、华盛顿、波士顿、伊萨卡、匹兹堡、罗阿诺克、诺克斯维尔、纽黑文、密耳瓦基、底特律、西雅图、波特兰、旧金山和丹佛。同时,还邀请当地的许多工商企业、俱乐部、教育团体加盟,如扶轮社、国际狮子会、基督教青年会等。在费城,中国客人受到从企业到一般居民的热烈欢迎,他们不仅欣赏了费城交响乐团的精湛表演,观看了著名歌舞剧,而且还出席了教会的晚宴,观看了垒球表演和桥牌比赛。好客的费城市民还为中国人开设了英语会话课程,安排他们与美国家庭共度感恩节与圣诞节。下面列举几项比较典型的日程安排:

5月20日,星期三,15:15

菲力斯队与波士顿勇敢者队将在费城夏伊布(Shibe)公园展开激战,这是本赛季最扣人心弦的棒球比赛之一。在菲力斯队会计乔治·

① 程义藻.各地来鸿:纽约清华校友分会订于四月卅日晚在华美协进社举行庆祝校庆盛大晚会[J].清华校友通讯(复刊后第三期),1948(3).

A. 福莱切尔(George A. Fletcher)的热心帮助下,我们领到了20张参观券。

6月3日,星期一,9:00

参观位于费城第22街区利哈伊(Lehigh)大道的多宾斯(Dobbins)职业学校。费城公共教育委员会秘书和办公室主任爱迪·B. 安德森(Add B. Anderson)先生热情接待了我们。该校为费城最好的职业学校,此次参观的最大收获是亲自体验该校的一日生活。早晨一到校,我们就与同学们一起上课,中午在食堂共进午餐,下午也参加了他们的一些活动。由此,我们对该校的课程和活动有了比较客观的认识和了解。

6月5日,星期三,10:00—12:00

在位于1717号北大街的法恩施赖伯(Fineshriber)博士犹太教堂观看入教仪式,有60多名犹太青年参加了入教仪式。该仪式虽然程序复杂,但是相当有教益。法恩施赖伯博士热诚邀请中国工程师和留学生前来观看。

6月5日,星期三,14:30—17:00

参观新泽西州卡姆登市的古典钢尖笔之王——伊斯特布鲁克(Esterbrook)钢笔厂。该厂出口部经理查理·阿波盖特(Charles Applegate)先生曾旅居中国多年,他兴致勃勃地带领我们参观厂貌。

6月7日,星期五,20:30

在费城贝尔维尤-斯特拉特福(Bellevue - Stratford)酒店的豪华舞厅参加国际民间舞会。此项活动由费城国际学会主办,来自世界各地的人民身着艳丽的民族服装翩翩起舞。我们成为晚会的特邀嘉宾。

附言:请于本周六15:00—18:00前往费城第54街艾尔姆伍德(Elmwood)大道的约翰·巴特拉姆(John Bartram)公园参加聚会。[1]

芝加哥的"好客项目"委员会在象征欢迎移民的赫尔住宅为中国客人举行了隆重的欢迎宴会。西雅图中国俱乐部的400名成员全部加入了"好客项目"

① Chih Meng's Manuscripts,76-77.

委员会。中国实习留学生对这些活动都非常满意。在这些活动的基础之上，中国实习人员与美国社团成员举行了座谈，向他们介绍中国局势与文化。其中一些实习者不仅在中国历史文化方面具有很深的造诣，而且精通英语，因此经常被邀至美国商业和教育机构发表即兴演讲，对于这些组织来说，中国实习人员既是其特邀嘉宾，又是非常出色的中文教师。

伊利城铁路公司职业督察长F. B. 威尔德力克(F. B. Wildrick)在写给孟治社长的信中说："您不仅负责安排了中国留学生的实习培训活动，而且借此推动了中美友好关系的进一步发展。"[①]在密苏里州太平洋铁路公司实习的中国留学生蔡魁洪(音译)在写给孟治的信中也表达了同样的感情："认识您是我们莫大的荣幸。通过'好客项目'委员会的引荐和安排，使我们有机会与圣路易的社会名流、教堂、俱乐部和其他社会组织接触。我代表全体培训人员向您表示诚挚的谢意和崇高的敬意。"[②]1946年，曹诚(音译)在芝加哥代表全体中国实习人员发表演说，回顾并总结了"好客项目"委员会在此次实习活动中的经验与教训。全文如下：

> 女士们、先生们：
>
> 在过去的10个月里，我们应几家"好客项目"委员会及社团之邀，前去进行参观访问，我们对此深表感谢。今天，尤其令人激动的是，孟治博士亲临我们的会场，众所周知，他既是华美协进社社长，又是卓越的教育工作者。
>
> 在短短的一年时间内学习掌握如此纷繁复杂的知识、技能，未免有走马观花之嫌，但是我相信，我们每个人都力争在有限的时间内掌握最多的知识、技能。我们走访了多家工厂和企业，学习经营之道和操作技能，以收"洋为中用"之效。此次实习活动的成功在很大程度上归功于各实习单位的管理者和工程技术人员对我们的悉心指教。他们制订了周密、合理的实习计划，随时随地为我们答疑解惑、传授新知，我们彼此信任，和睦相处，不久便建立了深厚的友谊。
>
> 除实习之外，我们也受到美国友人和文化教育机构的邀请，出席

① Chih Meng's Manuscripts, 81.

② Chih Meng's Manuscripts, 81.

各种晚会,到他们家中作客。通过这些“好客项目”的社交活动,我们进一步了解了美国民众的生活及观念,同时,也向他们介绍了中国的历史文化和风土人情。一位美国朋友曾对我说:“只有在两国人民相互理解的基础上才能实现国际合作。”对此,我深表赞同。我认为举办此类实习活动,是促进两国人民友好交往的最佳途径。

长期以来,华美协进社一直致力于推动中美教育文化交流,并取得了不俗的业绩。

我们抵达芝加哥不久,华美协进社芝加哥“好客项目”委员会成立,并向我们提供了无私的帮助和有力的支持。我与该委员会成员莫顿·E. 史密斯(Morton E. Smith)先生一见如故,他是我们的良师益友。

再过两个月左右,我们就要启程回国了,此行带走的不仅仅是知识、技能,而且满载美国人民的深情厚谊。现在,我们已经深深地爱上了这片土地,更舍不得离开那些美国友人,但是,祖国的殷切召唤时时响彻耳边,催促我们早日踏上归国之旅,勇挑国家重建之重任。当然,有些中国实习人员还会继续留在美国,与美国专家学者共商中国复兴大计。我认为,此次实习活动已取得圆满成功,我衷心希望中国政府能持续不断地派员赴美,并令其接受实习培训。我相信,热情好客的美国人民将会以同样的真诚和友善迎接他们。中美友好合作必将加速世界人民大团结和国际永久和平的实现。

感谢诸位。

曹诚

1946年5月2日

伊利诺伊州橡树公园,北大街156号橡树公园大道[①]

通过国外实习,留美学生不仅巩固了书本知识,还了解了工厂的管理程序,积累了管理经验。这种理论学习与实践经验相结合的学习经历,对留美学生学成之后报效祖国起到了很大的作用。

中国留美学生之历史较其他国家为长,人数亦较其他国家为多。自太平洋战争爆发后,中国学人赴美渐成潮流。当时,“中国学生入美国大学求学,常托

① Chih Meng's Manuscripts, 82-85.

数人接洽，一人投数校，结果选一校，对其他所洽各校不予通知，因此增加美国大学保留学额之困难”①。或多家机构向某校同时申请代办，而不说明其重复情况，以致一所大学常常收到同一名中国学生的多份入学申请书。作为专为中国留学生服务的机构，华美协进社为了避免这种重复，提高效率，便同国际教育社于1947年6月开会决议，“以后所有中国学生请求奖学金或请求入学许可证，皆望转交华美协进社办理”②，以免再有此类重复现象发生。

同时，华美协进社还多方筹款奖励或资助数千名品学兼优的中国留学生与学者，或向他们提供就业信息与指导以助其顺利完成学业，为祖国战后重建人才之培养，颇多尽力。1949年1月，华美协进社函国民政府教育部，谓美国罗氏基金进修学额有四类奖学金，国民政府教育部也函复该社，对可由部推荐候选人者，俟收到申请书后，再行寄奉。1949年3月，美国经济合作总署宣布，将援华复兴款项中五十万美元拨付于国务院，以援助若干留美中国学生。该署谓此举系紧急措施，旨在援助中国留美学生能完成学业，早日返国。至于一切款项管理事宜，美国经济合作总署皆交付华美协进社办理。

据华美协进社调查统计，1854—1929年，在美国大学获得学位的中国留学生有4463人。1930—1954年获得学位的共有9334人。近代百年间，留美学生获得学士学位的共有4590人次，获得硕士学位的共有7221人次，获得博士学位的共有2789人次，总计13797人，约占全体留美学生的67%。这样的成绩深刻体现了在读留美学生学历的含金量：所受教育较为完整，层次较高，学术性更强，潜力更大。再据袁同礼编的《中国留美同学论文目录》统计，1905—1960年，在北美洲（美国和加拿大）116所大学获得博士学位的中国学生共有2789人（含加拿大大学4所，计28人），占美国每年授予博士学位人数的15%。其中授予中国留学生博士学位最多的前10所美国大学依次为：伊利诺伊大学、哥伦比亚大学、哈佛大学、密歇根大学、康奈尔大学、芝加哥大学、威斯康星大学、麻省理工学院、明尼苏达大学、加州大学，共授予1931名中国留学生博士学位，占留美学生博士学位授予总数的70%。这些数字表明，在近代中国留美学生群体中，平均每七人至少有一人为博士，每十人至少有一位是美国著名大学毕业的博士，

① 自费生千余人核准出国　留美学生数最多[N].申报，1947-10-25(6).

② 华美协进社代请留学许可证[J].教育通讯（汉口），1947，4(6)：37.

同时也足以证明,中国留美学生学业成绩之优异程度。[①]这些归国的留美学生成为当时中国创造和推进新学科、新技术的带头人或骨干力量,他们源源不断地从国外吸收养料以继续推动中国近现代教育、经济、科学等事业的进一步除旧布新。显然,在中国近代科技发展史和科技现代化进程中,留学生群体起了扛鼎作用,其筚路蓝缕、奠定基业之功不可没。

1949年10月,中华人民共和国成立前后,美国国内在辩论"谁失去了中国"的同时,试图等待中华人民共和国的对外政策有所转变。随后,美国麦卡锡主义(McCarthyism)席卷全国,反共思想高涨。1950年6月25日,朝鲜战争爆发,美国派军队入侵朝鲜,10月19日,中国人民志愿军开赴朝鲜,中美两国从"二战"时的重要盟友成为敌对双方。同时,美国总统杜鲁门(H. S. Truman)宣布派第七舰队封锁台湾海峡,阻止中国人民解放军解放台湾,并开始鼓吹"台湾地位未定"论。1954年12月2日,美国同中国台湾地区有关方面正式签订"共同防御条约",同中国台湾当局保持"外交关系",并在中国台湾地区驻军。在此后至1979年长达30年的时期内,美国奉行承认中国台湾当局国民党政权,不承认中华人民共和国的"不承认"政策。这不仅影响了中美关系健康发展,恶化了东亚国际关系,而且也严重损害了中美两国人民之间的传统友谊。中国共产党向国际社会明确宣布奉行独立自主的和平外交战略,并提出"另起炉灶""打扫干净屋子再请客""一边倒"的三大外交方针。由于种种历史原因,中美两国社会和人民之间的交往在很长一段时间内被政治阻断。

即使在这种中美两国之间没有正式外交关系的背景下,从1955年8月开始,中美之间也一直维持着在第三国举行中美大使级谈判直至1970年,这为两国的社会交往创造了一定条件。值得一提的是,1956年8月,周恩来总理指示中国谈判代表王炳南向美国方面宣布,取消不让美国记者进入中国的禁令,并邀请美国50家传媒代表派记者来华访问一个月。1957年,一批美国青年在参加完苏联举办的青年联谊会后,不顾美国禁止公民访问中国的禁令和回国后受到惩罚的危险,组团访问中国。周恩来总理接见访问团并与其亲自会谈,指出:"发展两国人民之间的关系不能单靠职业外交家去进行,更多地应该依赖两国人民直接来进行。因此,你们在中国访问期间,不仅在北京,还可以在外地,跟

① 王焕琛.留学教育——中国留学教育史料[M].台北:台湾"国立"编译馆,1980:1144-1145.

中国人民，首先是和青年朋友接触，这对于打开两国人民来往的关系是一件好事情。……而且你们会从直接的接触中，用你们自己的智慧和良知来加以判断。”[①]美国青年团来华访问，体现了中美两国人民希望加深相互交往和了解，共同推动国家关系发展的美好愿望。周恩来总理的谈话体现了对于中美两国人民之间交往的赞同和期盼，为中美民间外交的开展打下了思想基础。与此同时，美国学界、政界对于中国文化的研究也从来没有停止过。华美协进社之发展也遭遇动荡，除与中国台湾地区进行一些交流活动之外，与中国大陆的联系一度受挫中断。

中国与美国是两个在文化传统和价值观念方面存在较大差异的国家，中国属于中华文明体系，中国人民深受儒家传统影响，而美国属于西方基督教传统国家的典型代表，西方自由主义价值观在美国民众中根深蒂固，两国民众在价值观、思维方式等方面都存在巨大差异，相互了解与沟通既存在必要性，也面临挑战。自20世纪20年代以来，华美协进社在中美教育、文化交流中扮演了重要角色，为在美传播中国文化做了大量具体而有益的工作，传播形式灵活多样，传播内容丰富多彩，为打破中美文化的隔膜，促进中国文化走向世界做出了不懈努力。同时，随着美国文化、教育传播效应逐渐体现，中国教育、文化中的美国影响日渐突出，教育制度、教育理论以及教学方法的变革无不透露出浓郁的美国气息，但又不失中国自身教育文化特质。因为教育、文化的传播从来不是单向输入的，即使是最弱势的文化，在面对异质文化时也会不自觉地做出一定的反应。中国社会在遭遇美国教育文化来袭之时，从最初的全然崇拜模仿逐渐走向冷静思考。同时，中国文化的厚重、稳固也显示出强大的生命力，给予美国教育、文化传播以冲击，异质文化和本土文化在交融中不断发展。

从百年前的“西学东渐”，到今天的“东学西渐”，反映的是世界格局的再次变迁。主动“走出去”，是中国文化的健康发展之道。中国历史上下五千年使得中国文化是一个内涵异常丰富的概念。华美协进社传向世界的应该是代表中国、区别于他国的文化内容。华美协进社并未出台过明确的教育、文化交流大纲，在对外文化传播的选择上仍然处于迷茫和摸索阶段。中国文化绝对不仅仅

---

① 周恩来．同美国青年代表团的谈话（一九五七年九月七日）[M]//中华人民共和国外交部，中共中央文献研究室．周恩来外交文选．北京：中央文献出版社，1990：240.

只有功夫、剪纸、方块字、唐装、汉服,更应该包括中华文明能够绵延数千年的生命力以及现代中国蒸蒸日上的活力。什么样的文化既可以代表中国五千年来的文化精髓,体现中国的核心价值和软实力,与此同时又昭示着中国文化与其他文化的显著差异,这是华美协进社包括社会各界都需要认真思考的问题。

纵观华美协进社之发展历程,如今其社会影响力与号召力显然大不如前,这不能不引起人们的反思。就社团发展的物质基础而言,华美协进社主要依靠基金会资助和向社会各界筹集资金来维持社务,从而影响雄厚资金之积累,这是非营利性社团发展的最大障碍。就社团发展的社会基础而言,华美协进社在广泛动员中美社会各界力量以及扩大自身影响力方面也呈衰减态势。从社团开展活动的实际效果来看,对教育、文化交流的核心要素——传统精髓的提炼还亟待提高,否则很难形成富有感召力的文明传播。作为民间社团,官方的扶持和资助必不可少,华美协进社在争取中美政府支持方面亟须努力,尤其应加大在华的宣传力度,充分发挥华人在社团发展方面的优势地位,加强与其他中美教育文化机构之间的合作,密切联系中美社会各界知名机构与人士,从而不断地发展壮大社团实力。①

在华美协进社的主持与组织之下,中美教育文化交流出现了难得的繁荣局面,赢得了中美两国朝野的广泛尊重与赞扬。太虚大师曾为华美协进社题字“镕华铸美”②,既嵌华、美二字,又寓意美好,表达了他对华美协进社及其事业的衷心祝福。这种有组织的交流具有强大的生命力,中间虽遭遇波折,但仍然在曲折中前进,华美协进社创造的经验与遗留的历史教训至今仍具启示与借鉴意义。

---

① 为了继承和传播中华文化,促进中国学者与社区的交流,发扬学者之家的传统,华美协进社于2003年成立华美人文学会(The Renwen Society at China Institute),以主持“中国文化系列讲座”,并举办其他文化活动。其中的“中国文化系列讲座”,受到各界观众的热烈欢迎。系列讲座的主讲人主要包括作家、大学校长、医学家、学者、表演艺术家、电影导演、舞美设计者、电影配音演员、画家、鉴赏家、美术家、博物馆专家、图书馆长、刑事鉴证专家、外交家、考古学家、建筑学家、企业家、收藏家和鉴赏家、政界名流等。华美人文学会的重要性在于,华美协进社到2000年左右已经基本上不是建社时期中国学人的海外之家了,而是转而为美国大众服务,活动均是英文进行,主要工作人员均为美国人。而华美人文学会正是弥补了这一缺陷,它活动的主要语言是中文。

② Chih Meng. *Chinese American Understanding—A Sixty-Year Search* [M]. New York: China Institute in America Press, 1981:158.

第五章

华美协进社的组织机构

一、华美协进社的组织

华美协进社由杜威、孟禄、胡适、郭秉文等一批蜚声国际的学者大家，以增进美国民众对中国的了解为使命而创立，其宗旨在于通过教育、文化、艺术以及商务项目推进对中国的深刻理解，进而促进全球社会的和谐。作为东西方文化交流乃至经贸往来的重要桥梁，华美协进社借鉴欧美各大学设立董事会求社会赞助、协助校务的经验，改组之后着手建立了由中美人士合组的社团董事会与顾问委员会，其成员都是来自中美两国的教育界、文化界、实业界甚至政界的社会名流，他们不仅具有扎实的科学素养、出色的管理才能，而且作风正派，具有发展中美教育、文化交流事业的强烈责任感。他们利用自己的身份和影响力为社团服务，对保证社团发展的稳定性和持续性，推动社团规模的扩大都具有重要意义。社团董事会与顾问委员会不仅加强了社团与政府、教育文化与社会的联系，提高了华美协进社的知名度，而且为华美协进社在解决资金、物质供给以及与中美两国政府相处方面的各种具体问题提供了极大便利。

华美协进社的“政策由董事会负责主持，诸董事由中美两国名流担任。社务由社长负责，协同一班行政人员管理之。社长下设：学生部、实习部、文化部、中文部、编辑部、会计部及交际部。……本社特设下列各委员会：一、华美协进社顾问委员会；二、国立清华大学留美学生委员会；三、中华教育文化基金董事会；四、美国国务部奖学金委员会；五、中国留学生战时计划委员会；六、云南省留美公费学生留学管理委员会；七、留美学生及实习生招待委员会”[①]。华美协进社的收入来源主要包括两大部分：个人、基金会、企业、政府部门的捐款，华美协进社通过授课、讲座、展览等获得的经费与门票收入。

1930年1月，华美协进社改组之后的首届董事会成员包括：

保罗·孟禄，董事长（President of Institute's Board of Trustees），哥伦比亚大学师范学院国际研究所主任，中基会副董事长。

W.默里·克兰夫人，副董事长，城市官员。

姚叔莱，副董事长，通运公司纽约分公司的经理。

欧尼斯特·K.莫（Ernest K. Moy），秘书，外国新闻通讯协会会长。

胡美，临时秘书，纽约医学研究院与医院主管、执行副院长。

D. E.都迪，会计，美国化验公司副总裁，总经理。

爱德华·C.卡特（Edward C. Carter），太平洋国际学会名誉秘书。

格罗法·克拉克（Grover Clark），远东事务顾问。

斯坦芬·杜根，世界教育会联合会会长。

华特·H.马乐理，对外关系协会总负责人。

亨利·基拉姆·墨菲，中国政府建筑顾问。

埃德温·R. A.塞力格曼（Edwin R. A. Seligman），哥伦比亚大学政治经济学教授。

F.刘易斯·斯拉德（F. Louis Slade）女士，城市官员，当时在华。

J. A. L.华德尔（J. A. L. Waddell），中国政府特聘工程师和顾问，当时在华。

唐纳德·M.布罗迪（Donald M. Brodie），查理·R.克雷恩（Charles R. Crane）办公室负责人。

郭秉文，中国国民政府工商部国际贸易局局长，国立东南大学创始人与首任校长。[②]

① 教育与文化：华美协进社概况[J].教育通讯（汉口）（复刊），1947，3（12）：36.

② Chih Meng. *Chinese American Understanding—A Sixty-Year Search* [M]. New York: China Institute in America Press, 1981: 147.

1930年1月，华美协进社改组之后的首届顾问委员会委员包括：

朱利安·阿诺德（Julean Arnold），美驻华商务帮办。

乔治·H.布雷克斯里（George H. Blakeslee），克拉克大学国际关系学与历史学教授。

亚瑟·E.波斯特维克（Arthur E. Bostwick），圣路易斯公立图书馆管理员。

福莱柴尔·S.布拉克曼（Fletcher S. Brockman），美国远东友好促进委员会干事。

威廉·H.布什（William H. Bush）夫人，美中友好协会的创始人。

张嘉璈，中央银行总裁。

张伯苓，南开大学校长。

陈光甫，上海商业储蓄银行总经理。

蒋梦麟，教育部长。

约翰·杜威，哥伦比亚大学哲学教授。

朱丽娅·艾尔斯渥兹·福特（Julia Ellsworth Ford）夫人，作家，中国社社长。

西德尼·戴维·甘博，社会经济学家，人道主义者和摄影家。

杰罗姆·D.格林（Jerome D. Greene），太平洋国际学会与太平洋议会主席。

顾临，北京协和医院董事、洛氏基金会中华医药董事会驻华代表、中华教育文化基金董事会董事。

拉斐尔·荷曼（Raphael Herman），荷曼-朱尔敦（Herman-Jordan）和平计划的发起者。

胡适，国立北京大学教授。

洪业，燕京大学教授。

孔祥熙，实业部长。

肯尼斯·S.拉特里特（Kenneth S. Latourette），芝加哥大学东方历史学与神学教授。

李先生，外交部次长。

刘湛恩，沪江大学校长。

梅贻琦，清华留美学生监督处监督。

约翰·H.穆德(John H. Mott)，世界基督教青年会协会主席。

弗德力克·彼德逊(Frederick Peterson)，医师，作家。

宋子文，财政部长。

司徒雷登，燕京大学校长。

孙科，建筑部长。

R. B. 范·克莱恩斯密德(R. B. Von Kleinsmid)，南加州大学校长。

王宠惠，前外交部长。

王正廷，外交部长。

A. L. 华纳谢斯(A. L. Warnshius)，世界教会评议会干事。

雷伊·李曼·韦尔伯(Ray Lyman Wilbur)，太平洋国际学会主席，斯坦福大学(Stanford University)校长，美国内政部干事。

玛丽·E.伍理(Mary E. Woolley)，蒙特·荷由克学院院长。

颜惠庆，前国务总理。

晏阳初，中华平民教育促进总会总干事。

杨先生，中国驻纽约总领事。

余日章，中华全国基督教协进会会长。

任鸿隽，中华教育文化基金董事会秘书。①

1930—1967年期间，先后担任华美协进社名誉社长的社会名流包括：张伯苓、施肇基、颜惠庆、顾维钧、王正廷、司徒雷登、史汀生、魏道明、伍朝枢等。②

在孟治的运作下，华美协进社拥有了具有广泛影响的董事会与顾问委员会

① Chih Meng. *Chinese American Understanding—A Sixty-Year Search* [M]. New York: China Institute in America Press, 1981:146.

② Chih Meng. *Chinese American Understanding—A Sixty-Year Search* [M]. New York: China Institute in America Press, 1981:246.

的强力支持，克服了美国大危机的不良影响，度过了困难时期，依靠华美协进社自身精干的职员班子，迎来了新的发展机遇。

"中国大厦"的成立在华美协进社发展历程中具有重要意义。1945年12月1日举行正式开幕典礼，出席人员包括"魏道明大使夫妇，亨利·路思义氏及中美文化界、教育界、出版界等人士共六百余人"[①]，"颇极一时之盛，大会由华美协进社董事长马罗瑞氏任大会主席，请胡适之博士讲演'留美学生对于中美关系之贡献'，演讲后由华美协进社社长孟治先生领导来宾参观留美中国学生历史照片展览，及我国陶器展览"[②]。

随着华美协进社的不断发展，其人员逐渐演变为三大部分：董事会成员、办公人员与教师。1946年，华美协进社的职员主要包括："孟禄——社长，刻拉因夫人，肖特威姚先生——副社长，休谟——秘书，白拉德——会计，孟治——总干事"[③]。1947年，华美协进社"董事会主席为穆里（Mallory）先生，社长为孟治博士，董事会诸董事为中美名流担任，胡适先生、张伯苓先生、亨利·路思（Henry Luce）先生等皆为现任董事"[④]。总之，中华人民共和国成立之前，华美协进社董事会成员皆德高望重之士，无形之中还具有道德的约束力。

中华人民共和国成立之后，华美协进社的人员结构发生显著变化，美国人在该社逐渐占据主导地位，中美两国政府及各界知名人士与该社的关系日趋淡化。由于筹资渠道有限，以及缺乏在中美两国颇具声望的核心人物，这些都不同程度地影响了社团功能的发挥。在华美协进社的教师队伍中，中国学者占绝大多数，他们活跃在中美关系的民间领域。如果说中美关系确实特殊的话，那么，中美交往中的民间领域应当是其重要的表征。[⑤]尤其是在教育、文化交流方面，中美之间的非官方往来积极广泛而又富于活力。长期以来，中美民间教育、文化交流在质与量两方面都超乎中国与其他国家。

华美协进社的中国成员绝大多数为美国文化认同者，"以美为鉴，谋祖国富

① 中国大厦开幕补志[J].学建通讯，1945(22)：3.

② 中国大厦开幕补志[J].学建通讯，1945(22)：3.

③ 家正.华美协进社的动态（本刊特译）[J].教育通讯（汉口）（复刊），1946，1(7)：22.

④ 教育与文化：华美协进社概况[J].教育通讯（汉口）（复刊），1947，3(12)：36.

⑤ 张济顺.中国知识分子的美国观（1943—1953）[M].上海：复旦大学出版社，1999：102.

强之路，这是近代以来先进的中国人所苦苦求索的主题之一"[1]。有鉴于此，他们对鼓呼留美教育，传播美国先进文化产生了神圣的使命感。另一方面，在大多数情况下，民族主义和"根"的归属感，总是中国学者共同的思想和心态，具有一定的美国教育背景的华美协进社中国成员当无例外。对于华美协进社美国成员而言，他们并没有带着西方人的傲慢和西方文化的优越感，而是重视、尊重中国文化，他们对中国人民除怀敬仰之情外，更多的是真诚的友善，并把这一切都融入华美协进社的方方面面。他们希望能从中国的传统文化中寻找到一些答案、一些有益的启示。他们相信：教育、文化的交流会促进相互的了解，了解会增进友谊。

二、华美协进社的社务

华美协进社通过各项活动，提供了一个重要的公共空间，为西方人以及海外华人打开了一扇透视中国社会状况的窗口，其社务活动范围主要包括以下几个方面：

一、宣扬中国文化：

（一）供给美国政府及机关、私人有关中国文化之各种资料并代研究及解答各项问题。

（二）举办中国历史文化讲演班，现分纽约区及纽捷（N.J）省[2]两处，纽约区为承受纽约教育厅之委托。每年分两学期授课，每学期四个月，受教育者为美国中学教员。纽捷省为接受该省省立师范学院之邀请，每年暑期在该院开班。

（三）举办中国语言及文学训练班。

（四）举办讲演会及文化美术展览会。

二、介绍美国文化：

（一）供国内教育文化机关之咨询，并代为研究及调查各项有关文

---

① 杨玉圣.中国人的美国观——一个历史的考察[M].上海：复旦大学出版社，1996：196.

② 注：即美国的新泽西州.

化问题。

(二)发表美国科学理论及重要文化消息于中国各报章杂志。

三、办理奖学金事宜:

(一)中国教育部公费及教育部设置之美国退伍军人奖学金。

(二)美国国务部奖学金。

(三)国立清华大学奖学金。

(四)中华教育文化基金董事会奖学金。

(五)云南省留美公费奖学金。

(六)留美学生战时计划委员会奖学金。

(七)中美庚款奖学金。

四、办理美国国务部委托事宜。

五、出版定期刊物:

(一)《学术建国丛刊》,每三月刊行一次。

(二)《华美协进社公报》,除七、八、九三月外,每月刊行一次。

(三)《旅美中国同人录》,每年刊行一次。

六、协助留美中国学生,并代公私费出国学生接洽学校事宜。

七、协助并招待来美考察之教授、专家及技术训练人员接洽学校及工厂事宜。

八、介绍留学生在美工作及回国就任教授等职业。

九、收集中美国际文化图书及历代中国留学生之博士硕士论文及其他文献。

十、其他如促进全美中国学生组织各地学术建国讨论会及联络中美友谊之各种集会等。①

华美协进社开展的社务活动对中国教育、文化的发展产生了一定影响,也使得近现代中美教育、文化交流的历程更加丰富多彩,其最大贡献就是在美国的各种场合,通过种种方式宣扬、介绍、传播中国文化。具体社务活动分述如下。

① 教育与文化:华美协进社概况[J].教育通讯(汉口)(复刊),1947,3(12):36.

(一)传播中国教育、文化之消息于美国

自晚清以来,中国教育发生的深刻变革是中国回应国际教育运动的现实基础。中国新式教育的发展所奠定的教育实力,为中国参与国际教育组织及会议并借此传播自身教育提供了内在动力。陶行知认为,中国参与国际教育运动的根本在于把中国自身的教育办好,而要把中国教育办好,则需要经过长时期的努力。[①]也就是说,国际教育合作的基础乃自力更生,中国必须拥有强劲的教育实力作为后盾。考察中国参与国际教育组织及会议并借以对外传播自身教育的历史动因及条件,主要包括三个方面:一是国际教育组织及会议通过自身发展所具有的外在力量;二是中国教育发展产生的内在动力;三是留学生充当了中国通往国际教育组织及会议的桥梁与枢纽。在华美协进社社长郭秉文的对外文化交流与开拓活动中,影响最大的就是成功主办了1926年费城博览会中国教育展览(Chinese Education at Sesqui-Centennial International Exposition in Philadelphia)。

为了纪念建国150周年,美国于1926年6—11月在费城举办了世界教育博览会,中国方面收到与会邀请。华美协进社社长郭秉文受中基会、中华教育改进社及江南赴赛出品筹备会之委托,负责代办筹备、征集中国教育展览会事宜,以下各端为费城中国教育展览筹备以来,华美协进社所有经过情形之概况。

一、与博览会当局交涉之经过

秉文自接到贵社[②]暨中华教育文化基金董事会委托筹备费城博览会中国教育展览事宜后,即前赴费城与该博览会当局接洽,当据面告谓:中国教育陈列所面积已划定为五百方尺云云。秉文答以中国教育出品之来会陈列者,虽为数多寡尚无一定把握,但至少当能与日本相埒。日本所址既占地一千一百方尺,中国方面自亦不宜较此为少,致仅能与捷克斯拉维亚等小国所占地址相等云云。当经该会主任完全认可,将中国所址面积增至一千一百方尺。此交涉经过之大略情

① 陶行知.为万国教育会议事敬告全国教育界同人[J].中华教育界,1923,12(8).

② 注:指中华教育改进社。

形也。

二、筹备委员会之组织

陈列所址问题解决后，秉文即遄返纽约，邀请张祥麟总领事暨商学两界李国钦、罗隆基诸君协商一切进行事宜。当经议决组织筹备委员会，并推定熊芷、黄倩仪两女士，美国纽特博物院陈列技术家罗雅慈夫人暨邱昌渭、于焌吉、罗隆基、刘聪强、蔡承新、寿景伟等担任筹备委员会之职。

三、陈列品管理事务处之设立

陈列品之寄至费城者，宜有专员经理其事，庶免贻误；故委员会议决在该处设立中国教育展览陈列品管理处，由刘委员聪强担任其事，以便接洽。

四、五省教育出品陈列事宜之兼摄

秉文旋又接江南筹备美国费城展览会出品会公电，并函嘱为兼摄江南五省教育出品陈列事宜，以期对外一致，当即电复允为照办。

五、陈列品之数件

此次教育展览陈列品由邹主任委员鼎新交到江南五省教育出品计三百十九件；此外由国内学校及其他教育机关径寄费城中国教育展览陈列品管理处及北京清华学校专员递交该处者，该八百十八件；两共计一千一百三十七件。

六、陈列品之整理

本社[1]自接到各项教育陈列品后，即邀请各筹备委员，详加审查，分别储存。以备择尤(优)陈列。至出品之因邮递时略有损伤，或全部虽不甚佳而其中却有一节可取者，则由委员酌量修缮或改正之。其为国内出品中所未备，而为陈列之一般计划上所必要者，则临时设法补充之。

七、陈列品选择之标准

选择之时，以能表示中国新旧教育之精神及其特彩之主旨。故委

① 注：指华美协进社。

员会全体所议决之标准，即在选取各省区各学校出品之较为优美者，按其性质综合而陈列之。盖为发扬国光起，与其为某省区或某学校之分别陈列，固不如编成为"中国大学教育之一斑"及"中国省区教育之一斑"等综合陈列之较为适当也。

八、陈列品编列之计划

展览主旨固在表示中国教育上一般的或整体的进步；编列之时，自仍宜有一定之计划与缜密之研究，始能使陈列各部，宛然成一系统。故委员会于图表之编制，及教育出品之分组陈列，均至为注意。兹先将陈列所中重要各图表之内容，略述如下：

（甲）中国教育史之发展观

内列三表：左为东西文化史比较表，右为中国教育制度之进化表，中为最近我国之新学制一览表，而颜其额曰"五千年之中国教育"。费城博览会当局，当称此为全部展览会特彩之一，并载入该会所出版之展览日刊中，以唤起参观者之注意。

（乙）孔子与中国之教育

中悬孔子绣像题曰："中国最伟大之教育家"，左旁以图像状述士农工商等平民生涯；右侧则为孔庙，孔林，及试场书院等照片，以示中国社会各界崇拜先圣之诚笃，及儒教对于中国教育上影响之钜云。

（丙）中国大学教育之一斑

内容为国立大学最近各种学术研究之趋势，如科学研究，教育研究，心理测验研究，及体育研究，皆包括在内。各校出品中，以国立东南大学之陈列品为最多，而又最适用，故委员会议决即以之为展览资料云。

（丁）中国省区教育之一斑

各省展览出品，以山西为最多；而中国之实行义务教育，又以山西为最力；故委员会议决以山西为各省区教育之代表。就中如师范教育及国民教育之进步，皆以统计表示之，颇觉异常醒目。

（戊）实业教育与中国之经济改造

内容为稻种改良，棉种改良，蚕业改良，农具改良，畜牧事业之改进，农村生活之改善，及职业教育之进步，等等。

(己)中国之平民教育运动

内容为平民学校用之教材,平民教育之推广方法,及其他关于平民教育运动之各种图表。

此外如女子职业学校之刺绣成绩品,中小学校之图画及手工成绩品,学生生活之概况,图书馆及博物馆之推广运动,中国印刷术之发明及其最近之进步,国语教育运动之发展及国语留声机片之应用,中国文字之沿革及书法之种类,与夫最近白话文学运动及国故整理运动等等,亦均择要陈列于玻璃柜内及活页架上,以示具体成绩之一斑。至商务印书馆所送交之各项教科书与杂志等出品,及清华学校之校景模型及其他陈列品,则前者为出版界之代表;后者为中美教育上与文化上合作之一实例,故亦均占有相当之陈列地位云。

九、陈列所建筑上之注意

委员会以中国教育陈列所之建筑,宜富具中国艺术上之特彩。故特邀请在费城本薛文义大学研究建筑及美术之中国学生陈植、杨定保、梁思成三君及林徽因女士担任各种建筑上及装潢上之意匠,并嘱承揽工作者,特别注意,务使见者一望而知为中国式之建筑物,所用色彩及绘画,亦颇庄严秀媚,足以表现中国建筑上之特色。至醒狮两尊,巍峙门首,寓意深远,至可玩味,尤为一般观客所称道。

十、教育展览之经费

博览会中划归中国教育展览之陈列地址,不收租费;惟陈列所之建筑,陈列柜架之购置,陈列品件之装裱,及装置教育活动影片之试演,委员及管理员等一切公费,及其他维持费等,预计约需美金一万元。旋以国内政局不定,筹款维艰,故力求樽节,一再核减至美金五千元,但实际尚须超过此额。现在款项之已收到者,为江南筹备美国费城展览会出品会所汇来之补助费美金一千元,及北京中华教育改进社所汇寄之教育部对于费城中国教育展览之补助费美金一千五百元,余款尚待筹划。①

① 国内教育新闻:美国费城博览会中国教育展览报告——郭秉文代表华美协进社报告[J].中华教育界,1926,16(6):1-3.

郭秉文带领的华美协进社不负众望，成功地主持了中国教育展。经过与主办方的交涉，中国教育陈列馆从原定的300 m^2扩大到1100 m^2，陈列品总计1137件，其中之重要教育图表和教育物品包括：中国教育史之发展观；孔子与中国之教育；中国大学教育之一斑；中国省区教育之一斑；实业教育与中国之经济改造；中国之平民教育运动；商务印书馆所出品之各种教科书与杂志；清华学校之校景模型与其他陈列品等。①

费城博览会教育展览第二次审查委员会“以中国教育展览各项陈列，极合科学方法，复以敝社②主持一切陈列事宜，故除将中国参加展览各学校，各重要团体，列入大奖章外，议决以特等荣誉奖章（Grand Prize），给予敝社”。③而中国各教育机关所得奖凭则由博览会委托华美协进社转递。“按该博览会审查规程：第一等为大奖章，每类仅一；第二等为特等荣誉奖章；第三等为金牌奖；第四等为银牌奖；第五等为铜牌奖；第六等为名誉奖词”④。由“东西文化史比较”“最近我国新学制一览”“中国教育制度之进化”三表组成的名为“五千年之中国教育”（*Five Thousand Years of Education of Republic of China*）的英文壁展最受瞩目，向公众展示了中国教育的历史、现代教育的迅速发展以及在西方影响下的新的中华文明的发展概况。而在“孔子与中国教育”展中，华盛顿与孔子的画像并列展出，标志着古老中国的圣人孔子来到了年轻的美利坚合众国，似乎也在暗示着正在进行的中美教育、文化交流。此次展览首开中国在美国举办教育展览之先河，展示了中国新旧教育之显著特点，展现了美国人前所未闻的灿烂的中华文化以及中华文明的演变和现代教育的发展。展览取得空前的巨大成功，并获博览会大奖“特等荣誉奖章”。郭秉文认为，此次成功参展“实为我国教育在国际上之荣誉”⑤。郭秉文也凭成功主办费城博览会中国教育展览而名扬全美乃至整个世界。

---

① CHINA INSTITUTE IN AMERICA(Bulletin 2).1.

② 注：指华美协进社。

③ 费城博览会中国教育展览第三次报告：华美协进社郭秉文先生致中华教育改进社陶知行（陶行知）先生函（专件）[J].新教育评论，1927，3(9)：18.

④ 费城博览会中国教育展览第三次报告：华美协进社郭秉文先生致中华教育改进社陶知行（陶行知）先生函（专件）[J].新教育评论，1927，3(9)：18.

⑤ 涂怀京.中华教育改进社研究[D].武汉：华中师范大学，1998：30.

在博览会上，中国的教育展览受到了参观者的广泛关注，并得到了一致好评。世界教育博览会教育与社会经济展览负责人约瑟夫·R.威尔逊（Joseph R. Wilson）先生，对此次展览的价值做了如下评价：“所有中国人民都应当感激那些组织、策划、布置此次中国教育展览的有识之士，是他们为世人提供了了解现代中国的窗口……在此次展览举办之前，美国民众对中国教育知之甚少。”世界教育博览会负责人之一奥丹尔·霍塞（Odell Hauser）先生，这样描述中国教育展览：“此次中国教育展览以简洁明快的形式展现了年轻的中华民国蕴含的巨大潜力，这只东方睡狮确已觉醒，并开始奋发图强。在不久的将来，我们必将看到一个欣欣向荣的现代中国。”《纽约时报》对此次中国教育展览进行了详细、及时的报道，其中指出：“此次在费城举行的世界教育博览会，中国教育展览是华美协进社负责组织的一次空前盛会。”①

中国教育展览结束之后，华美协进社及时总结经验，并对将来举办此类国际教育展览提出建议。

一、国内教育出品之征集或编制，宜由统一机关主持其事。此次筹备时期过短，故各项出品，均由各出品人径寄费城，寄到时期，先后不一，各项布置，至为困难。惟此项原属一时万不得已之举，此后凡遇有国际教育展览，则自以及早筹备为第一要义。

二、各项教育展品，国内审查之时，宜精密选择，统以贵精不贵多为主旨。

三、各校出品宜由统一机关，加以整理，使成为一有系统之组织；且到会场后，即可作展览之用，不必再事修改或补充。

四、我国新教育之成绩，固宜表彰；旧文化之精神及其特点，更宜多方设法，力加阐扬。

五、各项教育出品，均宜附有简要之英文说明，俾参观者，一目了然。又宜多备鲜明标识，以唤起其注意。

① CHINA INSTITUTE IN AMERICA (Bulletin 2).3–4.

六、教育统计宜力求详备，正确；模型及图表等类，并宜力求适合科学方法。[①]

中美图书馆学交流开展较早，不仅有组织上的联系，也有事务上的合作、思想上的交流，更有专业教育及师资方面的交流，组织化程度相对较高，堪为中美教育、文化交流的典范。美国图书馆协会（American Library Association，ALA）于1876年在费城成立，1909年总部改设在芝加哥，在华盛顿特区设有办事处，编辑部设在康涅狄格州，拥有指导大学图书馆文献采选工作的杂志《选择》，是世界上最大的图书馆协会之一。中华图书馆协会在1925年6月2日成立于北京，宗旨是“研究图书馆学术，发展图书馆事业，并谋图书馆之协助”，当时设有董事部和执行部，以及分类、编目、索引、出版、图书馆教育、图书馆建筑等专门委员会。中华图书馆协会编辑出版有《图书馆学季刊》（1926—1937）与《中华图书馆协会会报》（1925—1948）两种刊物，并出版了“目录学丛书”等图书、关于中国图书馆概况的报告以及图书馆学专题论文集等。中华图书馆协会曾对全国、各省、重要城市和中学图书馆的发展情况以及书店、新书、期刊、善本、雕版印刷文献的版片等进行过调查。1925年，中华图书馆协会与国立东南大学、中华职业教育社等合办了一期暑期学校，培养图书馆专业人员。此外，该协会还组织过国际图书交换工作。

中华图书馆协会与美国图书馆协会是各自国家的全国性权威机构，也是有主动合作意向的两个协会。中华图书馆协会与美国存在天然的联系，其主持人多为留学纽约公共图书馆学校或哥伦比亚大学图书馆学院的归国毕业生。因此，以中华图书馆协会为主体的中国图书馆学界也积极参与国际交流。1926年10月4—9日，国际图书馆协会联合会（The International Federation of Library Associations and Institutions，IFLA）暨美国图书馆协会成立50周年纪念大会在费城大西洋城举行。当时，美国图书馆协会拥有会员8000多人，公立图书馆6600余所，图书馆经费已达3700万美元，规模为世界第一。大会到会人数共计2300余人，除美国各州各重要图书馆及美洲各国代表外，还有中、英、法、德、日、俄等24国

① 费城博览会中国教育展览第三次报告：华美协进社郭秉文先生致中华教育改进社陶知行（陶行知）先生函（专件）[J].新教育评论，1927，3(9)：18.

代表50人参加。中国代表团阵营强大，派出以郭秉文为首的代表团与会，团员包括华美协进社代表寿景伟、中华图书馆协会代表裘开明、济南图书馆协会代表桂质柏、武昌华中大学文华图书馆韦棣华女士等4人，占外籍代表人数的十分之一。

大会主要召开包括大学图书馆、外国出版品种、图书目录、图书馆教育问题等24个分组会议，以及两次全体会议、特别会议；并陈列展览诸多新版图书以及反映图书馆协会事业进步迅速的统计图表。尤其得到与会代表高度赞扬的是精美完备的图书馆展览。郭秉文身为华美协进社社长、芝加哥大学讲座教授、中国教育部及中华教育改进社代表，被作为“重要各国代表团领袖”应邀在国际图书馆事业特别会议上讲演了“中国图书馆之历史及其在文化上之地位”，生动形象地评价了自“新图书运动”以来中国教育所取得的进步与地位。其讲稿被载入会议记录，东道主美国图书馆协会特指定前一年代表该会至华演讲之鲍士律博士担任特别招待之责，以示郑重，并以达中国欢迎鲍氏之旧谊，其雅谊实至可感也。[①]旨在沟通东西方文化的中美图书馆界交流由此日益紧密。

郭秉文成功主持1926年费城博览会中国教育展览，以及率团参加美国图书馆协会创建50周年纪念大会，逐渐形成了华美协进社就近代表中国参加美国教育事业的典型模式。通过教育、文化和艺术交流的方式向美国学者、公众全面宏观地宣传和介绍中国，产生了极大的影响。

布莱克(H. K. Blake)夫人是纽约州斯卡斯代尔的一名政府官员，全面抗战期间，她曾协助华美协进社筹集资金，救助旅美华人，抗战结束之后，她与华美协进社密切配合，多方筹资，为中国留美学生及其组织、华人教育社团提供研究金与活动经费。在她的精心安排下，孟治社长先后在斯卡斯代尔的女子俱乐部、教堂、扶轮社举办了一系列讲座。此外，她还经常筹办晚会、演奏会与中国画展。随着上述各项活动在斯卡斯代尔以及威斯特彻斯特等地的广泛开展，越来越多美国的当地民众开始关注中国文化，于是，布莱克夫人与华美协进社于1946年创建了威斯特彻斯特中国友好协会(Friends of China in Westchester)，旨在协助华美协进社在当地开展工作。友协定期在会员家中举办社交聚会或讲

① 蒋致远.中华民国教育年鉴(四)[M].台北:宗青图书公司,1991:879.

座，借此培养大批演讲者，然后将其分派到威斯特彻斯特的各大成人教育学校、女子俱乐部、教堂及其他组织机构，担任传播中国文化的友好使者。1951年，华美协进社在旧金山开办太平洋海岸总部（Pacific Coast Headquarters），为新移民提供接待与咨询服务。

从1955年起，在阿道夫·E. 祖克（Adolf E. Zucker）教授的大力支持下，华美协进社与马里兰大学（University of Maryland）开始合办中美文化交流圆桌会议。祖克博士曾在清华大学教授法语和德语，在他的众多出版著述中，便包括《中国戏曲》。回国之后，他与许多中国友人继续保持联系，并成为华美协进社的首批社员。在马里兰大学执教期间，他在汉学研究方面取得了不俗的业绩，并被任命为该校国际关系学教师委员会主席。华美协进社聘用程其保博士与祖克教授共同策划首届中美文化交流圆桌会议，程博士当时刚刚从联合国教科文组织离任退休。

中美文化交流圆桌会议每年一次，主要宗旨包括：交流意见与信息；提高汉语教学水平；加强翻译方面的合作；向美国的大、中学生介绍中国文化，为他们将来从事汉学研究奠定基础。第一届中美文化交流圆桌会议于1955年5月27日在马里兰大学举行，由华美协进社与马里兰大学合资主办，共有来自40家正式与非正式组织的105位代表出席。会议期间，代表们集中探讨了中美文化交流面临的诸多问题，内容主要涉及文学、美术、音乐、电影、建筑、哲学、历史等方面，其中比较突出的问题是，美国人对中国历史鲜有兴趣，对中国缺乏了解。

> 在美国的1000多所高校中，只有约100所开设中国文化课程，其中仅有20所左右设立专门系科，研究远东与中国文化。
>
> 在美国传统的世界历史课本中，很少涉及中国历史——所占比重最多不超过1%～3%。
>
> 由此可见，即使学生有了解中国文化的兴趣，也会因缺乏信息资料而丧失，因此急需向公立学校教师提供相关材料。[①]

① Chih Meng's Manuscripts, 228.

与会代表一致认为，必须克服学习中国文化的畏难与抵触情绪。大会最终通过了以下决议：

在美国普遍开设中国语言、历史与哲学课程。

设立大型基金会，出资举办介绍中国与远东文化的演讲活动。

定期安排巡回演讲，推广中国文化。

鼓励中国学者开展交流互访活动。

鼓励学者写作、出版关于中国文化的文章与专著。

改革《亚洲》与《天下》两种刊物，并积极创办其他刊物。

经常举办中国艺术品展览与戏曲演出。

以纽约大学教育学院为榜样，经常面向公立学校教师举办中国文化研讨会。

积极开展中国哲学与古典名著的翻译工作。

敦促教材编写委员会加大介绍中国文化的力度。

为教师提供更多与中国文化有关的教学材料，并将汉学研究与其他领域研究有机结合。

鼓励美国各大院校、教堂、俱乐部、社团与其他社会机构邀请中国旅美学者进行演讲或举办其他文化活动。①

为了积极采纳、践行与会代表提出的各项建议，大会组委会成立了续进委员会，负责解决日常问题与下届年会召开事宜。续进委员会包括以下成员：

恒慕义（A. W. Hummel）博士，美国公理会教士，中国史学家，汉学家，曾任美国国会图书馆亚洲部主任。

梅贻琦博士，国立清华大学校长。

郭秉文博士，东南大学的创始人，华美协进社首任社长。

斯宾塞·米勒（Spencer Miller）博士，教育家、劳动学专家，曾任美国

① Chih Meng's Manuscripts，229.

劳动部副秘书长。

雷震远，天主教神父，西顿大学(Seton Hall University)东亚系。

弗兰克·T. 卡特莱特(Frank T. Cartwright)博士，亚洲基督教高等教育联合委员会。

詹姆士·D. 克莱恩(James D. Kline)博士，国际教育学会。

威廉·P. 芬恩(William P. Fenn)博士，亚洲基督教高等教育联合委员会执行秘书。

伊斯逊·M. 盖乐(Esson M. Gale)博士，马里兰大学。

华莱士·C. 莫文(Wallace C. Merwin)先生，美国基督教评议会远东联合办公室。

程其保博士，华美协进社中美文化交流顾问委员会。

W. M. 金威尔(W. M. Gewehr)博士，马里兰大学历史学教授。

梅贻宝博士，艾奥瓦州立大学教授，曾经担任燕京大学代理校长。①

会议闭幕之际，主办方举办了盛大的宴会，顾维钧博士与美国国务院远东事务局前负责人史丹利·K. 霍恩贝克(Stanley K. Hornbeck)博士在宴会上发表了精彩演讲，同时，会上还宣读了国会议员华尔德·H. 朱迪(Walter H. Judd)、路思先生、孔祥熙博士、胡适博士以及其他社会名流为年会发来的贺电。

1956年，第二届中美文化交流圆桌会议如期举行，主要议题包括：如何在美国公立学校教材中增加介绍中国文化的内容，如何在美国学校开设中国文化课程，如何对教师进行中国历史文化方面的培训，如何编写一份供美国公立学校教师使用的中国文化参考书目。其中，由哲学博士吴杜天湘发表的《关于如何在美国学校教材中增加介绍中国文化内容的初步调查报告》和余姜维特发表的《关于美国高校汉学研究现状的调查总结(1955—1956)》分别见附录三与附录四。

健康、教育与福利部教育办公室的国际教育理事奥立弗·J. 卡德威尔(Oli-

① Chih Meng's Manuscripts, 230.

ver J. Caldwell)也向年会提交了报告。他主要强调东方文化在美国课程中的重要性：

1. 美国需要重新制定课程体系，以帮助美国民众重新认识世界。

2. 当前美国存在的最大问题是从整体上忽视对外国的了解。如果我们不了解这些友邦，就很难与它们进行有效合作。

3. 全球有一半的人口居住在亚洲，然而不可思议的是，真正了解东方各国的美国人却廖廖无几，导致这种局面的原因当然是多方面的，然而毋庸置疑的是，中国、日本、印度将来肯定会对美国产生重大影响。

4. 我认为，美国教育家面临的当务之急是，如何使美国民众了解东方世界，对于远东事务专家而言，该问题尤显重要。

5. 美国教育家必须善于编写介绍东方文化的普及教材，并通过适当的途径向美国青少年传播这方面的知识，帮助教师参加相关培训，最后，美国教育家必须增加介绍东方文化的课程。上述各问题非同小可，但是可以设法解决。

6. 我们应该通过设置的课程让孩子们更好地认识世界。现在，他们生活在一个世界大家庭中，而非孤立地存在于某一个角落，流传了几个世纪的课程体系已经不能适应现代社会的发展。

7. 学校必须传播两种知识：第一种为本民族的历史、文化以及最新成就；第二种为世界历史、文化及其为人类文明做出的杰出贡献。

8. 许多教育家都认为有改革的必要，但是在改革内容与方式上却存在诸多分歧。

9. 我提出如下建议：a. 应向孩子们传播有关人类历史的基本知识；b. 我们应该吸取东方文化精华，以丰富本国文化传统。我们必须使民众真正了解美国在艺术、哲学以及其他领域汲取的中国与东方文化精华。①

① Chih Meng's Manuscripts, 239-240.

中美文化交流圆桌会议从1955年到1966年持续举办了十届，大约每年举办一次，代表们向会议提交了许多学术性论文，同时也在会议上宣读了不少有学术争鸣价值的论文，这些年会成为中美文化交流的最佳见证。此年会到1966年，成功发展为独立的专业机构——“美国汉学协会(The American Association for Chinese Studies)”。

(二)增进中美教育机关间之关系

在华美协进社成立之初，每当中美国际问题发生时，常由该社介绍名人前往各处演讲及讨论，于增进国家之间的了解，裨益甚多。1926年12月底，华美协进社社长郭秉文博士开始筹划介绍美国实用主义教育家、哥伦比亚大学师范学院教授克伯屈赴华讲学事宜。1927年3月10日，应中华教育改进社之邀，克伯屈教授成功访华，游历考察中国各地的教育状况，受到了中国教育、文化界人士的热烈欢迎。他深入教室听课，阅览学生作业，并对学校建筑、经费、设备、师资等提出了许多具体建议。在历时三个月的访问期间，克伯屈所作的大小演讲和讨论约百余起，向中国文教界全面介绍了其教学理论和教育思想。

到1943年，华美协进社已实现财政平衡，职员虽只增至5位，社务职能却有了极大的拓展，“同时被中美两国政府以及相关教育机构授权或委托，管理中国留美学生奖助学金、办理两国交换学者等事宜”[①]。当时，华美协进社旗下至少经管250万美元的奖助学金，统筹协调全美40余家文化机构，同中美两国从事教育、文化交流事业的许多专业团体也保持经常性的往来与合作。赵元任、林语堂、老舍、冯友兰等知名学者赴美讲学期间时常来此驻足，由此，华美协进社取得了飞跃式发展，逐渐成为中美教育、文化交流的前沿阵地。

抗战期间，中国学者受到了缺乏研究设备和条件的严重困扰。鉴于此，美国国务院制订了一项计划，旨在鼓励和吸引中国学者到美国高校与科研机构从事研究工作。

---

① Chih Meng. *Chinese American Understanding—A Sixty-Year Search* [M]. New York: China Institute in America Press, 1981:191.

第二次世界大战结束后，苏联邀请郭沫若、茅盾、丁西林访苏。虽然那时冷战尚未开始，但是美国已然开始跟苏联暗暗较劲。而且当时中国内战在即，美国外交界和知识界出谋划策笼络中国，同苏联在舆论上争取优势。于是，1943年到1947年期间，美国国务院与华美协进社联合制订了文化合作计划。中国的一些知名专家、学者应邀前往美国高校、图书馆、博物院，发表关于中国历史文化的精彩演讲。此外，中国的许多著名艺术家和音乐家也纷纷赴美参观访问，并向美国民众展演自己的艺术作品或代表曲目。

中国著名艺术家、漫画家叶浅予先生正是在这一计划项目的资助之下赴美访问的。抗战期间，他一直担任抗日漫画家协会主席，战后则担任《今日中国》主编达两年之久，这是由中国政府直接主管的画报月刊。他曾在香港、贵阳、重庆、孟买、加尔各答等地举办过个人画展。此次赴美，他不仅带来了自己的匠心之作，而且带来了中国其他漫画家的许多上乘之作。

著名歌唱艺术家、舞蹈家戴爱莲女士也陪同丈夫叶浅予先生一起赴美。她是一位非常出色的芭蕾舞演员，在中国民间舞蹈中最先大胆采用现代艺术手段，将舞蹈动作与民族音乐融为一体。这些民族音乐是她在西藏和新疆等地采风时编配的。1947年3月3日，戴爱莲女士“在纽约城表演中国舞蹈，并将于三月十五日在白鹿克林研究社表演”①。

国立清华大学建筑学教授梁思成博士亦在美国国务院人才交流项目资助之下，赴美从事访问讲学活动，他被政府推荐为联合国大厦设计顾问团的中国代表。在美期间，他还担任了耶鲁大学客座教授，主讲中国建筑学。

中国著名生物学家、华西协合大学刘承钊教授在美国国务院文化合作项目资助之下，赴美访问讲学。在美期间，他被聘为芝加哥自然历史博物馆名誉研究员，并参加科学会议，举办讲学活动。此外，他还在哈佛大学动物比较研究博物馆从事过一段时期的访问工作。

老舍名著《骆驼祥子》英译本于1945年春夏之交由雷诺·希区柯克公司在美国出版。该书上市后一炮走红，在美国引起强烈反响。短期内再版多次，发行量高达百万册，美国纽约著名的读书俱乐部，把《骆驼祥子》评为“每月一书”

---

① 中国学者在美活动[N].申报，1947-02-19(5).

的畅销书。1946年3月5日,老舍和中国剧作家万家宝(曹禺)在美国国务院人才交流项目资助之下,乘坐美国的运兵船“史葛将军”号赴美进行为期一年的访问讲学,以交流中美两国的文化。老舍“在此间参观大学学院,以及其他文化中心,定于本月十二日向国际学生俱乐部发表演说”,“此外又将其过去所作之剧本,译成英文,将在美国舞台演出”[①]。在美期间,他们在科罗拉多州埃斯特斯公园(Estes Park)参加了人权大会,曹禺在会上宣读论文,阐述了中国作家在“二战”中的杰出贡献。当丹佛大学艺术系准备上演曹禺编写的戏剧《北京人》时,曹禺自愿担任导演和制作工作。他们也参加了在科罗拉多州森特勒尔城举办的戏剧节,结识了不少戏剧界同人。此外,他们还在西雅图出席了西北太平洋国家作家会议与儿童戏剧会议,并在会上踊跃发言。在这一年之中,曹禺结识了众多戏剧界泰斗、作家和剧作家,欣赏了当时一流的戏剧节目,走访了美国东部、中西部与西部的许多博物馆与大学,与一批有识之士共同探讨了中国戏剧和文学。曹禺“对于百老汇及好莱坞,均有好评,赞美国各剧场现多拼演硬性剧本,此事已使百老汇及好莱坞极度商业化之说不攻自破。一般人士对于百老汇之音乐之认识,亦多失实”[②]。“万氏(注:曹禺)在好莱坞,觉察到美电影剧作家及制片家,均富有进取精神及远大之眼光。万氏曾在好莱坞电影剧作家协会谈论中国作家之问题”[③],并应电影剧作家协会之请,在好莱坞参观了几家大型的电影制片厂。

应美国国务院邀请,与老舍、曹禺同批赴美讲学的还有6名中国教授:严济慈博士(北平国立研究院物理研究所所长,专攻电学与分光学,在美讲学,并分期访问或考察电学与分光学之实验室与研究所)、林同济博士(复旦大学政治学教授,在米尔斯学院讲授现代政治、中国语言与中国文学)、陶孟和博士(国立中央研究院社会科学研究所所长,参观美国各种政治科学机构,同时并参观美国东部各大学的社会学系与政治系)、郑作新博士(福建协和大学动物学教授,在美国的研究所从事鸟类学研究)、梅贻宝博士(燕京大学代理校长,于1945年5月抵美,参加欧柏林学院的毕业典礼,同时接受该校所赠予之名誉文学博士学

① 老舍在美国将公开演说[N].申报,1947-02-07(8).

② 考察美国文化曹禺抒述所见[N].申报,1947-02-26(5).

③ 考察美国文化曹禺抒述所见[N].申报,1947-02-26(5).

位)、袁敦礼博士(健康教育与体育教授,西北师范学院体育系主任,1945年8月赴美讲学)。①

1947年3月,美国援华联合会(United China Relief)鉴于中国在抗战期间交通不便,国内许多学者虽从事于大学教学与科研工作,却鲜有机会出国进修之状况,特拨款设置"大学正教授及研究机关高级研究员赴美进修奖金"。名额为30名左右,金额为每名4000美元,在美进修时间以一年为限,进修范围包括自然科学、社会学科、农学、工程学、心理学、教育学(家政体育在内)。②美国援华联合会设置该项奖金之目的有三:

> (1)为增强教学及研究工作起见,协助国内大学、独立学院及研究机关之中国学者,在本会之指定学术范围内,赴美进修一年,进行研究考察或其他学术文化工作;
>
> (2)并借此形式,对促进中国之建设及建设人才之训练,发生长期有益之影响;
>
> (3)同时因中国学者访问美国,增进美国人对中国之了解。③

经过严格的推荐选拔,有10名教授获得此项资助。同年,有11名中国科学家入麻省理工学院、芝加哥大学等6所院校任教。④与美国相比,由于当时中国国内科学空气淡薄,研究环境恶劣,从而导致越来越多的中国科学家远赴美国各大学担任教职,这种"楚材晋用"的情形,确实令人痛惜,但由此亦可知中国并非缺少现代科学家。

中国解放战争期间,对美国援蒋内战的不满情绪和反美思潮不断冲击着中美交往的文化领域,在一些旅美、访美的中国学者、文学家、艺术家的犀利笔下,美国民主自由的虚伪性,各种社会问题,特别是包括种族歧视在内的社会不平等以及中国文化在美国社会中被曲解和丑化等,都得以表达与披露。1955年,

① 讲学与留学:在美讲学六教授行踪[N].申报,1946-04-10(4).

② 美援华会本年拨款设置大学教授进修奖金[N].申报,1947-03-06(5).

③ 美援华会协助我大学教授设置赴美进修奖金[N].申报,1947-03-15(5).

④ 卫道治.中外教育交流史[M].长沙:湖南教育出版社,1998:175.

华美协进社举办了一系列关于中国文化的公开讲座，演讲者都是中美知名学者。其演讲题目主要包括：

胡适博士：中国哲学思想的三大奠基者

梅贻宝博士（普林斯顿大学）：佛教对中国的影响及中国佛教

洪煨莲博士（哈佛大学）：中国伟大诗人——杜甫

张歆海博士（长岛大学）：中国对西方文化的影响

张彭春博士（南开大学）：中国剧院之发展和技巧

柳无忌博士（耶鲁大学）：中国小说名篇

李绍昌博士（密歇根州立大学）：中国民居与园林建筑中所蕴含的民族文化与精神

杨联陞博士（哈佛大学燕京学社）：中国历史之演变

陈荣捷博士（达特茅斯学院）：中国哲学贡献

毕范宇博士（F. W. Price，美国美南长老会传教士，汉学家）：中国的宗教贡献

富路德（哥伦比亚大学）：中国科技贡献

林语堂博士：中国书法乃抽象艺术

周文中（作曲家）：中国音乐及意义

梁思成（建筑学家）：融合历史、哲学与美学的中国建筑

恒慕义（汉学家，传教士，美国国会图书馆）：中国的社交艺术[1]

系列讲座弘扬了华美协进社推介中国和中国文化的精神，吸引了许多美国听众，对于纽约迅速发展的中国社区具有三方面的重要意义：第一，使留学生与移民保持与祖国文化的联系；第二，给中国学者一个发表爱国情怀的讲坛；第三，给中国移民社区以及对中国感兴趣的普罗大众一个机会，让他们能够通过汉语聆听专家关于中国文化的讲座。

为了传播中国文化的正能量，在弗里曼基金会（Freeman Foundation）的慷慨

① Chih Meng. Chinese American Understanding—A Sixty-Year Search [M]. New York: China Institute in America Press, 1981:225-226.

捐助下，华美协进社创办了各种类型的教师培训班，以期增进教师对中华文化的了解。培训班重点招收对中国历史、语言、文化等感兴趣的教师，并组织优秀学员赴华游学，参观访问当地的教育文化机构、名胜古迹等，使他们亲身感受中国的悠久历史和灿烂文化，亲眼目睹中国社会的沧桑巨变，从而使学员把感性认识更好地融入日常的教学工作，激发学生的想象力，鼓励他们客观公正地评价中国历史文化的世界地位。此外，华美协进社也接受政府机关、大学、学院以及私人团体的委托，协办中美学术人员交换计划，一方面协助中国的学生、学者到美国入学、进修，另一方面则依据有关法案、计划，鼓励美国的学生与学者去往中国从事研究、访问工作。

（三）辅导中国在美之留学生

近代中国留美学生拥有一支壮观的队伍，他们学成归国之后大都“扮演着全能的角色：学者、行政官员、当代政策问题的研究者、作家、劝谏统治者的传统士人”[①]，他们既是中美教育、文化交流的直接产物，也是纵深推进这一特殊文化交流的主要动力与媒介。教育具有文化的民族性、稳定性等一般特点，在社会转型时期更具变异性、前瞻性，无疑是一种特殊的文化，是发展文化、创造文化的最重要的手段；而异质的教育之间比不同普通文化之间具有更多的共性，更易于交流。正是在近代留美学生根据时代的要求、社会的需要对中美两国教育、文化加以比较、选择、传播与优化的情况下，中美教育、文化之间才得以全方位地进行互动交流，这对促进中国教育近代化具有特别意义，对美国教育、文化的进一步繁荣也颇具贡献。中国留美运动持续百年，它的升降沉浮紧扣中国的时代脉搏。它呼吸吐纳的是社会的空气，并不可避免地留下历史的烙印。

1937年，华美协进社着手管理中华基金会（China Foundation），向由于抗日战争而滞留美国的中国留学生提供紧急救助。到1940年代为止，华美协进社已得到中美两国政府的充分信任，“曾与中美两国政府合作，在战争期间，筹款补助一般经济困难之留学生，使其安心求学，免受过分经济压迫。在过去五年

① [美]费正清(J. K. Fairbank).费正清自传[M].黎鸣，贾玉文，等，译.天津：天津人民出版社，1993：56.

中，该社资助之中国留学生数近千人，功绩颇著”①。20世纪三四十年代，华美协进社长期负责管理中美政府奖学金，“截至1943年，通过华美协进社所颁发的奖学金高达计2500000美元”②。太平洋战争爆发是中国留学重心从欧洲完全转至美国的标志。从那以后，赴美留学生人数远远超过到其他国家的留学生人数。如中国著名的电磁理论家、天线专家和教育家任朗于1944年考取公派留美，1945年取得美国哈佛大学科学硕士学位，同年10月，开始在哈佛大学攻读博士学位，在此期间，就获得了华美协进社提供的奖学金，成功助推其完成学业。1948年，华美协进社负责办理美国政府向中国留学生发放的紧急救济金，于中国留美学生之经济援助，颇多尽力。该社大力提倡在美国高校设置汉学讲座和进行中国文化研究，大力加强中美图书馆、博物院暨学术研究团体之联络，同时，搜集、整理中国留美学生的个人简历、学习成绩、技术资格证书、毕业论文等详细资料，陆续定期编辑出版《旅美中国同人录》，并将其中的优秀学位论文装订成册、收录入档，转交中国著名教育文化机构收藏。1933—1967年间，委托华美协进社管理奖助学金的单位与机构主要包括：清华大学，中基会，中央地质调查所，中英庚款董事会，卢芹斋教育基金会（The C. T. Loo Educational Fund），南京国民政府农矿部、教育部、交通部，云南省，美国国会，留美中国学生战时学术计划委员会，滇缅国际通道工人培训计划项目等。

1947年，华美协进社获准办理中国学生入美大学手续及签证手续。具体注意事项包括：

一、委托本社办理入美专科以上之学校须赐寄下列证件：

（一）大学毕业成绩单一份（限英文）。

（二）校长或教务长及主任教授之介绍函两封，说明申请人之操行成绩及工作领导能力。

（三）大学申请书两份填妥后寄交本社，该项申请书可向美国领事馆索取。

---

① 纽约华美协进社一再筹款奖助中国留学生[N].申报，1946-08-27(6).

② [美]何勇.华美协进社与哥伦比亚大学的关系及对中国文化的传播[J].郭晶萍，译.江苏师范大学学报(哲学社会科学版)，2014，40(1)：8-13.

(四)美国领事馆证明函件一封,说明申请人之英文程度有在美国大学学习之能力。

二、其他应注意事项:

(五)请求九月间入学之一切证件须于四月三十日以前寄交本社。

(六)请求奖学金拟于九月间入学者其证件须于十二月三十一日以前寄交本社。

(七)请求洽办一个以上之大学须缴两份以上之证件并说明志愿次序,如申请人已直接向美大学请求或已遭拒绝须随时通知本社。

(八)请求电复或航信者须附应缴费用。

(九)申请人如已变更计划,须立即通知本社。

三、请求签证手续:

(十)呈缴赴美之护照。

(十一)呈缴健康证书,经美国领事馆承认之医生签字者。

(十二)呈缴美国高等教育机关之入学许可证件,此等教育机关限于美国移民局认可者,其名册可向美国领事馆索取。

(十三)取得美国领事馆之证明其英文程度有在美国大学学习之能力。

(十四)出示足够之款项证据。

附注:

1.美国医学院及医院已无收容新生之空额,须待两年后始有转洽余地。

2.美国有一千七百所专科以上之学校,本社按其院系著名之学校依次洽办。

3.请求人如因证件不全,本社即不能负责办理入学手续。①

为了加强中国留学生之间的联系,使他们及时了解中美最新资讯,该社从1943年起,在全国各地举办国家复兴论坛,内容涉及与中国有关的社会问题及

① 华美协进社办理入美大学手续简则及签证手续须知[J].教育通讯(汉口)(复刊),1947,3(4):24.

工程、经济、教育等专题讨论。参加论坛的人员除中国留学生之外，还包括渴望了解中国的美国学生组织和专家学者，他们在论坛中各抒己见、互相切磋，达成了许多共识。由于中国留学生组织之间存在诸多差异，因此，国家复兴论坛主要采用地方自主的形式，即如果本地已有中国留学生组织，便由其负责组织论坛活动，如若没有，再组建新的中国留学生组织负责相关事宜。如果组织的规模较大，还可以每月召开一次集体会议，讨论大家共同关心的问题，会后根据讨论内容举办专题论坛，重点围绕工程、经济、教育等专题。由于留学生忙于学业，鲜有时间关注论坛活动和进行互相沟通。因此，华美协进社逐渐发展成为向他们传播信息的中枢机构，鼓励中国留学生之间以及与美国学生之间加强沟通和友好往来，并为他们的活动计划出谋划策，出版发行定期刊物——《国家复兴杂志》，在赢得社会广泛认可的同时，也拥有了一批忠实读者。

1943年8月27—29日，第一届全国性的国家复兴论坛在明尼苏达州圣保罗举行，来自全国各地的27名代表出席了会议，孟治社长担任会议主席。与会代表们讨论了中国战后存在的工业化问题，并就农业、工程、社会和政治等方面的问题进行了分组讨论，具体问题包括：战后中国复兴之社会化体系、中国的原材料与矿产资源、技术人员培训、政府结构、社会基本法制政策、在美国对中国技术人员进行职业培训的项目计划、中国留美学生之必要合作等。会议讨论通过了论坛章程，议定每年举办一次中西部会议。代表们一致认为：所有中国留学生不仅要学有所长，而且必须具备开拓进取之精神。孟治博士还在会后为会议代表特意安排了茶话会、宴会、野餐、游泳、球类活动、划船和演唱会等。通过这些轻松有趣的娱乐健身活动，代表们增进了了解，结下了友谊。

在会议举行的最后一天晚上，孟治收到了外交部长宋子文为大会发来的贺信。信中写道：

> 我们正迈向一个伟大的新时代。在过去长达6年的战争岁月里（此处指1937年开始的全面抗战），中国人民为实现和平、民主和自由而浴血奋战，前赴后继，使中国成为国际捍卫和平战争中的一支中坚力量。目前，我们不仅关注如何赢得战争的最后胜利，而且积极谋求实现永久和平的最佳途径。战场上的胜利最终还是为了从根本上改

> 善中国人民的生活。今后，我们将拥有不断发展的广阔空间，力争实现男女平等，同工同酬。
>
> 抚今追昔，我们不禁对现状产生诸多忧虑。当前，国家急需大批技术人才，而现实却令人担忧。
>
> 在我看来，中国留美学生将来必须担负起祖国经济建设的重任。你们风华正茂，身居文明、祥和的新大陆，既可免遭国内战乱之苦，又可集中精力钻研学术，毕业之后还会受到最好的实习培训，同时，你们也有机会充分领悟这一伟大民主国家的观念与理想。祖国的未来寄托在你们身上。我衷心地希望，学成归国之后，你们能够学有所长，学以致用，实现祖国复兴大业。
>
> 出席此次会议使各位有机会结识来自不同学校、不同专业的学友。我相信，你们在会议期间结下的深厚友情必将有助于齐心协力报效祖国之大业。[①]

截至1945年，先后举办过国家复兴论坛的地区与机构主要包括：加利福尼亚州，芝加哥大学社会科学系和自然科学系，哥伦比亚大学，康乃尔大学农学系和工程系，底特律（重庆俱乐部），哈佛大学经济系、历史文学系和科学系，亨特学院，伊利诺伊州，艾奥瓦州立大学农学系，洛杉矶，麻省理工学院，密歇根州，明尼苏达大学，密苏里州，纽约市立大学政治科学系、经济系、教育系、科学系、音乐系和工程系，纽约大学，俄亥俄州（亚克朗），费城，匹兹堡，波特兰，普渡大学，旧金山，西雅图，威斯康星州，耶鲁大学。

歌咏活动一直被视为促进民族凝心聚力、激发民族自豪感的有效途径和恰当体现。1943年，华美协进社领导的国家复兴论坛组成学建歌咏团，由孟治担任团长，最初拥有50多名成员，以华侨为主。合唱团成员于每周四晚在哥伦比亚大学师范学院集中排练，他们必须学会用中文唱西洋歌曲，用英语唱中国歌曲。“该团曾到纽约各大广播公司和音乐堂演唱《起来》《救国军歌》《抗战歌》等激昂雄壮的抗日歌曲。歌声传入当地华侨和美国友人的家庭中，起到良好的宣

① Chih Meng's Manuscripts, 91.

传效果。”[1]华盛顿国会图书馆参考文献部音乐室也邀请合唱团录制了一些中国经典民歌。该图书馆的吉尔伯特·蔡斯(Gilbert Chase)在1943年6月22日写给孟治的信中提到:

> 我们将把这些唱片存入民歌档案,以供教育和研究之用。……我们既收录独唱曲目,也珍藏合唱歌曲。我们将在音乐之前录制一些解说词,以便听众进一步了解歌曲的内容与背景,这些解说词将构成歌曲的有机组成部分。如果您能向我们提供这些歌曲的英文歌词,我们将不胜感激。衷心希望您为我们录制6到10张12英寸宽的双面唱片。[2]

作为向中国留美学生提供信息的中枢机构,华美协进社每年都要派遣专人走访美国各地的中国留学生中心,平常则保持通信往来,密切关注学生运动,并为他们的学习、实习、课程、活动等提供建议和指导。此外,华美协进社还通过搜集中国留美学生的个人简历、学习成绩、技能水平等详细资料,编辑出版了《中国留美学生名册》与《美国高校向中国留学生颁发的奖学金与研究金(1949—1950)》,后者是一本长达44页的指南手册,在科学调研的基础上整理、编写而成,并附有详细注解。这种性质的指南手册在当时尚属先例,一经发行便受到了中美读者的广泛青睐,美国国务院曾一次购买1000册用于传发,其内部需求量也相当可观。

通过大量的调查走访工作,华美协进社意识到设立就业安置服务机构的迫切性,加之社团当时已经获得由中国基督教各大学联合托事部与美国基督教会全国评议会捐赠的大笔资金,于是在1951年7月1日,华美协进社设立就业安置服务部(Placement Service),刚刚退休的陆军上校塞缪尔·维克多·康斯滕德(Samuel Victor Constant)被聘为部门负责人,他曾经驻华多年,并在军队主要从事转业安置工作。他的助手李丽娅·M. 新克丽(Lelia M. Hinkley)小姐也非常了解中国,因为她曾经在北京、上海、杭州、武昌与台北等地的基督教女青年会

① 戴知贤,李良志.抗战时期的文化教育[M].北京:北京出版社,1995:465.

② Chih Meng's Manuscripts,99.

工作。

1951年7月19日，华美协进社向全美各地招收中国留学生或拥有中国董事的高等院校的留学生顾问并向该社的各界友人发出1100份通告，庄重宣布就业安置服务部的正式成立。同时，该社还向拥有8名以上中国留学生的高校的80位留学生顾问寄发了专件，咨询这些高校关于1951年中国毕业留学生的详细情况。在1951年7月1日至9月30日期间，先后有285位中国留学生前来华美协进社访问咨询。1952年，华美协进社在纽约市开办学生接待中心（A Student Hospitality Center），1954年，相继在马萨诸塞州剑桥开办学生接待中心，为中国留学生提供各种服务。

通过通信、电话以及个人访问咨询的形式，华美协进社与美国的44所高校和200家提供就业机会的其他组织、商业机构保持联络，向有用人意向的单位提前寄去附有申请者技能资格认证的履历表。

短短数月，中国学者便陆续被安置到以下机构工作：迪拉德大学（Dillard Unirersity）、佐治亚技术专科学校、华盛顿大学、莫尔豪斯学院（Morehouse College）、汉普顿协会（Hampton Institute）。一位中国女留学生毕业后则被安排到肯塔基州伊利（Erie）学校工作。由于并非所有中国留学生都适合在学校担任教职，因此，华美协进社还搜集了许多关于美国私立院校的详细资料，以供求职者咨询联络。

华美协进社通过走访美国农业部的塞缪尔·沃克（Samuel Work）博士与格伦·布里格斯（Glenn Briggs）博士，商讨中国旅美专业人士的就业问题，其中有几位便在农业部获得了相应的职位，还有一些农学家在马里兰的一个实验站从事科研工作。一位中国留学青年在俄克拉何马州进行草场项目研究，其他农业人才则为农业部从事独立的烟草研究。华美协进社还把一些求职的学者推荐给国会图书馆的恒慕义博士。

许多中国留学生被安排在移民服务机构担任临时翻译。此外，一名男留学生被录用为银行高级财务主管；三名女留学生与一名男生则被美国摄影公司录用；六名中国留学生获准进入一家电视台实习，其中一位最终谋得了“大路”演出公司的常设职位。一位在美国留学的中国小伙子则利用暑期在一艘小游艇上兼职。许多土木工程师与机械工程师也谋得了永久性职位。一位化学家受聘于一家专门炼糖的企业。同时,几位女留学生被安排从事文秘工作,一位女艺术家则进入一家画室从事创作,一位男留学生则被美国航空公司录用。许多求职者先后在美国国防部担任翻译工作。

在美国全国工业会议委员会主席约翰·S. 新克莱尔(John S. Sinclair)与其他官员的大力支持下,华美协进社就业安置服务部帮助许多具有一技之长的中国留学生进入了美国各大商业机构,并成为该委员会成员。美国全国工业会议委员会向就业安置服务部索要了100位求职者的详细资料,并同意他们分别成为该委员会董事、委员与人事主管。其他组织也纷纷提出类似计划,如美国全国工业生产者协会、美国管理协会,以及美国机械工程师学会等专业机构。

通过爱迪生(Edison)州长的引荐,华美协进社与新泽西州托马斯·A. 爱迪生(Thomas A. Edison)公司掌管人事的副总裁S. M. 拉查(S. M. Larchar)先生取得联系,他承诺该公司将择优录用一些中国科研人员。

尽管如此,就业形势依然十分严峻,许多主修经济学、文学、历史学与国际法的留学生毕业后很难找到适当的工作,就连一些非常出色的科研人员也不易谋得专业对口的职位。此外,出于保密原因,中国的许多物理学家与航空专家往往被美国的相关专业机构拒之门外。鉴于此,中国留学生毕业后通常参加一些实用技能方面的专业培训,如会计、簿记、打字等。

实际上,对于所有中国留学生而言,通过暑期兼职挣得学杂费是非常必要的。然而,帮助他们谋职却是一个棘手的问题,尤其是在纽约市,因为这里的竞争相当激烈,就连仓库保管员、邮差、档案管理员、打字员等诸如此类的职业,也往往面临四五十个求职者竞争一个岗位的现象。1975年,华美协进社开展了双语职业培训计划(Bilingual Vocational Training Program),主要为新近赴美的中国留学生乃至华人在中餐馆工作提供服务。此外,华美协进社就业安置服务部还通过制订计划,为中国留学生提供暑期兼职信息,并建议他们早在2月份就着手求职。同时,也为其提供以下书面指导材料:

对寻觅暑期工作的中国留学生的几点建议:

在过去的几年中,华美协进社帮助来自全国各地的数百名中国留学生觅得暑期兼职工作。然而,由于近期全国各地普遍处于经济萧条期，而纽约的经济状况尤为低迷，因此就业竞争相当激烈，要想谋取一份比较满意的工作也变得越来越难。

尽管如此，华美协进社仍将一如既往地竭诚为中国留学生提供服务，我们希望打算今年暑期从事兼职的学生能够特别关注以下几项建议：

1. 经常咨询本校的留学生顾问，他不仅可以为你提供、建议几种不同的就业途径，而且能够帮助你解决一些相关的移民问题。同时，我们也要告诉大家一个好消息：位于纽约市百老汇大街291号的留学生友好关系委员会已经制订计划项目，向寻觅暑期兼职工作的留学生提供帮助，你们可以通过本校的留学生顾问申请获得该项目的支持。

2. 大可不必专程前往纽约、芝加哥之类的大城市谋职，有时，大家在当地反而较易找到合适的工作。应及早向当地就业部门投递个人求职申请材料，下面提供一些指导性建议，帮助大家处理好与当地就业部门的关系。

3. 如果你曾经在一些酒店、夏令营、餐馆、公司等处有过兼职经历，并且表现也相当不错，那么不妨给以前的老板发几封求职信，他们可能非常愿意再次录用你。

关于去哪里以及如何谋得一份暑期兼职工作的建议：

1. 游乐园——暑假期间，游乐园急需大批兼职人员，一些经营有方的游乐园往往提供相当可观的薪资。开学之前，可以利用暑期在这里兼职几周。

2. 建筑公司——擅长机械制图与设计的留学生可在这里担任制图员，不仅收入不错，而且可以积累丰富的经验。大家可以利用复活节假期与课余时间在此兼职。

3. 商业艺术机构——这些机构通常位于大都市及其周边地区，主要适合擅长书写、绘画、切割、印刷、临摹的留学生兼职，此类机构具体包括商业艺术工作室、广告公司、百货公司、邮寄公司等。

4. 会计员——如果你主修会计专业，国家就业办公室将帮助你谋得一份会计工作，同时，一些商业办公机构也需要此类人才。

5. 餐厅杂工——暑假期间，酒店与餐馆急需大量小工，你们可以在当地的餐馆与夏日酒店兼职此类工作。

6. 糖果店——这是女生暑期兼职的一条途径，大家可以在糖果店当售货员与助手，商店或剧院里的售货台一般愿意雇佣女留学生当售货员。

7. 罐头厂或食品包装厂——暑期适逢水果、蔬菜大量上市的季节，水果蔬菜罐头厂急需大批兼职人员，虽然工作比较辛苦，但酬劳相当可观。注意留心当地报纸刊登的招聘广告，或及早与国家就业办公室取得联系，或直接前往附近的罐头厂应聘。

8. 商会——暑期是商会活动的黄金时期，因而经常招聘女生辅助从事文秘工作。求职者可以直接向商会咨询就业信息。

9. 化工厂——大型化工厂通常有少量的空缺职位，招聘主修化学或化学工程专业的大学生。大家可以通过本校的就业安置委员会申请获得此类工作。

10. 家政工作——任何一位有责任心的留学生都可以从事家政服务工作。只要注意留心当地报纸刊登的招聘广告，并与地方就业办公室取得联系，便可申请获得此类工作。

11. 制图员——要求录用学习过制图综合课程的学生，薪水较高，这种工作不受地域所限，可以通过就业办公室或本校的就业委员会申请谋职。

12. 电梯操作员——男生可以利用暑期兼职电梯操作员，收入中等。

13. 冷饮售货员——暑期是销售苏打水等冷饮的旺季，获利相当可观，求职者可以在当地找到此类工作。

14. 收割庄稼——几乎每个州都需要大批学生参加夏收工作，虽然比较劳累，但是收入较高。大家可以通过当地的农场就业安置办公室申请谋得此类工作。

15. 医院——每逢暑期医院都会有少量空缺职位，应及早从春季着手申请谋职。

16. 酒店——在繁忙的暑期，酒店通常会提供许多就业机会，如酒店服务生、餐厅杂工、侍者、清洁工、收银员等。求职者可以亲自前往附近的酒店招聘办公室商谈相关事宜，通过参看《酒店博览》，大家可以获取更多信息。

17. 修剪草坪——从春季开始，就可以利用周末或课余时间兼职修剪草坪工作。你可以在附近地区挨家挨户地提供服务。

18. 汽车旅馆——汽车旅馆是学生打工的理想首选，因为暑期为经营汽车旅馆的旺季，求职者可以直接前往旅馆应聘。

19. 影剧院——担任招待员或引座员，求职者可以在春季前往影剧院经理办公室参加应聘。

20. 国家公园内的服务场所——每年全国各地都有许多诸如此类的就业机会。公园内的酒店、旅馆、游轮与自助餐厅都雇佣大量职员，求职者应尽早与当地的就业办公室取得联系，或直接前往国家或各州公园参加应聘，如亚利桑那州的大峡谷国家公园，怀俄明州的黄石国家公园，加利福尼亚州的约塞米蒂(Yosemite)国家公园等。此类工作的就业竞争是相当激烈的。

21. 文职工作——文职工作是一种非常理想的兼职工作，录用女性的比例大大超出男性。求职者通过留心当地报纸刊登的招聘广告或咨询当地的就业机构便可获得此类工作。

22. 假日旅店或餐馆——对于远在异地的度假场所，求职者最好提前向就业服务机构索取申请表格。

23. 夏令营——许多由私人、社团、教会或社会机构组织的夏令营往往需要大量兼职人员(主要是顾问)。求职者可以向当地的教会、基督教青年会、基督教女青年会、童子军以及其他社会机构咨询有关信息。①

然而，华美协进社同时也意识到了在旅美华人就业难的背后隐藏的深刻危

① Chih Meng's Manuscripts, 202-204.

机，他们不仅需要得到一个兼职赚钱的机会，更需要赢得做人的尊严与社会的尊重。随着时间的推移，他们在美国的就业形势也渐趋缓和，就业机会大大增加，并形成了历史上的就业热潮。

近现代中美教育、文化交流，对中国教育、文化具有特别的意义。后发外生型的近代化模式，使1840—1949年间中国教育、文化呈现出一种急剧变化的总趋势，与欧美原生态的近代化模式迥异。因为近现代化尽管从本质上讲是一种全球体系，但是在世界上不同民族、国家、社会或地区有先行者与后来者之分。[①]这就决定中国的教育和社会意欲迅速摆脱落后状态，必须向世界先进国家，尤其是当时经济和教育最发达的美国学习。对美国教育的向往，是近代中美教育、文化交流的社会基础。留美学生学习、传播美国的教育、文化，进而推动中美教育、文化交流，无疑是一种契合时代的正确选择。它极大地深化了中国近现代教育改革，加速了教育近现代化转型，促进了教育发展与社会进步。也正因为如此，中美教育、文化交流才如此密切而频繁，成为中外教育、文化交流中最为辉煌的一章。

（四）鼓励美国人研求中国文化之兴趣

自建社以来，华美协进社就通过组织丰富多彩的活动，如联谊会、文化沙龙、民俗活动、学术讲座、夏令营、实物展览、影片观赏等，吸引美国民众认识中国，了解中国文化。

为满足日益增多的中国传统文化爱好者的需求，华美协进社中文学院面向公众开设了一些体现中国特色文化的课程。招生对象是对中国文化感兴趣的各界人士。新增设的第一门课程是中国绘画，应广大家庭主妇的要求，随后又陆续增设中国烹饪与美食课程，这些课程逐渐成为广受学员欢迎的课程。随着美国民众学习汉语的热情日益高涨，华美协进社的语言培训项目成为美国大学以外的最大语言项目之一，从1930年代的只有几个班的课程，逐渐发展为拥有四五百名学生的成熟项目，开设汉语读写班，分为初级、中级、高级三个班级，课程内容包括中国普通话和粤语的读写培训，同时，华美协进社的语言部还组建

① [美]M. J. 列维. 现代化的后来者与幸存者[M]. 吴萌，译. 北京：知识出版社，1990：2-3.

了一支高水平、敬业的教师团队。华美协进社相继开设的初级班课程包括：中国历史与文化、中国概况、教育制度、中文、书法、文学、旅游、戏剧、电影、绘画、音乐、舞蹈、太极拳。太极拳国美食烹饪等课程，并定期举办各类丰富多彩的短期培训班；高级班课程主要是关于中国哲学与文学的研讨会，内容涉及儒释道及其信仰、中国文学史、古典小说、戏剧与诗歌，旨在消除中西方文化上的隔阂与国际交往中的偏见，还原真实的中国，向世界展示中国人的生存方式、生活智慧、价值观念和行为模式。

其中，太极拳课程主要向学员介绍中国传统的武术项目、体育运动项目与健身项目——太极拳。太极拳在中国有着悠久的历史，是依据《易经》阴阳之理、中医经络学、道家导引吐纳综合性地创造出的一套有阴阳性质，符合人体结构、大自然运转规律的一种拳术，具有动作圆活均衡、柔软放松的特点，对防病健身有较好功效，是具有广泛群众基础的养生活动之一，在世界各地正在产生越来越大的影响。华美协进社也曾经举办过一次关于中国古典园林的特别讲座，作为中国传统文化宝库中的一枝奇葩，中国古典园林特色鲜明地折射出中国人的自然观与人生观。同西方园林艺术相比，中国古典园林突出地抒发了中华民族对于自然和美好生活环境的向往与热爱。其中，江南园林是最能代表中国古典园林艺术成就的一个类型，它凝聚了中国仁人志士和能工巧匠的勤劳和智慧，蕴含了儒释道等哲学、宗教思想及山水诗、画等传统艺术价值，自古以来就吸引着无数中外游人。

为加深外国民众对中国的认识与了解，中国教育部于1944年特在美国、英国、印度三国设有中文系或开设中国文化课程的14所著名大学设立“中国文化奖学金”若干名，以激发外国青年研究中国的历史与文化之兴趣。首批在美国的哈佛大学、耶鲁大学、密歇根大学、芝加哥大学、加利福尼亚大学、哥伦比亚大学等6所大学，英国的牛津大学、伦敦大学，印度的加尔各答国际大学等10所高校设奖50名，每名每年金额为1500美元。后来在美国的南加州大学、华盛顿大学、斯坦福大学以及英国的剑桥大学各增设5名。此外，还给美国之米尔女子学院1名，英国驻华大使馆前文化专员蒲乐道1名，共计72名。据调查，截至1947年8月18日，共有46名美国学生获此殊荣。[①]1946年，中国亦于美国的哈

① 我在美英印三国设立中文奖学金[N].申报，1947-08-18(6).

佛大学、哥伦比亚大学、芝加哥大学，英国的牛津大学、剑桥大学、伦敦大学等6所大学，设立中国学术奖学金，每校规定5名至6名，研究有关中国问题，包括文化教育等科目，一切研究费用均由中国政府负担。

为酬答"美国军人在中国服务颇有成绩"，中国政府自1946年设立"中国战区美军奖学金"[①]，每年共10人，每人每年奖学金为1500美元。他们可以在中国或美国接受三年的中国文化教育，"此举目的，在促进研究中国文字与中国文化，并加强认识中国生活与问题"[②]。受中国教育部委托，华美协进社负责上述奖学金的管理与评选工作。评选委员会成员包括：胡适（北京大学校长）、赵元任（哈佛大学教授）、富路德（哥伦比亚大学教授）、顾临（中基会董事）、孟治（华美协进社社长）。奖学金每年评选一次，对于研究成果突出者，可以连续两年或三年获得此项资助。获得资助者第一年将在美国学校研读，第二年与第三年将继续在中国各大学深造。1946年9月26日，颁奖仪式在华美协进社举行，中国驻美大使顾维钧代表中国政府向10名获奖者颁发奖学金，并即席致辞，他指出：

> 中美人民同舟共济，和平共处，这种友好关系已成为两国交流的主旋律。此次颁发研究金旨在鼓励获奖者进一步了解中华民族的观念与理想，透视中国社会热点问题。简言之，即深入体察中国人民的生活和思想，这也正是中国教育部设立该项研究金之初衷所在。
>
> 然而该项研究金所提供之数额及获奖人数毕竟有限，因此难免存在诸多缺憾。中国政府批准设立此项研究金实以激发美国民众了解中国、研究汉学之兴趣为旨归，以期加强两国人民的相互理解和友好往来。
>
> 我所论及的相互理解，不单指两国之间的文化交流，如气候特征、四季更迭、土壤性能、农产品特点、山脉轮廓、河流走向等，也不囿于政治和经济局势，公共场所如寺庙或校舍之建筑风格，农田与地产之规模大小以及商店与工厂的外部形态，更不限于两国人民对彼此传统习

① 蒋致远.中华民国教育年鉴(九)[M].台北:宗青图书公司,1991:896.

② 促进研究中国文化加强认识中国生活[N].申报,1946-09-29(6).

俗的相互悦纳。了解一个国家与民族的外显特征固然重要，且颇具情趣，但是只有深入了解这个国家与民族的历史文化、哲学思想、理想追求，尤其是精神实质，才能真正促进两国人民的相互理解。[①]

10位获奖者名单如下：

密尔顿·J. 克拉克（Milton J. Clark），曾任陆军上尉，在纽约大学从事汉学研究。

罗伯特·J. 克拉克（Robert J. Clarke），曾任陆军技术士官，在耶鲁大学学习汉学与东方历史。

唐纳德·L. 基尼（Donald L. Keene），曾任海军预备役部队上尉，在哥伦比亚大学学习汉语与日语。

小弗兰克·A. 吉尔曼（Frank A. Kierman），曾任海军陆战队预备役部队上尉，在华盛顿大学学习汉语与东方历史。

乔治·W. 马乐理（George W. Mallory），曾任陆军士官，生于中国，在哥伦比亚大学学习政治学与哲学。

马丁·E. 奥尔良（Martin E. Orlean），曾任海军陆战队预备役部队第一上尉，在耶鲁大学学习汉语与远东历史。

陆斯恩·W. 蒲艾（Lucien W. Pye），曾任海军陆战队预备役部队第二上尉，生于中国，在耶鲁大学学习中国历史。

迈克尔·C. 罗杰斯（Michael C. Rogers），曾任海军陆战队预备役部队第一上尉，在加州大学学习远东历史与俄语。

罗伊·E. 德勒（Roy E. Teele），曾任海军少尉，在哥伦比亚大学学习汉语。

小乌尔班·G. 怀达克（Urban G. Whitaker），曾任海军预备役部队上尉，将在加州大学学习中国历史与文化。[②]

---

① Chih Meng's Manuscripts, 113–114.

② Chih Meng's Manuscripts, 114.

1947年1月27日，华美协进社授予102位美国工商界领袖荣誉称号，表彰他们为中国留学生提供实习与就业机会。中国驻美大使顾维钧代表中国政府颁发由国民政府主席蒋介石感谢他们在战时向中国提供援助的信函，威斯汀豪斯电气公司总经理罗伯逊(A. W. Robertson)先生与曾在中国战区担任参谋长兼美军司令的魏德迈(A. C. Wedemeyer)分别代表工商界领袖与特邀嘉宾致答谢辞。顾维钧在当天的日记中写道："仪式所产生的良好气氛和这么多美国工商界到会代表的友好态度，说明这次聚会的效果极好。有些宾客不远千里，来自美国西海岸。这些聚会的效果似乎比耗资巨万的宣传更为值得。"①

华美协进社中国美术馆于1966年成立，是纽约唯一一家以展现中国传统艺术为主旨的非商业性展览中心，基本每年举办春秋两次展览：一般是春季的3月份开始，展览中国古代的艺术品；秋季的9月份开始，展览中国现当代的艺术品。展品主要由国际知名艺术家提供或创作，内容涉及中国绘画、书法、建筑、装饰艺术、民间艺术、纺织品与摄影作品等。华美协进社中国美术馆的展览曾多次得到《纽约时报》(*The New York Times*)的高度评价，许多学者也在学术著作中深入探讨展览内容。美国著名艺术评论家贺蓝德·考特(Holland Cotter)认为，以他数年来的观察，华美协进社中国美术馆持之以恒地创造出纽约最好的亚洲艺术展览，上等的艺术品、精美的图录和陈列，尽管场地小，但是以小见大，不需要再看别处了。②"尤其难能可贵的是，华美协进社能够长年坚持不懈地举办小型中国艺术展览，这是它在纽约市艺术展馆中独领风骚的主要原因。"③

此外，华美协进社中国美术馆还融入了艺术教育。首先体现在展览过程中，美术馆利用图册、讲解、视频等方式对观众进行相关知识的介绍，并通过与观众互动激发兴趣、引导欣赏、分享感受。展览结束后，鼓励观众写下自己的体会、理解、期待以及问题，使观众的收获不仅仅单纯停留在馆内的视觉享受上，还能触及内心，让他们伴随着触动和思考走出场馆。其次，专门设立了艺术教育培训课程，组织有兴趣的观众亲自体验中国书法、版画、彩陶等的创作过程，

---

① 顾维钧.顾维钧回忆录(第六分册)[M].中国社会科学院近代史研究所，译.北京：中华书局，1988:48.

② 刘桂荣.中国艺术在美国的传播及其思考——以美国华美协进社中国美术馆的艺术传播为例[J].现代传播(中国传媒大学学报)，2013(4):64-67.

③ http//www.Chinainstitute org/Gallery/About the Gallery.

寓教于乐，进一步深化展览的文化思想，从而使更多的人关注、了解中国文化与艺术。华美协进社中国美术馆的这种艺术教育既是有形的、可见的，又是无形的、滋养的，不仅有专业性的知识，而且也有生动活泼的生活体验，这是综合性、开放性、多元化的教育形式。艺术教育能达到这样的效果，乃是艺术之幸事、观众之幸事。

翁同龢的五世孙、著名的中国文物收藏家与鉴赏家、艺术家、华人社会活动家翁万戈，1918年出生于上海，一生醉心于中国文化，爱好艺术，主要从事绘画、摄影工作，并专心致志整理翁同龢所传书画、碑帖等，收藏精品数量甚众。所谓翁氏收藏，经翁同龢精心挑选，逐步积累，而蔚为大观。到翁万戈先生已经是第六代，仍继续延续着家族藏品传承守望的使命。翁万戈在20世纪80年代曾先后担任华美协进社社长、名誉社长、艺术委员会主席等职。他早年曾就读于上海交通大学，后于1938年8月赴美，在以工程著称的普渡大学留学，并获该校工程学学士与硕士学位。

自1941年起，翁万戈先生通过一种能把他在工程方面的训练和艺术的爱好结合起来的艺术形式——电影，开始了向西方介绍中国文化的工作。在华美协进社社长孟治先生的引荐下，翁万戈曾在纽约的哈蒙基金会学习研究电影技术。1943年1月，翁万戈被任命为美国国务院文化关系司的顾问，负责美国援华电影标题的翻译和注解，完成了美国农业部及其他部门提供的50卷轴无声电影的翻译工作、100卷轴电影的配音任务。数十年来，他参与拍摄和独立制作了数十部中国教育片与纪录片，如《中国之抗战》(*The Battle of China:Assault on the Great Wall Why We Fight*)、《我们为中国而飞翔》(*We Fly for China*)等。其中，翁万戈于1972年拍摄制作的《中国佛教》在1973年亚特兰大国际电影节上荣获金奖。此外，翁先生还曾创办两家公司——中国电影器材供应公司以及中国电影照相器材供应公司。翁万戈在华美协进社任职期间，该社举办了一系列规模不大但别具特色的中国艺术展览，如中国古代善本书展、宜兴紫砂壶展、中国古建筑展、中国竹雕展等。而这些展览的目录，也成为关于这些艺术最重要的英文著作。

1940年代以来，华美协进社正式出版的中国艺术品展览图录主要包括：《中国玉雕展览》(1946年)、《马丁·肖恩夫妇收藏中国鼻烟壶展览》(*The Collection of Mr. and Mrs. Martin Schoen*, 1952—1953年)、《商代艺术》(1967年)、《中国艺术精选》(1966—1967年)、《中国艺术中的飞禽走兽》(1967—1968年)、《中国园林艺术》(1968年)、《千年中国玉雕》(1968—1969年)、《中国画珐琅器》(1969—1970年)、《宋元时期扇面》(1970年)、《明代瓷器》(1970—1971年)、《中国织绣艺术——缂丝》(1971年)、《早期中国金银器》(1971—1972年)、《中国外销瓷器》(1973—1974年)、《水牛城科学博物馆藏古代中国玉雕》(1975年)、《中国民间艺术》(1976—1977年)、《早期中国艺术小品》(1977年)、《宜兴紫砂》(1978年)、《中国宫廷刺绣》(1978年)、《中国瓷器的起源》(1978—1979年)、《汉代艺术》(1979年)、《大都会艺术博物馆珍品图录》(1979年)等。其中内含瓷器、玉器、书画、竹雕、青铜、紫砂等诸多中国艺术品门类,展品主要来自美国的博物馆和收藏家,其中竹雕、宜兴紫砂以及珐琅器等展览均为著名展览。

这些展览在美国社会广受欢迎,媒体也进行了许多报道,以1973年10月27日《纽约时报》对中国外销瓷器展览的报道为例:

中国大厦举办了一次别开生面的外销瓷器展览

李达·雷夫(Rita Reif)

关于中国瓷器贸易的传说正如北京盛宴一样令人称道,广为流传。克莱尔·李·康贝勒(Clare Le Corbeiller)夫人在位于东65街125号的中国大厦中国美术馆负责举办了一次别开生面的展览,并就此编写了展览图录,从而使中国美术馆一度成为民众关注的焦点。此次展览活动从1月27日开始,展品琳琅满目,令人目不暇接,这是近年来华美协进社举办的又一次艺术盛会。

一方面,许多展品的历史均可追溯至16~18世纪,通过海上贸易,这些精美的瓷器源源不断地流入欧洲七国、美国与墨西哥,但是从未公开参展;另一方面,通过仔细参观李·康贝勒夫人负责举办的中国外销瓷器展,认真阅读她编写的展览图录,心中关于中国瓷器的迷惑与不解便烟消云散。

试以此次参展的历史最悠久的瓷器为例，这是一尊16世纪的中国古典瓷器，表面绘有凄凉的离别场景、宗教图案，并有题字。这个瓷瓶是专门远销葡萄牙市场的，集中反映了中国工匠艺人开始吸收采纳西方雕塑与钱币的创作风格。该瓷瓶表面也绘有基督教图案，因为购买者为耶稣会信徒，由此可见，传教士在东方不仅从事传教活动，而且参与海上贸易。

到18世纪，中国瓷器更是闻名遐迩，中国也因海上贸易获利颇丰。当时，中国的瓷器制造已经很少保留古典风格，而是更多地采用欧洲制造技术。具有这种中西合璧特色的展品有模仿银制圣餐杯制造的巨型水杯，体现威尼斯风格、带有两翼形把手的洋葱状花瓶（这种带有两翼形把手的创作风格在20世纪毕加索的陶瓷制品中得以再现）。

随着时代的发展，东西方艺术呈现出不断融合的趋势，各种瓷器精品层出不穷，同时，也越来越难辨别出欧洲出产的瓷器所体现的东方特色与蕴含的丰富哲理。由此看来，人们便不难理解为何中国与法国、德国、英国之间的瓷器贸易越来越少（此次展品也包括英、法、德等国的一些瓷器）。当时的国际贸易竞争相当激烈，西方各国政府纷纷采取措施保护本国贸易，严格限制瓷器进口数量，同时也对来自东方各国装有名贵茶叶的商船予以抵制。

纽约艺术大都会博物馆西欧艺术分馆副馆长李·康贝勒夫人全力以赴收集各类相关艺术品，如：纯灰色装饰画（采用雕刻的艺术风格）、瓷玫瑰（吸收法国里摩日以及其他欧洲国家的漆器创作风格）。18世纪由能工巧匠精制的瓷器珍品包括：装饰精美、色彩艳丽的锅盘，一个绘有哥本哈根街景的盆子。参观者一旦看到这些半透明的精美瓷器，就会被其无与伦比的华美所倾倒。[①]

1973年，华美协进社发起美国华人社区研究与行动计划（Chinese-American Community Research and Action Project），探讨在美国的多元社会中，美籍华

① Chih Meng's Manuscripts，240.

人及其在美国建立的华人社区经历的社会冲突与融合，了解在美国土生土长，以及由中国的大陆、台湾、香港赴美的华人的不同面貌，以促进美国民众对华人的了解。

随着中美关系的进一步发展，尤其是商业合作伙伴关系的确立，华美协进社的社务活动也有所拓展，目前已经逐渐致力于推动中美两国教育、文化、经济的交流，经常就相关问题开展具有开放性和建设性的交流和探讨，尽自己的最大努力发挥积极作用。正如2003年12月当选为华美协进社董事长的甘维珍(V. A. Kamsky)女士所言："华美协进社已经得到纽约州立大学董事会特许与授权，为不同年龄不同背景的人提供具有创新性、高质量的项目与活动课程，教育、文化传播与艺术和企业活动是我们关注的三个核心领域。"[①]华美协进社已深深意识到只有通过开展互利互惠、立足中西方文化基础上的经贸往来，中美两国才能加深跨文化交际上的相互理解，而这种跨文化理解将有力地巩固全球睦邻关系。作为沟通交流的使者，华美协进社可以让中外文化、东西方文明找到和谐相处的方法，使全球华人既学会用自己的观点来看待和分析别人的文化，又学会换位思考，能够理性、坦然地面对其他国家人民对中国文化的赞赏、质疑、批评和指责，最终让中外不同文明之间通过对话达成理解和共识。这就是华美协进社的价值所在。

三、华美协进社的特质

社团即社会团体的简称，是由公民自愿组成，为实现会员共同意愿，按照其章程开展活动的非营利性社会组织，具有自愿性、组织性、共同意愿、非营利性等特点。正是由于华美协进社的民间性与非营利性等特质催生了其文化艺术交流活动的繁荣，并能始终扮演中美人文交流、大国民间外交的积极角色。下面针对华美协进社的特质做一简要分析。

---

① 侯隽．甘维珍与她的华美协进社[J]．中国经济周刊，2009(20)：52-53.

(一)非营利性

华美协进社属于非营利性的社会公益机构,其公益使命是通过开展教育、文化、商业以及艺术方面的项目来推进国际社会对中国文化的深层次了解,进而通过跨文化交流加强国际社会的和谐关系。所谓非营利组织(Non-profit Organization),就是不以追求利润为目的,不向出资人和组织人员进行利润分配,向社会公共利益或者成员以外的社会上需要的救助人群提供服务,主要提供介于公共产品和私人产品之外的准公共产品,对社会发展有积极作用的独立组织。[①]非营利性组织主要包括大学、医院、公募机构、基金会、智库、慈善组织、环保、民权等诸多机构,它们在当今社会的重要地位和巨大作用是有目共睹的。非营利组织试图弥补政府与市场的社会功能的局限性,反映了多元化和个人自由主义的价值观,是建设一个真正的公民社会的必要前提。华美协进社是一种自下而上的非营利性组织,它不受制于政府,有独立的法人资格,通过经营来收回成本并争取盈余,但盈余不能作为盈利分配到个人,而是用于开展社务活动和改善社团服务条件,以促进社团的可持续发展。作为非营利组织,华美协进社在公民社会的沟通中具有独特的优势,往往能成为中美两国社会间加强理解、缓解冲突、推动合作的有效"调解人"和"中间人",甚至可以凭借自身优势,有效弥补官方外交的某些不足之处。

华美协进社的经费系由"各基金委员会、公司以及私人捐赠负担。本社承管之各种奖学金,则由上述各基金委员会、大学团体及政府机关筹拨之"[②]。华美协进社开展的中美教育、文化交流活动之所以能够坚持到现在并成绩斐然,尤与美国各种基金会的资助密切相关。美国素有"小政府,大社会"之称,能够由市场和社会做的事,政府很少包揽。利用基金会的途径推动中美教育、文化交流事业,比官方机构更加务实、灵活,并且基金会可以在更广泛的领域开展募捐活动,比政府出面更加有效,也更容易赢得对等的非营利组织的信任。也就是说,基金会作为一种完备的制度,具有充分的灵活性与前沿性,其数量之多、

---

① 宁继鸣.汉语国际推广:关于孔子学院的经济学分析与建议[D].济南:山东大学,2006:33.

② 教育与文化:华美协进社概况[J].教育通讯(汉口)(复刊),1947,3(12):36.

规模之大和影响之巨，“确实是20世纪美国的独特现象”[①]。作为美国非政府组织的非营利性的新生力量，基金会以造福人类为已任，力图从公益事业角度出发，传播知识与文化，推动美国政策的制定和实施，维护垄断资本主义的霸权地位，同时通过国际活动促进美国文化在世界的传播，为美国赢得世界利益。华美协进社作为非营利性社团，多方募集的赞助资金均围绕社团活动进行，社长率领整个团队倾其全力做好每一件事，只求活动效果最佳，而非经济的收益与功名的博取。因为国际文化艺术交流的收益可能是无形的、久远的，太强的功利色彩根本无益于文化艺术的交流。

作为一个非营利性组织机构，争取独立而稳定的经费来源是社团持续发展的首要条件。华美协进社成立伊始，每年从中基会获得25000美元的补助金，改组之后，中基会仍然每年向该社补助一万余元至三万余元不等。如1935年度，华美协进社从中基会获得14000美元的补助金。[②]1936年度，获得补助经费美金6000元。[③]1937年4月30日，中基会第十三次年会通过1938年度预算及补助费方案，华美协进社获得补助费美金6000元。[④]1941年4月17日，中基会第十七次年会通过1941年度补助方案，华美协进社获得公路运输人才训练费等美币18000元。[⑤]1926年，华美协进社负责筹备的费城教育博览会中国教育展览也获得多方赞助，主要包括中国“教育部美金一千五百元，江南赴赛出品筹备会美金一千元”[⑥]。

从1933年起，清华大学开始实行留美公费生选拔考试，至1944年，清华大学面向全国招收了六届132名留美公费生。这些留学生毕业之后均学有所成，在各自领域取得杰出成就，并形成一个成就卓著的优秀群体，这也昭示着清华大学留美公费生制度的成功。清华公费生管理原来由清华设在美国的游美监

① 资中筠.散财之道——美国现代公益基金会述评[M].上海：上海人民出版社，2003:4.

② THE CHINA FOUNDATION FOR THE PROMOTION OF EDUCATION AND CULTURE (Tenth Report, December, 1935. Peiping), 3.

③ 第十二届中华教育文化基金会年会[N].申报，1936-04-19(14).

④ 中华教育文化基金董事会通过下年度预算及补助费[N].申报，1937-05-01(19).

⑤ 中华教育文化基金会在港举行预备会议[N].申报，1941-04-24(7).

⑥ 费城博览会中国教育展览第三次报告：华美协进社郭秉文先生致中华教育改进社陶知行(陶行知)先生函(专件)[J].新教育评论，1927，3(9):18.

督处负责，1932年9月，清华大学撤销游美监督处，将清华留美学生管理、月费发放等事务委托华美协进社代管，具体则由社长孟治负责。同时，作为清华庚款基金的驻美管理机构，华美协进社也负责向访问清华大学的美国教授预付旅费。如国际著名数学家、控制论的创始人、美国麻省理工学院（MIT）数学系教授诺伯特·维纳（Norbert Wiener）曾于1935—1936年应邀担任清华大学电机系和数学系的客座教授，访问讲学历时一年，这不仅是清华校史上的一件大事，在现代中外科技交流史上也有着重要的意义。访问前夕，1935年5月9日，清华大学校长梅贻琦致函维纳，表明清华已通知华美协进社"向维纳预付1040美元的旅费"①。1944年，清华大学留美公费学生临时管理委员会事务全部交由华美协进社承接管理。社长孟治对于母校以及清华同学会总会提出殷切期望："对于总会之希望：用各种方法使（1）大家多认识，（2）互助职业介绍，（3）协力成立清高的学问与作事的标准。对于母校之希望：使一切在清华上过学的人都得成全他们的天资及志趣的机会。"②

抗战中后期，云南省政府联合西南联大开办了云南省选送留美公费学生预备班，培养了40名留美学子。留美预备班的举办是民国时期云南省派公费留学中投入精力最多，寄予希望也最大的一次留学计划。抗战胜利后，云南省留美预备班学生的学费发给、转换专业等委托华美协进社进行管理。实际管理中是由华美协进社社长孟治与云南省政府委员、省参议员金龙章③共同负责，他们通过信函往来商讨处理留美预备班学生管理事宜。

卢芹斋中国教育基金会（C. T. Loo's Chinese Educational Foundation）自华美协进社成立伊始便提供资助。具体项目包括：第一，鼓励开设中国语言与文化课程，涉及艺术史、中美传统、当代中国、民间传说、地理、历史、语言（普通话和粤语）、文学、哲学、宗教、中美关系等。第二，资助科学调查活动，研究美国华人社团关心的热点问题。第三，兴建了华美协进社图书馆，收录与旅美中国学人有关的书籍、小册子和其他资料。此外，华美协进社还得到了美国亨利·路思基

---

① 李旭辉.30年代N.维纳访问清华大学函电始末[J].中国科技史料，1998，19（1）：42-51.

② 孟治.通讯：（1）我之近况：近三年治服事于华美协进社[J].清华同学会总会校友通讯，1934，1（5-6）：30.

③ 金龙章（1903—2000）：云南永仁人，1924年在美国麻省理工学院获得电机工程专业的硕士学位。

金会、弗里曼基金会、洛克菲勒基金会等的大力资助。正是因为有了支持社团事业持续发展的这些源头活水,华美协进社才能以积极活跃的姿态出现在中美教育、文化交流的舞台上。

然而,作为一个依靠第二批庚款"返还"的一小部分而建立的机构,华美协进社确实从成立之初就受到资金问题的困扰,社团的发展也因而历经艰辛。华美协进社中国美术馆面临的一系列困境中,尤以经费问题为著。美国的艺术展大多靠赞助人出资举办,由于华美协进社属于民间机构,华美协进社中国美术馆缺乏固定的官方资金支持,也没有固定的经费来源,所以每次展览之前,都需要募集赞助经费。置身异国,支持传播中国艺术的展览并非易事,需要耗费许多时间与精力才能完成,经费的缺乏必将影响整个展览的进行。展览费用的使用除了涉及美国本土领域的,还包括展品的运输费用,如将展品从中国或欧洲各国运往美国纽约,运费就要付出比纽约其他美术馆更高的额度。此外,华美协进社中国美术馆是不足100平方米的小型展馆,必然限制艺术品的展出,影响中国艺术的传播力度。

中华人民共和国成立之前,中国国内政局混乱,国运不济,中国又没有文化艺术赞助的传统,这些都极大地影响了华美协进社在国内的资金筹募工作。之后,随着中美关系的恶化,该社与中国大陆完全断绝联系,鉴于此,它只能把目光转向美国政府机关、各种基金会和商业机构。中美正式建交之后,中国政府充分肯定和重视境外非营利组织的积极作用,明确提出:只要这些组织的活动对中国人民有好处,中国政府不仅不会限制和禁止它们的活动,而且要通过法律保障它们的活动,保障它们在华的合法权益。由此可见,华美协进社之所以能够走到现在,若没有多方的支撑是很难想象的。然而,如何随着事业的发展提高知名度,从而逐渐形成比较固定的筹款渠道,发展完善社团赞助机制,仍是华美协进社未来发展的重要课题。

(二)民间性

民间性即非官方性,这是现代国际民间社会组织的主要特征。华美协进社主要经由自下而上的民间力量发起创办,是一个独立于政府的民间社团,反映的是非官方性质的社会精英群体的各种观点和力量，故能较少受政治观点的干扰，能够相对客观地看待世界和中国。华美协进社可以利用“民间大使”的身份，成就政府无法直接做到的事情，但是又与政局的变动始终脱离不了关系，尤其与中美两国政府推行的对外政策直接相关。1947年12月9日，华美协进社设宴招待中国教育部次长杭文武，他就中美教育、文化关系发表演说，认为“美国对中国教育贡献极大，成一面倒之势，但自哈佛燕京学社成立后，已奠定在美国研究中国文化之基础。杭氏吁请教育家为世界进步而促进中美两国文化关系之‘双程交通’”[①]。由此可见，华美协进社对中美关系的变化是比较敏感的，他们往往较先“嗅”到美国人对中国态度的转变。美国在政治、经济、组织体系等方面为民间社团的发展提供了一定的社会空间，从而使华美协进社一向秉持的民间性、独立自主性能始终得以坚持，具体表现为社务独立与经费自主，民间社团的功能和作用得到比较充分的发挥，从而为中美关系的长期、健康发展奠定了民间基础。

1942年，留美中国学生战时学术计划委员会创办首期《国家复兴杂志》，连续创办5期之后，留美中国学生战时学术计划委员会便随着抗战的结束而解散。《国家复兴杂志》既反映了大众呼声，又为社会各界提供了有益借鉴，它不仅赢得了社会的广泛认同，而且拥有了一批忠实读者。因此，留美中国学生战时学术计划委员会敦请华美协进社继续承担《国家复兴杂志》的编辑出版任务。华美协进社决定将《国家复兴杂志》改为《中国与美国》，每年出版发行6期，内容主要涉及普遍关注的新闻话题。华美协进社社长孟治兼任该杂志主编，格罗法·克拉克的遗孀——凯瑟琳·B. 克拉克(Kathryn B. Clark)担任执行主编，她曾担任《北京日报》《北京导报》的主编。克拉克夫人主张，为了体现民间社团的特质，华美协进社主办杂志的内容不应涉及宣传言论或政治材料。她曾经在写给孟治的信中详细阐明此番见解：

> 杂志应面向全社会征稿，对来稿者一视同仁，不问种族，不分性别。我们并不强求来稿的尽善尽美，只要作者能够切中时弊，畅所欲

① 杭文武在美呼吁促进中美文化[N].申报，1947-12-12(6).

言,而且有所创见,我们一定会优先录用。

杂志内容不应涉及宣传言论或政治材料。我们将积极采用那些透视中国社会热点问题的文章,但是必须以中国政府对这些文章表示许可为前提,我们对刊登的文章不发表任何评论,对作者所持的观点也不负任何责任,更不会在杂志上公开支持或袒护某一方的立场或观点。本杂志不登载政治评论,也不提出任何政治主张,我们唯一宣传和倡导的政治理想为实现世界和平。我将在杂志上发表个人见解,同时也转载各种见仁见智的观点,但是绝对不会援引政治刊物的观点。综上所述,我并非主张本杂志与政治绝缘,相反,我们将一如既往地在杂志中探讨文化、教育以及国家复兴等与政治密不可分的问题,借此抒发民众的心声,并对当政者有所触动。我不可能对杂志中的一切观点表示赞同,但是本着"我不同意你的观点,但我誓死捍卫你说话的权利"的精神,我将把一切发人深省的来稿向读者呈上,从而为其提供选择、借鉴、思考的机会。[①]

向该杂志社投稿的主要是身居美国的中国留学生和实习人员,以及中国留美归国学人。他们在祖国的农业界、工商企业界、教育界颇多建树,同时也发现了存在的不少问题。除此之外,美国和其他国家的读者也向该杂志社踊跃投稿,主要介绍一些专业领域知识。

1942年8月和12月出版的前两期《国家复兴杂志》主要探讨中国在战后重建工作中存在的普遍问题,随后几期便就这些问题展开专题讨论,如工程专刊、实习培训专刊、农业专刊、教育专刊等。其中有一期专门论及国家复兴计划制订过程中涉及的财政和经济问题,投稿者以哈佛大学财政经济专业的留学生为主。其中也有一篇由水利工程师C. H. 唐博士撰写的文章,他在文章中明确提出,在中国沿江沿海地带应制订防洪计划,这一建议后被田纳西河流域管理部门采纳。1946年1月,《国家复兴杂志》医疗卫生专刊出版。该杂志还刊登过几位中国女性撰写的文章,描述中国女性传统角色的彻底变革。

① Chih Meng's Manuscripts, 93-94.

《国家复兴杂志》也刊登了不少美国人撰写的文章。如：美国驻华商务帮办朱利安·阿诺德(Julian Arnold)在《假如我是一名中国人》中，用细腻的笔触描写了他在远东各国旅居多年的感受；美国驻华文化官员威廉·丹尼斯(William Dennis)也撰写了两篇文章：《中国留学生在美学习指南》与《中国留学生与中美文化合作项目》。

一般来说，任何一个国家或民族，只有与外界加强教育、文化交流，从各方面吸取营养以丰富充实自己，才能使自己的教育、文化繁荣，人才辈出，这一点对于发展中国家而言更是至理。各国之间的交流，既包括政府间的交流，也包括广泛的民间交流，二者相互补充，相互促进。而当一个国家尚未建立稳定且具有高度政治权威的中央政府时，民间的交流往往会发挥更大的作用。因此，在中华人民共和国成立之前，作为民间社团的华美协进社就在中美教育、文化交流中发挥了主导作用。

中华人民共和国成立之前，经由创办教会学校和留学两个双向渠道，中美教育、文化交流得以发展，并以非官方的、自主的民间领域为主。南京国民政府曾力图将这一领域置于官方控制之下，对公派留美学生的专业进行调整，从偏重文科转向偏重“有用的”自然科学和工程技术等学科。南京国民政府还令教会学校向其登记，同时扩大政府开办的学校网络，对外学术交流和研究也越来越受到官方控制。而一大批各行各业、各种各样的社会机构和民间团体却活跃在中美两国之间，有力地促进了冷战后中美两国关系的改善与发展，为两国人民的交往和友谊做出了贡献，华美协进社便是代表之一。该社由一批认同美国文化的中国学者、文人与热爱中国文化的美国友好人士组成，同时经由他们阐发的中美教育、文化观增强了交流的自主性与双向性。

但是，华美协进社的民间性也受到了机制的限制。因为作为民间机构，华美协进社就不能走官方的渠道，如果同国家机构打交道就会受到各种各样的限制。所以，华美协进社中国美术馆在展品选择上只能同中国各地美术馆与博物馆合作，在运输问题上一些作品必须经过层层部门的审批。如果能够突破中美机制的这些制约，华美协进社必将有很大的发展空间，对中美教育、文化交流的发展大有裨益。

(三)广泛性

华美协进社的广泛性,主要体现在社团成员、社务活动以及与社会各界的关系方面。改组之后,华美协进社明确提出,该社之活动范围将不囿于纽约,而是要放眼中美两个大国,胸怀天下。为了弘扬“天下一家”的精神,华美协进社广纳贤才,凡是爱好中美文化传播事业者皆可加盟。从总体上看,华美协进社与中美社会各界始终保持密切联系,包括政界、教育界、文化界、实业界等,对中美两国社会精英的动员也是相当令人瞩目的,其董事会成员与顾问委员会委员包括政界巨腕、学界泰斗、实业俊彦、教育名流等,各色人物友好协作,随时谏言,做出了各自的贡献。尽管其中不乏虚挂一名者,但即便如此,也颇能壮大社团声势,紧密切合美国主流社会群体的需要,为其社团事务之开展带来诸多便利。

跨文化交流能够加强国际社会的和谐关系,跨文化交流的内容要想触动民众、直抵人心,必须进行策划和精心选择,必须深入发掘中华文化的深层内涵,找准民众易于接受的切入点,对于不同阶层的不同群体也要找准适合的文化交流内容。弘扬中国文化就是华美协进社的主题之一,除了语言教学,还有中国的书法、绘画、烹饪、武术、文学等方面的教学,文化交流的内容相当广泛,由笼统介绍中国文化,到设定主题、内容鲜明、地域特色明显的专题文化交流活动等,不一而足。总之,华美协进社开展的文化交流活动逐渐朝着贴近民众、贴近生活的方向发展,注重从艺术上熏陶人,从情感上感染人,以期达到最佳效果。

中美友好,根基在民众,希望在青年。华美协进社招收学员的来源也相当广泛:有孩子,也有老人;有学生,也有专业人士;有想同中国或正同中国做生意的商界人士,也有对中国文化感兴趣的一般民众和华人子女。书法、绘画班更是精英荟萃,有艺术工作者、教授,还有纽约州参议员等,每当课程活动结束时,华美协进社通常会举办学员的作品汇报展演,“陈列室里到处张贴着学员们的绘画作品,以及关于中国传统乐器的挂图与版画,展台上摆放着许多陶制的盘、碗、瓶等,做工精细,令人爱不释手。室内有一长桌供来宾饮茶之用。我们在手摇留声机中放入玛丽的一张唱片,以便诸位来宾能够欣赏到轻柔、舒缓的中国乐曲”[①]，从而吸引众多友好人士前来参观。华美协进社的中文教学最受欢迎，分设成人班与少年班，暑期还举办密集班，常年吸引着广大青少年与各界人士前来就学。此外，华美协进社还在特殊日子举办一些特殊活动：中国美术馆岁末晚宴、中国春节舞狮盛会、年度盛典和青年交流会，其中的年度盛典是社团最重要的募捐大会。

实事求是地讲，与中国引进吸收西学相比，华美协进社在美传播中国教育、文化的工作，既不系统，规模也小，并没有充分展现中国文化的整体面貌，但是作为中国文化走向世界的一段历程，华美协进社对外传播中国文化的工作，已构成20世纪上半叶中美跨文化交流中一个值得注意的文化现象。这说明即使在国势积贫积弱、文化交流有逆差的背景下，中国文化也没有中断走向世界的步伐，而且在充分吸收西方先进文化后生命力更加旺盛了。

华美协进社能在20世纪上半叶在中学西传方面成就卓著，其社团活动能在中美跨文化交流中构成值得注意的文化现象，有着复杂的社会文化背景。

第一，20世纪上半叶留美教育的大发展为华美协进社对外传播中国文化提供了基本前提。

自从19世纪80年代初留美幼童被撤回国内，赴美留学一度中断。此后的20年间虽有少量形式各异的赴美留学，却始终难以形成规模。在留美教育史上，真正大规模的留学热潮出现于20世纪上半叶。肇端于清末、结束于南京国民政府成立之初的“庚款留美”，共选派留美学生1270多人，居各国庚款留学人数之首，数量相当可观。在“庚款留美”的带动下，这一时期还出现了一批批中央部费、地方省费等形式的官费生与大量自费生，从而形成了以“庚款留美”为中心的留美热潮。整个20世纪20年代，“每年赴美的人数都在300～400人之间，而在美学生数，20年代后半期每年都在2500人左右，可谓盛况空前”[②]。进入国民政府统治时期，留美教育有了进一步发展，尽管在国民政府初期、抗战时期、抗战之后等不同时段的留美人数有所起落，但主导趋势仍为留美人数大幅攀升。据梅贻琦、程其保所著的《百年来中国留美学生调查录（1854～1953年）》

① Chih Meng's Manuscripts，136.

② 汪一驹．中国知识分子与西方：留学生与近代中国（1872—1949）[M]．梅寅生，译．台北：枫城出版社，1978：106.

统计，从1928—1949年，中国赴美留学人数达到8416人，居同期留学各国人数之冠，构成近代留学史上令人瞩目的热潮。

总的看来，20世纪上半叶留美教育发展迅猛，留学体系规范成熟，留美人数始终保持在较高水平上。特别是在人文社科领域，一批留美学生后来成为硕学名流，成为促进华美协进社开展中美教育、文化交流的重要力量，杰出者如郭秉文、胡适、孟治、张彭春等。因此，没有留美教育的大发展，没有一大批人文社科留美生的派遣，就没有20世纪上半叶华美协进社对外传播中国文化的历史。

第二，大力宣扬中国文化，破除西人对中国文化的误解与偏见及中西文化的隔膜，成为20世纪上半叶华美协进社的一种文化自觉与文化责任。

西方中心论主要出现在20世纪以后的非殖民化时期，是随着中华文明近代的落伍、西方文艺复兴后产生工业革命殖民全球的产物。西方中心论是一种从西方的角度来看整个世界的一个隐含的信念，自觉或下意识地感觉到欧洲对于世界的优越感。在这种对文明、文化和历史的误解中，西方成了人类文明的"主宰"，西方人成了"上帝骄子"，全球的"西化"之风从此弥漫开来。近代以来，在中国国势衰颓、经济落后、社会观念保守，与西方强势形成鲜明对比的格局下，西方社会中充斥着对中国与中国文化的误解与偏见。义和团运动之后，更有美国人诋毁中华民族是"不道德的、堕落的和无价值的民族"[①]。对这种种族文化与文化歧视感触最深的，莫过于生活在西方文化环境中，有着强烈民族自尊的留学生，他们深感有必要通过自己的工作扭转这种状况。华美协进社的任务就是向世界传达中国的善意和友好，保护和宣传中国的形象，努力消除中国与西方人民之间存在的误解，切实承担起在美传播中国文化、发展中美人民友谊的重大责任。这种立足于消除对中国文化无知、偏见及隔膜的文化自觉与责任，成为华美协进社沟通中美教育、文化交流的最大动力。

第三，华美协进社具备推动中美教育、文化交流的独特优势条件。

华美协进社的董事会成员与顾问委员会委员以及社团成员均由中国留美学生与爱好中国文化的美国社会各界名流组成，他们都受过良好的教育，而且受教育的程度也比较高，是在中美两种文化的氛围中浸染成长的。因此，他们

① [美]迈克尔·沙勒(Michael Schaller).二十世纪的美国和中国[M].王扬子，刘湖，译.北京：光明日报出版社，1985:21.

在推动中美教育、文化交流时，能够深刻把握中美两国人民的思维方式与表达情感的习惯，准确传达出两国人民的宗教信仰、价值伦理观念、民族情感以及民风民俗等。他们能够跳出“西方中心论”与“华夏文化中心论”的立场，站在中西文化平等的角度，按照西方人熟悉的风格、感兴趣与认同的方式开展社团活动。

总之，华美协进社所处的社会文化背景，使其在中美教育、文化交流中具备了得天独厚的优势与条件，不仅是传播中国文化的载体，而且更是沟通中美教育、文化交流的桥梁。

第六章

华美协进社的社会联络

近一个世纪以来，华美协进社在美国坚持传播中国教育、文化、艺术并非易事，面对教育和文化的差异、物资经费的不足、办公场馆的局限等问题，华美协进社始终坚守中华艺术精神与文化理念，不仅把这种精神文化的传播作为社团工作来做，更是将其视为社团使命，当作自己的生命过程。这种动力源自华美协进社与中美社会各界对中国文化、艺术的挚爱与担当，能够从生命的基底和人类终极关怀的大视野中观照文化、艺术的存在。

人类学家玛格丽特·米德(Margaret Mead)说过，一小群有思想、有责任感的公民能够改变整个世界。曾国藩在《原才》一文中也指出："风俗之厚薄奚自乎？自乎一二人之心所向而已。"创立和发展一种事业，需要一些领袖级的人物。他们思想深刻，富有感召力，对中西文化相当通透，这些领袖人物对华美协进社事业的推动是任何社会力量与物质力量都不可替代的。作为事业发展的内核，这些社会名流"具有强大的吸引力，使人们向这个方向聚集，层层合抱，如同星系的状态"[①]。他们是中美教育、文化交流的积极倡导者和践履者，也是华美协进社最重要的象征和战略力量。

---

① 曹世潮．文化战略——一项成为世界一流或第一的竞争战略[M]．上海：上海文化出版社，2001：155.

一、华美协进社与中国社会的联络

(一)华美协进社与政界的联络

顾维钧曾先后担任中国外交总长、中基会董事、代理国务总理、外交部长、中国驻美大使等职,继郭秉文之后,迄1949年止,他长期担任华美协进社名誉社长,于密切该社与中美两国政府之联系方面,功不可没。

中华人民共和国成立伊始,经董事会议决,华美协进社免去了顾维钧与司徒雷登的名誉社长职务。1951年5月,华美协进社举行建社25周年庆祝宴会,顾维钧与司徒雷登未被列为特邀嘉宾,“至于邀请胡适、蒋廷黻、李惟果在庆祝宴会上讲话一事,当这几位先生已经接受邀请之后,又被孟治取消了”[①]。顾维钧认为“这显然是为了避免刺激北平”[②],并进而认为,孟治“试图按照自己的心愿办协进社,很可能怀有野心,想使协进社成为扩大他自己的影响和权力的工具”[③]。作为“中国驻美大使”,顾维钧的上述言论不难理解,但是从中也可看出华美协进社强烈的生存愿望以及所做出的种种努力。随着中美关系的恶化,这些愿望和努力被搁置起来,并且长达20多年。

(二)华美协进社与学界的联络

1.郭秉文

郭秉文先生是“学贯中西的教育理论家,真抓实干的教育实践家,勇于创新的教育改革家,具有国际影响的教育活动家”[④],也是推动中美教育、文化交流的近代巨擘和全面学习美国教育的先驱。郭秉文,字鸿声,原籍江苏江浦(今南京

---

① 顾维钧.顾维钧回忆录(第八分册)[M].中国社会科学院近代史研究所,译.北京:中华书局,1989:407.

② 顾维钧.顾维钧回忆录(第八分册)[M].中国社会科学院近代史研究所,译.北京:中华书局,1989:407.

③ 顾维钧.顾维钧回忆录(第八分册)[M].中国社会科学院近代史研究所,译.北京:中华书局,1989:406.

④ 耿有权,汪琴.郭秉文教育思想研讨会综述[J].东南大学学报(哲学社会科学版),2011,13(6):104-108.

浦口),出生于江苏青浦(今上海青浦)。1896年毕业于上海的基督教教会学校——清心书院,是中国最早一批接受新式教育洗礼的学生。适逢中国教育向现代教育发展过渡的起步阶段,目睹"国事败坏",郭秉文"思有以革之者","盖以为非振兴科学,无以救亡图存,而培养人才,则有赖于教育",于是"担簦负笈,游学于美"。①

1908年,郭秉文赴美国俄亥俄州的伍斯特学院(College of Wooster)自费留学,就读期间,担任学校主办的《伍斯特之声》的主笔和中国学生协会总秘书,并且是以训练演说和辩论艺术为主旨的雅典娜俱乐部和林肯俱乐部的成员。②1911年,郭秉文在伍斯特学院获得理学学士学位,后到哥伦比亚大学师范学院攻读教育学,1912年获得硕士学位。1914年,郭秉文任留美中国学生联合会会刊《留美学生年报》主编,该刊一年四册,用汉文发刊,仿杂志体例,旨在"使国人略知留美学界情形及美国之社会风俗"③。同年,他以题为《中国教育制度沿革史》(*The Chinese System of Public Education*)的论文获得哥伦比亚大学博士学位,成为中国最早的教育学博士,也是在哥伦比亚大学师范学院"第一个获得哲学博士学位的中国人"④。作为中国第一部具有通史性质的中国教育制度史著作,郭秉文的博士论文首开中国留学生以本土教育问题为博士论文选题之先河,充分体现了学以致用的精神和为祖国服务的鲜明学术倾向,"实际开启了中国由借鉴和模仿日本教育学转为引入与建立美国实用主义教育学术范式并结合本国实际开展教育学研究的进程,标志着中国现代教育学的开端。从某种意义上说,郭秉文获得哲学博士学位(教育学),意味着中国教育学人正式进入国际教育学界一试身手,试图对人类有所贡献"⑤。郭秉文对中国教育制度的论述虽然稍显生硬与简单,但在略古详今中却屡有创见,具有极强的现实感与理论意义,闪耀着他在哥伦比亚大学所学到的美国进步主义教育思想的光芒。

---

① 高明.郭故校长鸿声先生行状[M]//东南大学高等教育研究所.郭秉文与东南大学.南京:东南大学出版社,2001:160.

② 冒荣.至平至善 鸿声东南——东南大学校长郭秉文[M].济南:山东教育出版社,2004:15.

③ 陈学恂,田正平.中国近代教育史资料汇编·留学教育[G].上海:上海教育出版社,1991:221.

④ John King Fairbank. *The Great Chinese Revolution* (1800–1985)[M].New York: Harper & Row Press, 1986:197.

⑤ 周洪宇.专题:郭秉文研究[J].教育学报,2014,10(5):43.

郭秉文与后继者一起，为西方学界提供了一个更深入了解中国教育的机会，也引起并强化了美国知名教授对中国教育问题的极大兴趣。1917年6月，清华学校奠基人周诒春校长，在对即将赴美留学的清华高等科毕业生训辞中，曾赞扬郭秉文等欧美留学毕业生的博士论文，强调中国留美学生探究国内国计民生问题的特殊意义："他日作毕业论文时，能择关于中国之学术、政治、社会、实业等为题，或以中国与他国于此事互有关系之处为题更妙。盖外人对于吾国之情势尚多不甚明了，诸君以此紧要问题立论，不特在我经一番研究，鉴于人而观我更明，即外人读此，亦可渐除其隔膜，而顿起其尊敬之心也。"①

据元青教授统计，20世纪上半期留美生有关中国题材的博士论文共计314篇，占同期留美生博士论文总数（1323篇）的23.7%，数量相当惊人。将这些论文进行现代学科细分，结构如下：教育学61篇，经济学54篇，政治学45篇，法学27篇，社会学（人类学、民族学）33篇，历史学30篇，哲学19篇，文科其他学科（图书馆学、语言学、文学、音乐学等）14篇，自然科学31篇。涉及学科及专业领域极为宽广，特别在人文社会科学领域，几乎囊括所有学科及专业方向。论文涉及的具体研究题目，就更加丰富多彩。这些中国问题博士论文，毫无疑问体现了民国时期中国留美学生艰苦的学术努力，其蕴含的学术价值理念、美国汉学（现代中国学）的深刻影响、留美学生个人的学术趣味与前途谋划，都显露无遗。②

通过梳理民国时期留美生写作的314篇有关中国问题博士论文可以发现，中国教育问题是留美生最关注的领域，绝大多数研究的是具体的中国教育问题，几乎占到全部中国问题博士论文的五分之一。其可观数字，真实反映了民国一代中国海外学子对教育在推进中国社会进步与发展中重要作用的高度认知。中国留美学生怀抱"以振兴教育为职志"的信念赴美学习先进教育，其本身就是中美教育、文化交流的结晶，他们的教育学博士论文更是集中代表了这一历史真实。这些论文以独特的研究视角和内容，探究教育的多元社会功能及其基础性、全局性、前瞻性等鲜明特点，较少纯学理、理论性的研究，更多的是紧密

① 周校长对于第五次高等科毕业生训辞[J].清华周刊(第三次临时增刊)，1917:10.

② 元青.民国时期留美生中国问题研究缘起——以博士论文选题为中心的考察[J].南开学报(哲学社会科学版)，2015(5):96-105.

结合中国教育现实,其彰显的最鲜明的学术价值取向就是学以致用、教育救国、教育报国的强烈现实观照,即通过教育研究解决中国现实教育问题,推动中国教育乃至整个社会的发展,对纵深开拓中美、教育文化交流具有广泛而深远的意义和不可替代的关键作用。

六年多的留美教育,使郭秉文学贯中西,兼通文理,获得坚实的理科基础和深厚的教育理论素养。他以美国实用主义教育学说为理论基础,运用西方教育学术范式对中国的现实问题开展研究,力求中西结合、经世致用,建构了现代中国实用主义教育学术范式。他从比较教育的研究视角出发,立足于中国立场,在系统梳理和解释中国教育制度历史演进的基础上对中西教育制度进行了客观的比较分析,总结传统教育的精神特征,为其后办学奠定了宽厚的学术和思想基础。郭秉文选择教育作为专业方向,其兴趣点主要在于教育改革的力量,正如他在博士论文中所言:"现在中国的教育改革为一枢纽,牵动各种改革事业,皆随之而变化;因为教育为国家造就栋梁之才,置国家磐石之坚。"①该观点与国内"教育救国"的舆论遥相呼应。

1915年,郭秉文的博士论文由哥伦比亚大学师范学院出版英文本,1916年,由上海商务印书馆出版中译本,实为中美教育、文化交流的一大创举,在海内外产生了广泛的学术与教育影响。它的面世,及时让美国人民了解到中国历史上的悠久文明与当时正在进行的教育改革。孟禄应邀欣然为郭秉文的博士论文中文版作序,高度评价其价值:"东方之聪睿者,亦深明西学之需要而研究之矣。然东方之学问、理想、精神、功业,西人尚未有竭诚以求之者也。斯书为郭博士所著,专述东方一大民族最近之急于探究西学,而又以中国历来进化之迹,与教育制度之沿革,表显于世。西人获此,庶几于东方情形,略窥一斑乎。"②故予以大力肯定与推介。"毫无疑问,该书是对美国中国学的一大贡献,且其双语出版在中美教育界带有开创性的意义。"③哥伦比亚大学师范学院的求学经历不仅使郭秉文构建了中西合璧的知识体系,而且也成为他"在留学生群体中获得社会

① Ping Wen Kuo. *The Chinese System of Public Education*[D].New York:Teachers College,Columbia University,1915:163-164.

② 郭秉文.中国教育制度沿革史[M].福州:福建教育出版社,2007:序二.

③ 彭小舟,周晓丽.郭秉文——中美教育交流的先驱[J].徐州师范大学学报(哲学社会科学版),2010,36(4):10-14.

声望、积累人脉的关键时期"[1],为其日后的教育改革活动奠定了知识、能力和人事关系方面的坚实基础。

学成归国之后,郭秉文将全部精力放在了教育改革的推动上。在中国现代大学教育史上,郭秉文以其独特的教育理念和杰出的办学成就享誉海内外。1915年,应正在筹办中的南京高等师范学校江谦校长之聘,他出任该校教务长,1919年,教育部正式委任郭秉文为校长。1920年,郭秉文提出筹建东南大学的建议,1921年9月,国立东南大学正式成立,南京高等师范学校与东南大学其实是"双轨制"运行,郭秉文同时兼任两校校长,这是他借鉴哥伦比亚大学教师教育模式,提出新型的高等教育应该"寓师范于大学"办学思想的体现,将师范专业的教育同大学综合知识技能的学习融为一体,充分展现通才与专才平衡的思想。

掌校期间,郭秉文提出在立足国内、服务社会的前提下,学校的发展应该置身于世界高等教育发展的格局之中,即从一个较高的起点上,将世界一流大学作为自己参照的目标,并形成全球性的学术视野,实现办学国际化。郭秉文一方面科学融合中西教育文化理念,竭诚邀请一些享誉世界的国外学者到东南大学讲学,如英国哲学家罗素,美国教育家杜威、孟禄、克伯屈等,印度大文豪泰戈尔,德国哲学家杜里舒、韦里博士等;另一方面,充分采纳美国大学的董事会、评议会、选课制等先进的教学与管理制度,以及综合性大学应面向实际、服务社会、培养综合性人才等办学理念,在中国高校中最早添设由社会各领域知名人士组成的学校董事会,将其作为全校最高的立法和决策机构,从而沟通了东南大学和社会的联系渠道,既保证学校的发展不脱离社会所需要人才的轨道,又使学校在办学过程中获得了来自社会的更多政策、舆论、物质和经济上的支持。同时,在办学过程中切实地将为社会服务的理念付诸实施,创办暑期学校,培训在职教师和教育管理人员。作为把美国高等教育模式引入中国的先行者、融汇中国传统文化和西方教育理念的成功实践者以及推动中国高等教育发展模式多元化的杰出贡献者,郭秉文是当之无愧的中国现代高等教育开拓者。

同时,郭秉文也是20世纪20年代在国际舞台上最为活跃的中国教育家,高

---

① 周慧梅.哥伦比亚大学师范学院时期的郭秉文——社会生活史的视角[J].教育学报,2014,10(5):44-53.

度重视国际教育交流在国际关系和促进人民友好往来中的重要作用，他认为，英法美诸国注意以教育辅助外交，如交换教员、派员考察教育，此为国民外交上之要点。[①]在担任南京高等师范学校与东南大学校长期间，郭秉文非常重视教育参观与考察，认为"参观亦为增长智识之一途"[②]。同时，他还在国内两大教育团体——江苏省教育会和中华教育改进社，分别担任交际部主任和国际教育组主任，负责对外联络工作，成为中国教育界的首席对外代表。1919年3月，郭秉文以主任身份率领"战后欧美教育考察团"考察美、英、法、德、意、瑞士等国高等教育。富有大局观、敏锐性、指导性和进取意识的郭秉文，在考察即将结束之际邀请孟禄来华做教育调查，从而为孟禄、杜威来华讲学，为掀起学习美国教育的新高潮做好了铺垫。

世界教育会联合会也称为万国教育会议或国际教育会议，由美国教育联合会发起成立，是一种以定期召开大会的方式团结世界教育界的一种国际教育组织，也是联合国教科文组织成立以前最权威的国际教育团体。在有影响的非政府间国际教育组织中，它所处的地位至今无人超越。为了达成世界和平与社会进步的共同心声，美国教育联合会外国关系委员会会长汤姆斯(A. O. Thomas)于1923年初发出通告，决定当年在旧金山奥克兰举行年会期间，连带召开世界教育会议，故广泛邀请各国教育组织与机关，尤其欢迎环太平洋地区的国家与地区派代表与会。1923年6月28日至7月6日，郭秉文以中国教育界首席代表的身份参加在美国旧金山举办的世界教育会联合会成立大会，有来自50多个国家的300多名代表出席，中国也派出11名代表参加。

在开幕式上，郭秉文作为第一位答辞者，演说《世界教育会议之我见》，剀切指陈："此次会议系世界教育史上的空前盛举，意义非同寻常，与会代表，凡种族之差别，宗教之不同，肤色之相异，国风之悬殊，无不一一被忘记干净，而胸中独有之最高位置，唯以教育维系共同命运，唯以教育促进世界和平。"[③]"我国对于此种会议，当竭力赞同参与，仅此为国际之事，必须加入，且教育事业，宜共同合

① 郭秉文.战后英美教育近况[J].新教育，1918:2(4).

② 南京大学校庆办公室校史资料编辑组，南京大学学报编辑部.南京大学校史资料选辑[G].1982:52.

③ 朱斐.郭秉文创办东南大学[J].民国春秋，1999(1):10-14.

作，且一国之固有之国性与特长，亦当保存，不可稍忽。”[①]郭秉文演讲时“不但声语动听，并且意思又甚颇合此次会议，为谋世界和平之性质，与赴会人之心理，故闻者莫不鼓掌不绝”[②]。大会推选郭秉文为世界教育会联合会副会长兼亚洲分会会长。他曾分别于1923年、1925年、1927年和1931年，四次当选为该组织副会长兼董事，负责亚洲部工作。这一方面标志着中国新教育逐步得到国际认同而获得应有的国际地位，曲折地反映了中国国际形象的改善；另一方面，表明了郭秉文的中外文化教育交流成绩已得到国际文教界的广泛肯定与褒扬，成为国际教育界的资深领导人，从而以更好的国际资质、在更广阔的国际活动空间内，进行中美、中外教育和文化交流。

对于中国参与国际教育组织及会议的意义，郭秉文明确表示，主要在于“传播中国近年教育状况”，“报告现在中国虽处于政治纷乱、社会不宁状态下，而教育状况，实无时不在发展进步中”，“以免外人仅目中国为匪国、军阀国”。[③]其意在呼吁中国教育界人士借助国际教育论坛，对外传播中国教育，以促进世界文化的发展。同时，他还从外交角度看待这一问题，将中国参加国际教育组织及会议之举视为“国民外交应有之举动”[④]。

1923年7月，郭秉文在美国旧金山举行的世界教育大会泛太平洋小组会上，做题为“太平洋国家的大学如何促进国际间了解和友谊”的发言。他提出大学应当成为世界精神的塑造者，所谓世界精神，应包括仁爱、容忍、信义与平等；要发扬世界平等精神，则须从思想自由和言论自由两方面入手。他还提出了各国大学间合作的具体途径：相互交换教师、交换学生、交换访问、交换出版物、建立联合的教育事业、开设有关外国文化与国际问题的课程、组织国际大学联盟等。他特别指出：“据我们所知，某些国家已经认识到中国文明的真正价值，所以一些重要的大学中心开始认真学习中国文明。我们会毫不迟疑地说，他们的努力会得到加倍的回报。必须承认，中国语言难学确实是研究中国文明和中国人民的障碍，但是通过设立中国文学和历史的教授席位，通过图书翻译和其他

① 郭秉文述万国教育会之经过[N].申报，1923-09-20(13).

② 殷芝龄.世界教育会议之经过[M].上海：商务印书馆，1923:48.

③ 商大学生欢送郭秉文[N].申报，1923-06-05(13).

④ 郭秉文赴万国教育会之谈话——中国方面之准备情形[N].申报，1923-05-30(13).

有效手段，不管这个障碍有多大，也一定会被克服。”[①]这些论述反映了郭秉文极力推动中美教育、文化交流的精髓，他希望通过中西的文化、学术交流，增进国家之间、民族之间的相互了解，促进世界和平。

汇通中西的学术优势、对世界教育发展潮流的敏锐把握以及身居重要高等学府校长之位，使郭秉文迅速成为民国初期文教界地位显赫的新锐人物。1924年，中国政府任命郭秉文作为监管美国庚款华籍董事之一，组织中基会。1925年初，东南大学的“易长风潮”，一方面导致郭秉文离职，另一方面却也使他得以摆脱繁重校务，适时出现在美国大学讲坛上，应邀担任芝加哥大学哈里斯基金（Harris Fondation）讲座教授，以“中国·远东·外交”为题做连续报告，阐述现代中国政治经济与社会发展的趋势，中国在远东的地位以及中美关系，体现了一位中国学者对国际问题特别是中美关系的基本认知。他先后应邀在美国各地连续做了诸如《中国·远东·美国》《东方人心目中之远东问题》《中国现状的国际观》等演讲，并为美国《亚洲》杂志撰写了《一个中国人所见的中国问题》一文，对美国现代中国学不乏拓荒作用。这些活动在一定程度上满足了渴望了解中国的美国人士的愿望，增进了美国人对中国的友好情感。在此期间，郭秉文不仅开创了以中国大学校长的身份主持美国大学讲座的先例，还较早地确立了现代中国学的区域研究范式，并以“巡回式”加“学院式”的讲座方式给美国教育以重大震撼，同时也为以后国人赴美学术交流树立了成功的典范。

郭秉文与孟禄在哥伦比亚大学师范学院时期结下了醇深的师生情谊，历经岁月发酵，慢慢延展成了中美教育、文化交流的一座坚实桥梁，具有了历史的意义。1926年5月，郭秉文与著名教育家约翰·杜威、保罗·孟禄和中国知名学者胡适等在纽约共同创立华美协进社，以促进中美文化交流为宗旨，并任首任社长，邀请国内名流到美讲学或演出，宣传中国教育与文化，成为“国人访美的中枢”。郭秉文担任社长期间，是华美协进社的初创阶段，他领导社团逐渐成为国际上颇具广泛代表性的权威教育联盟，将其作为中国教育界向世界同行展示新形象的透明窗口，始终活跃在国际教育、文化交流的第一线。华美协进社不仅增进了美国人民对中国的了解，而且对留美学生与华侨也极具指导意义，在美国产

① 上海财经大学校史研究室.郭秉文与上海商科大学[M].上海：上海财经大学出版社，2010：131–132.

生了重大影响，逐渐形成了一定的凝聚力与感召力，为以后中美教育、文化交流的有组织推进提供了可靠依托。

作为中美教育交流的资深组织者与“美国的现代中国学拓荒者”，郭秉文领导华美协进社之愿景有三：第一，“向美国民众宣讲中国与中国文化提供一个组织基础”，因为，“对于郭秉文这一代的中国知识分子来说，教给美国人他们所认为的真正的中国是一项重要的教育工程，它可以为在诡谲多变的国际秩序中步履蹒跚发展的中国提供宝贵的支持”[①]。第二，吸纳留学生，为国内大学打造高素质的师资队伍。郭秉文认为，一所大学的师资力量是其存在的前提和发展的保证。因此，他认为办学的首要任务是聘请优秀教师，并为此不遗余力。在美国考察之余，他经常设法向各校探听中国留学生的情况，通过听课、观察和面谈等方式深入调查，并亲自走访中国留学生中的佼佼者，诚邀具有真才实学的留学生归国后在南京高等师范学校和东南大学任教。第三，世界眼光与本土思考相结合。郭秉文对于西方教育制度有着较为深入的了解，并从创造美好国家前途的角度，对西方公共教育制度心向往之。但与新文化运动的主将们所倡导的“抛弃传统、全盘西化”的主张不同，他有着非常明确的文化自觉意识，强调教育制度建设一定要在世界眼光中保持清醒的本土思考。在他看来，只要将世界眼光与本土思考结合起来，一方面采用欧美制度所长，一方面保存、发扬中国教育之所宜是，我们就能够迎头赶上，创造教育和国家的美好前途。

郭秉文对于在美国系统传播中国文化的热情并未随着时间而消退。抗战期间，郭秉文曾出任留美中国学生战时学术计划委员会主席，孟治为执行秘书[②]，成为郭秉文最重要的合作者与支持者。1945年，抗战胜利后，郭秉文担任联合国善后救济总署副署长兼秘书长，20世纪40年代末在华盛顿定居。1957年，郭秉文与美国国会图书馆的著名汉学家恒慕义（H. A. Hummel）及曹文彦、鲍幼玉等人以私人力量在美国组建华府中美文化协会（Sino-American Cultural Society），该会与地处纽约的华美协进社目标类似，主要通过举办学术活动从事中美文化交流活动。此外，郭秉文还应邀担任中华民国在美教育文化事业顾问委员

① 郑砚秋．郭秉文与华美协进社[J]．教育学报，2014，10(5)：80-84．

② 赵新那，黄培云．赵元任年谱[M]．北京：商务印书馆，1998：273．

会主任委员，“虽在暮年，犹致力于中美文化之交流”①，致力于用美国的教育资源为华人教育做贡献，开启了另一扇沟通中美关系的大门。这标志着中美教育、文化交流的纵深展开和他多年来推进中外教育、文化交流的事业得到了世界性的认同。

郭秉文对于在美传播中华文化的努力，特别是在华美协进社的工作，使他成为“文化国际主义”(Culture Internationalism)的忠实践行者。在近代中美教育交流史上，郭秉文是第一个高姿态地与美国教育界建立起立体而长久、友好而密切、公私兼顾的交流关系，并全面推进中美教育交流的教育家。他不仅促进了中美相互理解、共同进步，而且也成为后人学习之楷模。

2.胡适

胡适，字适之，安徽绩溪人，现代学者、历史学家、文学家、哲学家，是中美教育、文化交流史上的重要人物，也是主张中国全盘西化的代表人物。胡适早年在上海的梅溪学堂、澄衷学堂求学，初步接触了西方的思想文化，受到梁启超、严复思想的较大影响。1910年，胡适考取第二期“庚子赔款”留学生，赴美后先入康奈尔大学农学院，后转入文学院哲学系。1915年，胡适进入哥伦比亚大学研究院，师从哲学家杜威，接受了杜威的实用主义哲学，并一生服膺。在此期间，胡适立志投身教育，以教育为救国利器，“适以为今日造因之道，首在树人，树人之道，端赖教育。故适近来别无奢望，但求归国后能以一张苦口，一支秃笔，从事于社会教育，以为百年树人之计”②。1917年6月，胡适提倡的“文学革命”已在国内引起了激烈的反响，他放弃了正在攻读的哥伦比亚大学哲学博士学位，回国受聘为北京大学教授，加入《新青年》编辑部，撰文反对封建主义，宣传个性自由、民主和科学，积极提倡“文学改良”和白话文学，是第一位提倡白话文、新诗的学者，因此成为当时新文化运动和新教育运动的双料领袖。

留美归来的胡适，正是以一种西方的分析、实证、归纳体系的方法，让中国学术发生了革命性的变化，也就是说，属于未来的变化已经开始潜滋暗长了。作为杜威的高足，胡适对恩师景仰有加，自称业师杜威“是对我有终身影响的学

① 卞孝萱，唐文权.民国人物碑传集[M].北京：团结出版社，1995：121.

② 胡适.胡适日记(2)[M].合肥：安徽教育出版社，2001：325.

者之一”[①]，甚至为自己的幼子起名“胡思杜”。五四时期，胡适陪同杜威来华讲学，为其担任翻译两年多时间。此后，胡适提出的纲领性口号“研究问题，输入学理，整理国故，再造文明”就是对杜威等实用主义教育思想纲领化的简洁表达。而“大胆地假设，小心地求证；认真地做事，严肃地做人”更是胡适对杜威思想简练的阐述，因富有教育意义而广为传颂。胡适对杜威实用主义教育思想的大力宣传，符合五四精神，进一步解放了人们的思想，改变了人们的价值观念，给了人们以怀疑的勇气，使之迅速成为指导进步人士的思想、行为的普遍原则与方法，成为指导教育改革的有力武器。同时，胡适也发表了不少有关中国古代文化与现代中国的学术文章，极大地丰富了美国汉学与现代中国学的研究文库，并让美国公众更多、更快地了解、同情、支持中国。

胡适同美国学人、美国学界的交往由来已久，并经得起学术与时空的考验，这种交往是中美教育、文化交流中难得的盛事。由于华美协进社与中基会的特殊关系，该社自然得到了中美两国政界、教育界、文化界、实业界等知名人士的关注。作为华美协进社的创始人之一，胡适长期担任该社顾问委员会委员以及中基会的董事。胡适是20世纪中国最具声望和影响的文化名人之一，中西汇合是贯穿胡适思想始终的观念，“在某种意义上，胡适心目中的理想状态、理想模式，始终是不中不西、亦中亦西的中西融合文化”[②]。这种观念和一种难以割舍的美国情结，使胡适与华美协进社结下不解之缘。

七七事变后，胡适出任国民党国防参议会参议员，1938年，被国民政府任命为中国驻美国全权大使，致力于使美国人民了解、信任现代中国而最终促使中美结盟。胡适去往美国各地游历演讲，开展国民外交，宣传“中国国民具有抗战到底之决心，必待敌人经济枯竭，军力崩溃，愿接受永久和平之条件时为止”，着重争取美国理解与同情中国的抗战。胡适的演讲尤其把集中了专家学者和活跃青年的大学作为重要的宣传场所，这些演讲均不失书生本色，并保留着学术水准，对促成美国官方决策援助中国有一定的帮助。美国大学除邀请胡适讲学外，还就其对学术和增进中美友谊的巨大贡献赠予其35个荣誉博士学位，这是美国教育界对胡适的一种公开、直接的认可与推崇。

① 胡适.胡适口述自传[M].唐德刚，译.北京：华文出版社，1992：102.

② 王鉴平，杨国荣.胡适与中西文化[M].成都：四川人民出版社，1990：263.

随着日本侵华战争的全面展开，国民政府决定将华北的几所著名高校南迁，并由中基会负责将部分资金转移到美国。获此讯息，华美协进社社长孟治针对当时中基会颁发的科学研究补助金及奖励金经常被拖延数月之后才能寄给获奖的旅美学者一事指出，此举不仅影响科研工作之进行，而且直接造成获奖者生活无着的局面。因此，孟治在1940年11月27日致信中国驻美大使胡适，他在信中提议："如果中基会对我们予以信任的话，华美协进社定会尽力代管好奖励金发放一事，并随时向中基会汇报奖励金与补助金获得者的具体情况，从而加强两者的密切联系。"[①]经过胡适的多方奔走，中基会任命该会协理干事长顾临为主席、孟治社长为干事，共同管理中国留美奖学金，并委托华美协进社负责直接工作。

抗战胜利之后，胡适在华美协进社举办的一场宴会上曾满怀信心地说，华美协进社不久将成为中国战后复兴运动的中心，他对该社发展前景之乐观溢于言表。在台湾期间，他与华美协进社的联系始终未曾中断，在该社与台湾教育、文化交流的发展方面有颇多贡献。

3. 梅贻琦

梅贻琦，字月涵，祖籍江苏武进，生于天津，现代著名教育家。1904年天津南开学堂（当时称"敬业中学堂"）的第一期学生；1909年，梅贻琦以第六名的好成绩考取清华首批"庚子赔款"留美学生；1910年，进入美国伍斯特理工学院（Worcester Polytechnic Institute）就读电机工程专业。因其学业优异，品行超卓，先后被推选为留美学生会书记、《留美学生日报》经理、伍斯特世界学会会长，1914年获电机工程学士学位。1915年9月，梅贻琦受清华校长周诒春礼聘，始到清华任教，教授数学、英文、物理。1921年，梅贻琦赴美深造，在芝加哥大学获得机械工程硕士学位。1926年，以物理系"首席教授"被教授会推选为清华改制后的首任教务长，对新办的大学部予以全面革新整顿，清华由原来的留美预备学校逐渐演进为一所现代意义上的大学。

为适应庚款留学生管理的需要，1909年6月，中国政府在华盛顿设立游美学生监督处，使留学教育管理逐渐纳入统一有序轨道。游美学生监督处的职能

① Monroe Correspondence（1940–1943）

为负责留美学生的日常具体事务，如学生的就学、品行考验、转学、请假、毕业证书、寄宿、学费等内容以及监督处每年的经费预算、各官员的薪金等。1912年4月以后，游美学生监督处被撤销，改归清华学校直接管辖，改称“清华学校驻美学生监督处”，其实质性的功能完全一样。该处设监督一人，受校长领导，其职权更加明确，选任留美学生监督人员，管理清华学校所派留学生学费、月费、核准之自费生津贴，并考核课务，约束风纪，及统计报告庶务一切事宜。此外，中国各机关、学校资送留美的官费生也由清华学校驻美学生监督处管辖。这样一种监督机构的设立，符合美国方面的利益，美国方面对中国留学生的情况一目了然，以便随时调整“庚款留美”的策略，更好、更方便、更及时地监督中国对“庚款留美”的实施情况。1917年8月，清华学校基金委员会成立；1928年，国民党在中国建立全国政权以后，清华庚款基金全部移交给中基会管理。当时教育部同中基会签订的《保管清华大学基金办法》明确规定：(1)清华拥有基金的所有权；(2)教育部拥有基金的支配权（审查清华每年的预算、决算）；(3)中基会拥有基金的保管权，是清华庚款基金的永久保管者；(4)规定清华大学的基金，无论何时都不得动用，基金的利息也只有到退款终了的一年以后，才能用作学校经费。1928—1931年期间，梅贻琦被派往华盛顿担任清华学校驻美学生监督处监督一职，管理清华大学分散在全美的留学生，掌管相关经费及学生们的学业、操行。在美期间，他把监督处办成了温馨、活跃的留学生之家，在华盛顿的学生可随时来活动、交流，外州的学生在寒暑假也常来这里休假。

作为中国近现代著名的教育家，梅贻琦的教育实践活动及其教育理论和主张，对中国20世纪30至40年代的高等教育的形成和发展，产生了重要而深远的影响。中国著名的两所大学——清华大学和西南联合大学，都是和梅贻琦的名字紧密联系在一起的。九一八事变后，1931年12月，梅贻琦玉汝于成，临危受命，回国任国立清华大学校长，主张“办大学应有两种目的：一是研究学术，二是造就人才”，倡导“通识为本，而专识为末”，“希望清华在学术研究方面应向高深专精方面去做”，清华历史因而掀开了新的一页。当时正值中美经济普遍萧条，为了减缓派员留学的经济压力，清华大学决定扩大办学规模，提高办学水平，设立研究院，并委托华美协进社接管清华学校驻美学生监督处。华美协进社改组之后，梅贻琦担任该社顾问委员会委员，不断扩大社团在中国教育界、学术界的影响,并使它逐渐成为连接清华与其留美学生的“纽带”。1933年,孟治社长被清华大学校长梅贻琦任命为清华学校驻美学生监督处名誉监督(Honorary Director of the Chinese Educational Mission in the United States),他大量走访清华留美学生,并负责清华基金的保管和奖、助学金的发放。

1937年7月7日,卢沟桥事变爆发,北平沦陷,清华大学、北京大学、南开大学先迁至湖南长沙,成立临时大学。次年春,再迁至云南昆明,三校合并成立国立西南联合大学。梅贻琦与北大校长蒋梦麟、南开校长张伯苓组成“联大常委会”,梅贻琦任西南联大校务委员会常委兼主席。数月后,张伯苓与蒋梦麟先后去重庆任职,联大便由梅贻琦行校长之职,一人鼎力支撑。在国家民族生死存亡之秋,西南联大克服重重艰危纷扰,苦撑八年,三校团结无间,弦歌不辍,为国家保存和培养了大批人才,写下了中国教育史上光辉的一页。梅贻琦先生主理其政,群推功绩最大,实非过誉。1945年日本无条件投降后,清华大学回到北平复校,梅贻琦继续担任校长。梅贻琦是中国近现代史上一位颇有声望的教育家,从1931年起,他成功地执掌清华大学校篆达18年之久,奠定了清华的校格,为后人留下了极为宝贵的成功经验。著名经济学家、教育家陈岱孙认为清华校格主要体现在两个方面:一是师资人才的严格遴选和延聘,这是梅贻琦提出的著名的“大师”说——“所谓大学者,非谓有大楼之谓也,有大师之谓也”的具体体现,强调专家、学者在大学中的特殊地位和作用,这句话确为振聋发聩之远见卓识,也常为时贤所征引;二是坚持民主治校的基本理念,推行一种集体领导的民主制度,具体表现为成功地建立了由教授会、评议会和校务会议组成的行政体制。在梅贻琦的苦心经营下,清华才得以在十年之间从一所颇有名气但无学术地位的留美预备学校一跃而跻身于国内名牌大学之列,开创了清华历史上的“黄金时代”或“极盛时代”。梅贻琦认为“清华为中美文化合作之重要事业”[①],并用“生斯长斯,吾爱吾庐”一语描述自己对清华的热爱。

1948年12月21日,在清华园解放前夕,梅贻琦离开北平南下,飞抵纽约,从此再也没有回到过他经营多年的清华园。除了政治方面的原因之外,梅贻琦此行“主要是为了保护清华的基金”[②],因为关于基金的使用手续,按照当时章程的

① 梅贻琦.梅贻琦日记(1941—1946)[M].黄延复,王小宁,整理.北京:清华大学出版社,2001:39.

② 黄延复.梅贻琦教育思想研究[M].沈阳:辽宁教育出版社,1994:313.

规定，清华庚款基金[1]只有中国的教育部长与清华大学的校长共同签署，且需提出相当计划，董事会方可拨款。梅贻琦不愿意把清华的钱用于盖大房子，去做表面上的工作，而是一直希望拿有限的钱为国家作长期的研究工作。抵美之后，梅贻琦立即与华美协进社社长孟治洽商清华基金之保管及使用办法，因为他十分挂念当时在美之清华留学生和休假教师，希望能够对他们继续拨款资助。洽商之后，1950年，梅贻琦采纳了孟治的建议，出任华美协进社常务董事，在清华基金之保管与基金利息之运用方面，有颇多切实而积极之贡献。1950年1月底，清华大学经济系教授萧家魁结束在美休假，回国之前受梅贻琦之托转交他写给清华的一封亲笔信，言明可以用清华在美基金资助母校各种国外的图书及实验仪器，他可以设法购寄。同年春，梅贻琦在华美协进社楼上租一室，作为"清华大学在美事务所"，聘用临时助理一人，处理清华大学在美事务。按照当时的实际情况，梅先生的这些愿望确无实现之可能，但他与华美协进社心系清华之情却感人至深。从1951年起，梅贻琦在纽约组建了"清华大学在美文化事业顾问委员会"，用清华在美国的庚款基金利息资助旅美华裔学者进行科学研究，并购赠相关学术书刊给中国台湾地区各专科以上院校。

1955年11月，梅贻琦由美国去中国台湾，用掌管的清华基金利息筹建"清华原子科学研究所"，后扩展为台湾新竹清华大学。1958年，梅贻琦任台湾当局"教育部部长"兼新竹清华大学校长。历史的轨道勇往直前，却总是会在不经意间交汇出令人遐想的片段。由于梅贻琦一手奠定了台湾的清华基础，所以被誉为"两岸清华校长"和清华的"终身校长"。

---

① 1942年，中国政府还清美国庚子赔款。从1942年到1945年8月日本无条件投降，这3年多的庚款基金利息都自动滚动为基金。根据中基会章程规定，在庚款付满后，每年的基金利息可以拨给学校使用。也就是说，从1942年2月起，清华就可以领用基金利息了，但实际上由于太平洋战争的爆发，美国冻结各国资金，庚款利息部分也停止拨付，清华只能靠借贷维持，所以章程上的规定未能立即实现。直到1947年1月，清华大学才真正领用到基金利息，每年约14~15万美金。从1942—1947年5年共可领用75万美金，除留美经费已支用25万美金以外，1947年还可动用50万美金。中华人民共和国成立前，清华基金已增至432.3万美金，利息全年净收15万美金。据中国台湾"中央研究院"统计，在1970年，清华基金账面余额为700余万美金，实际价格达900余万美金。既然中基会章程中有规定，清华基金永不动用，那么过去无论在中国台湾，还是在美国，任何人、任何机构经管此事时，都不可能不受此规定之约束，因此，可以断定此款至今尚在。至于拂去岁月的烟尘，如何寻找变通办法，就是历史交给今天的任务。

（三）华美协进社与商界的联络

卢芹斋（C. T. Loo），浙江湖州人，先后旅居法国、美国，20世纪初国际最有争议的文物商人，也是享有盛誉的中国古董鉴赏家，具有天才般的文物鉴定能力与非凡的商业才能。从某种意义上来讲，卢芹斋是让西方认识中国古董的启蒙者，他以精湛的文物专业知识和绝佳的商业眼光逐渐征服了欧美收藏者。晚年的卢芹斋总结自己的一生充满了矛盾，他承认自己使不少国宝流失海外，同时又为这些国宝避免了战乱得到了保护而感到幸运。

卢芹斋至今最为人诟病的一桩交易是，将唐太宗之墓的"昭陵二骏"——"飒露紫"和"拳毛䯄"石刻浮雕偷运出国，卖至美国，现如今被安放在宾夕法尼亚大学博物馆。此事被中国人视为对中国传统文化的莫大破坏和亵渎，甚至将之与英法联军洗劫圆明园相提并论。这笔交易，不论是其出自皇陵的尊贵程度，还是其2米高、1.7米宽、重达4吨的分量，抑或是令人咋舌的125 000美元的成交价，都打破了当时文物成交价的记录，更不用说此物的政治、历史与艺术价值。对于这些指控，卢芹斋一方面否认自己直接涉及盗墓，另一方面则认为自己的行为实质上令中国文物走遍全世界，就像无声的大使一样，让世人了解并爱上中国文化。无论是为了宣扬中国文化，还是为了满足自己的私欲，卢芹斋积极践行"饮水思源"之理：对中国留学生有求必应，对博物馆的捐赠也不曾中断，在支援抗日方面亦不遗余力，通过组织各种形式的募捐积极出钱出力。

在这种情况下，华美协进社从成立伊始便得到了卢芹斋中国教育基金会的大力资助。该基金会由卢芹斋创办，旨在促进中外教育、文化交流。第二次世界大战期间，卢芹斋离开法国，前往纽约定居，对华美协进社的资助力度也不断加大，尤其是在华美协进社中国大厦举办的艺术展览方面，纽约的"卢芹斋来远公司"不仅提供陈列参展品的橱窗，而且还把本公司的一些艺术珍品提供为展品。

从1930年起，越来越多的中国留学生赴美深造。由于经济原因，他们处于尽快完成学业的压力之下，并且主要就读于位于郊区各地的学校，由此而导致的结果是，他们不仅无暇了解美国民众及其生活，而且很少接触外面的同学，对大型学生社团也日益缺乏了解，鲜有与其交流信息的机会。同时，随着中国留美学生两大全国性组织——北美中国学生同盟与美国中国学生基督教协会——的逐渐解体，他们不再举办各种宗教集会与全国性会议，各种期刊也随之停办，其中包括《中国学生月刊》与《中国基督教学生》。为弥补以上种种不足，卢芹斋中国教育基金会决定出资聘请一位留学生顾问，负责组织中国留学生的集会。

1950年5月，卢芹斋美国华人基金会（C. T. Loo's Chinese in America Foundation）成立，卢芹斋任董事长，哥伦比亚大学教授富路德担任财务主管，孟治担任常务董事。该基金会鼓励从事科学研究，具体项目包括医药、健康、工程科学等，并委托华美协进社组建评选委员会。首届评选委员会由三位专家组成：康奈尔医学院的血液学专家克洛德·E.福克纳（Claude E. Forkner）博士、哥伦比亚大学经济学教授何廉和物理学教授吴健雄，他们最终评选出首批10名获奖者。该奖学金主要针对中国留美大学生设立，申请者的平时在校成绩至少要达到B+的水平，并有志于从事中国文化研究或教学工作。两年之后，由于奖学金申请者人数过多，评选标准也因此而上升为平时在校成绩必须为A。

到1965年，大多数主修科学与技术专业的中国留美学生都得到了政府与大型学术机构的鼎力资助。于是，卢芹斋美国华人基金会决定将资助重点转向其他关键问题的研究。其中，“中国留学生在美国的社会生活”便是得到研究资助金的热点问题之一。

1969年，华美协进社将举办劳动节周末年会（Annual Labor Day Weekend Convention）作为中国留美学生服务项目的一部分。召开集会的时间为每年国际劳动节期间的周末，地点为基督教青年会。前几届集会分别在纽约的波灵（Pawling）与乔治湖的银湾召开，每次集会约有300位中国青年参加，会议活动涉及运动、社交、知识等各个方面，具体包括各种球类运动、游泳与社交舞会，与会者也可以通过这些渠道进行问题磋商与思想交流。最初几届集会的主题包括：“爱情、性与婚姻”，由中国的三位教育家、精神病学家与政治家主持；“中国留美学生的心理与个人问题”，由一位精神病学家主持；“中国对美国生活之影响”，由孟治主持。

二、华美协进社与美国社会的联络

(一)华美协进社与政界的联络

史汀生曾于1929—1933年期间担任美国国务卿。日本发动九一八事变并占领中国东北后,史汀生宣布美国不承认远东由武力引起的损害中国独立与行政完整的变化,史称“不承认主义”(即“史汀生主义”),在一定程度上打击了日本法西斯的嚣张气焰。卸任之后,史汀生担任华美协进社名誉社长,对中国的抗日战争予以许多道义支持。他不仅极力主张美国应直接援助中国抗日,还公开批评美国向日本出售军火武器是违反国际人道主义原则的。在华美协进社开展的各种抗日救亡宣传活动中,史汀生无疑起到了积极的推动作用。

伊丽诺·罗斯福(Eleanor Roosevelt)是罗斯福总统的夫人,时任联合国人权委员会主席,对留学生的活动比较关注。全面抗战期间,她不仅通过华美协进社详细了解中国留学生的动态,而且经常邀请该社负责人参加由她主持的留学生会议,从而扩大华美协进社的社会影响。同时,为了救助中国留美学生,罗斯福夫人协同华美协进社大力呼吁美国政府伸出援手。最终,美国国务院文化交流司拨款50万美元用于救助中国留美学生。

(二)华美协进社与商界的联络

在美国的众多财团和商业机构中,亨利·路思基金会对华美协进社的资助力度最大。该基金会由路思义的儿子亨利·鲁宾孙·路思于1936年建立,是赞助亚洲研究最重要的基金会之一,相关项目的经费占该基金会年度拨款总份额的15%~25%,在推动中美文化交流与学术研究方面发挥了十分重要的作用。路思义是美国北长老会教士,1897年来华,在山东登州传教,1919年燕京大学成立后,曾一度出任副校长。归国之后,路思义积极致力于在美国宗教界传播中国文化,以期增进中美两国人民的友谊。

亨利·鲁宾孙·路思出生于山东登州,1920年毕业于耶鲁大学,1923年在美国创办《时代》(*Time*)周刊,开创了周刊概念媒体形式的先河,因为新颖的形式、内容的丰富性、及时的新闻性而广受好评,取得了巨大成功。接着,又在1930年创办了《财富》(*Fortune*)杂志,1937年创办了《生活》(*Life*)画报,这三种杂志极为畅销,他因此而成为美国著名的实业家,被誉为"时代之父"。到20世纪60年代中期,时代公司已经成为全球最大的杂志出版公司。亨利·路思基金会于1944年捐赠纽约曼哈顿上东城65街125号的一幢典雅的红砖楼作为华美协进社办公场所,并在社内修建了一座富有诗情画意的中式花园——"中国大厦"。捐赠仪式特定于孔子诞辰2495周年(1944年8月27日)举行,国民政府行政院副院长、华美协进社名誉董事长、孔子的第75代直系后裔孔祥熙博士代表该社接受了捐赠。"中国大厦"门楣上方悬挂了一块金字匾额,上面用中英文两种文字书写:

> 中国大厦(China House)
> 谨以此纪念路思义先生(Given in memory of Henry Winters Luce)
> 人类的友谊始终与上帝的慈爱同在(The Brotherhood of Man has its end, as its beginning, in the Fatherhood of God)①

当时,中美两国仍在进行联合抗日,路思家族向华美协进社慷慨解囊的消息传入中国之后,中国人民抗日救国的热情高涨,留美归国学子更是群情激奋,他们努力通过教育、文化机构或其他渠道与美国保持联系。国内的许多大学校长、教授、政界和企业界知名人士纷纷向华美协进社发来贺电。祖国同胞当获悉"中国大厦"改建急需大笔资金时,便在国内积极开展募捐活动,最终筹集资金超过100000美元。南京国民政府主席蒋介石为"中国大厦"题词,并委托当时驻美的行政院副院长孔祥熙博士赠送给华美协进社。对于"中国大厦"的建成,中美两国名流纷纷发来贺信以表庆祝,其中包括:国民政府主席蒋介石、罗斯福总统的夫人、美国副总统华莱士(H. A. Wallace)、美国著名作家赛珍珠和杜威等。美国建筑大师亨利·基拉姆·墨菲担任"中国大厦"设计顾问。"中国大厦"的建成在华美协进社发展史上具有里程碑意义,从此,华美协进社的活动场所与发展空间得到极大拓展,除了办公室与教室以外,还有艺术精品陈列室、图书室、音乐室、会议室,以及清华大学和中基会的办事处。从此,华美协进社不断

① Chih Meng. *Chinese American Understanding—A Sixty-Year Search*[M].New York: China Institute In America Press, 1981: 195.

得到亨利·路思基金会的资助，该基金会负责人也开始长期担任华美协进社董事长，积极推动社团发展。

抗战期间，华美协进社向洛克菲勒基金会申请到一笔紧急救援资金，以帮助中国留美学生顺利完成学业。该基金会于1913年创立，以“在全世界造福人类”为宗旨，将解决社会经济问题的研究方法建立在科学与理性的基础上，开展有组织、职业化的捐赠，力图实现“科学的慈善事业”。其中，教育、医疗卫生和自然科学研究等是其资助的重点。简言之，他们主张用科学和教育征服世界。同大多数美国基金会一样，洛克菲勒基金会的资金绝大部分用于美国国内知识和文化的传播，但海外投资也颇为可观，影响巨大，国际性特征突出。而中国是洛克菲勒基金会开展对外教育文化交流的重要对象，在其海外投资比例中独占鳌头。因为，在洛克菲勒基金会看来，中国作为文明古国，正处于深刻的变革期，有一批能够传播西方文化的精英分子，可促进中西教育文化交流。所以，自成立伊始至1949年退出中国大陆，洛克菲勒基金会积极关注并投资于中国的教育文化事业，具体包括资助美国教会、大学等社会组织在中国的工作，以及开展促进美国对中国的了解和研究的工作。华美协进社正是在这种情况下同洛克菲勒基金会结缘，共同谱写了中美教育、文化交流史上重要的一页。

（三）华美协进社与学界的联络

孟禄是美国著名的教育史学家和比较教育学家，生于印第安纳州，1897年获得芝加哥大学哲学博士学位，1902年任哥伦比亚大学师范学院教授，1915—1923年任哥伦比亚大学师范学院教育系主任（Director, School of Education），1923—1938年任哥伦比亚大学师范学院国际研究所（International Institute）所长。孟禄既是一位饮誉国际的教育家，又是一位国际教育合作的领导者，作为世界教育会联合会的创始人之一，他曾分别于1931—1933年、1935—1943年担任该会主席。孟禄的足迹遍及世界上许多国家和地区，先后访问过中国、菲律宾、日本、土耳其及南美诸国，从事讲学、教育调查等活动，参与指导过不同国家教育体制的研究和创建工作，被誉为“交流之光”。

作为继杜威之后又一位对加速中国教育现代化进程发挥巨大作用的美国

教育家，孟禄对中国传统教育了解较多，1905年由他编撰的《教育史教科书》(*A Textbook in the History of Education*)不仅是孟禄最早了解中国教育的珍贵记录，而且也一直是世界教育史学者主要的参考资料。在书中，孟禄首次对东方国家特别是中国古代教育和文化给予了极大关注，尤其是中国在世界教育历史演进中的重要地位，从而突破了教育史研究中的“欧洲中心论”，进一步拓展了教育史学科的研究对象和视野。他专以第二章论述东方教育“复演式教育——中国模式”，多方面分析中国古代教育思想、制度和方法，对中国的儒家思想体系提出尖锐批评，认为“四书五经”的传统教育方式，使中华民族成为“一本书的民族”。他认为，中国古代教育充分体现了东方教育的共同特性，东方国家的教育与其政治一样，同民族的文化习俗具有密切联系，其目的就在于维持社会的传统，是对过去的复演。由于这个原因，古代东方教育具有明显的保守性，它并不是随着时代的变迁而变革，而是静止不变的，数千年来都不曾发生明显的变化。1927年，孟禄发表著作《进化中之中国》(*China:A Nation in Evolution*)，“所述民国之创立、孙中山及国民党之功绩、学生运动、教育状况，及美俄对华政策等等，无不确切有味，文字亦复清新可诵，允宜人手一编，图书馆更不可不备”[①]。

孟禄“既是中国教育改革的建议者、指导者、推动者，又是中美教育关系互动过程中的参与者和主持者，代表了美国教育的利益，履行了把美国教育向世界扩展和传播的使命”[②]。在哥伦比亚大学教师学院从教期间，孟禄培养了大批中国留学生，如郭秉文、蒋梦麟、张伯苓、胡适、陶行知、陈鹤琴等，在学习、生活以及思想方面都给予他们热忱而无私的关怀与提携，这些留学生学成归国之后，大多成为中国教育界的精英人物和教育改革的中坚力量。在中基会与华美协进社的成立和改组过程中，孟禄参与了各项重大决策，对推动中国的社会改造事业和中美教育、文化交流贡献颇丰。美国国会通过第二次“退还”中国“庚子赔款”议案后，孟禄最先倡议成立由中美两国人士共同参与的庚款基金会，并拟定详细计划，决定了庚款用途及其使用方针，在组建中基会以及对中基会工作的开展方面起到了积极作用。一直专注于推动中国教育、学术发展的中基会的成立，是中国历史上的创举。从1924年9月中基会成立直至1944年，孟禄一

① 关于中国之两大新著到沪[N].申报,1928-02-23(11).

② 王小丁.中美教育关系研究(1840—1927)[M].成都:四川大学出版社,2009:291.

直担任该会副董事长，多次来华出席年会、常会，还以书信和电报联系的方式领导该会各项活动的开展，参与各项重大决策，一度成为美国政府和教育界的对华喉舌，为推动中国科学教育以及中美教育、文化交流的发展做出了重大贡献。

20世纪20年代，通过数次访华，孟禄对中国教育文化与知识界的了解愈益加深，同时切实感受到美国从知识阶层到普通民众对中国的认识都十分有限，因此，积极倡议华美协进社的创立。孟禄既是华美协进社的创始人之一，也是该社改组之后的首任董事长，在华美协进社发挥了核心作用。在华美协进社任职期间，孟禄除积极争取中基会资金补助外，还利用自己在哥伦比亚大学和一些国际机构身兼要职的便利条件，以及其社会地位和影响力，为华美协进社广辟财源，多渠道筹集资金，如争取洛克菲勒基金会赞助即是一例。抗战爆发后，中国的科技人才匮乏问题成为当务之急。有鉴于此，南京国民政府教育部与财政部联合做出规定：官费和自费留学只限于那些计划学习军事科学、纯科学、工程学、医学等直接用于或与战争和保卫国家密切相关科目的学生。赴美留学生均以学习理工科为主。[①]但当他们完成理论学习后，却很难获得实习机会，因而在实践操作方面存在严重不足。为解决这一问题，中基会委托华美协进社为留学生联系实习培训机构，并积极动员他们参加实践培训。欲使更多的留学生获得实习机会，大量的资金资助实属必需。1941年4月，在香港举行的中基会第17次年会上，孟禄提议，为华美协进社培训技术人才一事向洛克菲勒基金会致函，请求予以资助。[②]该提议经董事会会议讨论通过，并授权孟禄代表该会致函。在中基会与洛克菲勒基金会等社团的支持下，华美协进社通过举办多次培训活动，极大地提高了留美理工科学生的实践能力，为中国抗日战争培养、输送了大批合格的急需人才。

---

① Lin Ying Kao: *Academic and Professional Attainments of Native Chinese Students Graduating from Teachers College, Columbia University*(1909–1950)[D]. New York: Teachers College, Columbia University, 43.

② 中华教育文化基金董事会第十七次董事年会记录[A].南京：中国第二历史档案馆：全宗号(484)，案卷号(4).

(四)华美协进社与哥伦比亚大学

高等教育机构作为美国对外教育传播的主要媒介,在中美教育、文化交流中具有无可比拟的地位和无可替代的作用。哥伦比亚大学(Columbia University,简称“哥大”)就是这样一所享有崇高国际声誉的知名学府,它与中国渊源甚早,率先开展中国学的研究,实力雄厚的东亚研究系是世界汉学研究的重镇,东亚图书馆也以中文藏书丰富而闻名全美。

哥伦比亚大学是一所位于美国纽约曼哈顿的世界著名私立研究型大学,于1754年根据英国国王乔治二世颁布的《国王宪章》而成立,初名国王学院,1896年正式更名为哥伦比亚大学(1784—1896年为哥伦比亚学院),是纽约州最早成立的高等教育机构,也是美国历史最悠久的5所大学之一。哥伦比亚大学师范学院(Teachers College,Columbia University,简称“哥大师院”)是世界顶级的教育研究生院之一,也是世界上最大的教育学、应用心理学和心理健康学方面的综合性研究生院,坐落于纽约繁华的曼哈顿岛上,作为美国综合性大学中师范学院历史的“开篇之作”,哥大师院的创建与发展历史在某种程度上代表了美国教师教育的发展史。

哥大师院创立于1887年,旨在为当时纽约市训练贫苦移民儿童的新式师资,学校初名为纽约教师培训学院(New York College for the Training of Teachers),1892年,正式改名为师范学院并沿用至今,并于1898年作为专业学校融入大学体制,成为哥伦比亚大学的四所附属学院之一,但保留合法的独立性和财务的独立性,即经费、人员、学生、课程等都是相对独立的,从而成为美国综合性大学中第一所专门培养教师的机构。哥大师院的发展模式是师范学院与综合大学的“联姻”,形成了教育学科与文理学科、艺术、社会科学交叉融合的学科结构,而且师范学院与母体哥伦比亚大学所形成的既相互依赖又相互独立的关系,使其一方面能够保持自身的学科特色和办学传统,另一方面也可以依托哥伦比亚大学主体的办学资源,不断形成新的学术领地。

自创办以来,有一大批蜚声海外的大师级学术翘楚与知名人士都曾在师院任教或求学,不仅造就了多个教育学术流派,还荣获了多个全美教育第一,为哥大师院的发展积累了深厚的学术与文化底蕴。其中最为著名的包括实用主义哲学家杜威、教育史学家孟禄、进步主义教育家克伯屈、教育心理学体系和联结主义心理学的创始人桑代克、教育行政学家斯垂耶(G. D. Strayer,郭秉文、陶行知的毕业论文指导老师)、教育史学家法云通(F. Farrington)、教育社会学家拉格(H. Rugg)、教育测验专家麦柯尔(W. A. Mecall)等。杜威在1904年加盟哥大师院至1930年退休期间,与大家一起,共同铸成了哥大师院的黄金时代,创立了著名的实用主义教育哲学体系,在美国教育研究与教师培养领域颇具声望,从而使哥大师院成为美国20世纪上半叶最有影响的教育研究机构,也成了美国进步主义教育运动的领导中心与理论重镇。

20世纪上半叶,哥伦比亚大学师范学院对华的教育影响也是中美教育、文化交流的一个缩影。作为世界知名学府,国际化与多元文化融合一直是哥大可持续、高质量发展的重要战略之一。作为一所私立教育研究院,哥大师院秉持杜威提出的“教育是社会进步与改革的根本之道”的教育理念,自办学之初,便富有前瞻性地推出了学院的国际化发展战略,积极倡导师生队伍的国际化,一方面积极聘请具有国际背景的教师,热情欢迎世界各国的知名教授前来讲学与合作研究,以维持学术风格的多元化,保持学术研究的活力与生机;另一方面尤以学生来源的国际化最为明显,不断扩大国际学生的招生比例,其校友遍布世界170余个国家与地区,而其中中国留学生的人数长期居于各国之首。

据华美协进社调查,19世纪中叶以后的100年间(1854—1953年),在美国的大学学习或毕业的中国留学生总计20906人,其中,专攻教育学的达943人,而超过半数的488名(占51.7%)为哥伦比亚大学师范学院的毕业生。①这些受名师亲炙的哥大师院毕业生群成为中国教育界的一大景观,他们当中不少人身负“教育救国”的职志,纷纷将哥大师院视为自己留学求知、实现人生抱负的教育圣地。这些学生学成归国之后,大多担任大学教授或教育行政官员,在以美国为参考模式的民国早期教育近代化事业发展过程中发挥了核心作用。因此,“在世界历史上,迄今为止,还很少见到哪一所学校对另一个国家的教育像哥伦比亚大学师范学院对现代中国教育那样,产生如此重大而深远的影响”②。据统

① A Survey of Chinese Students in American Universities and Colleges in the Past One Hundred Years [J].China Institute in America,1954:28-33.

② 周洪宇.美国哥伦比亚大学师范学院与现代中国教育[J].教育评论,2001(5):57-58.

计，仅1909—1929年期间，来到师范学院学习的外国留学生总数达3795人，其中中国留学生人数就达519人之多。[①]其中，“从1914年郭秉文在哥伦比亚大学师范学院获得教育学博士学位，成为留美学教育的第一位获得博士学位的中国人，到1950年傅统先、刘静和及卢惠卿等博士毕业，20世纪上半叶在美国哥伦比亚大学师范学院获教育学博士学位的共有49位中国留学生”[②]。

当时在哥大师院学习的中国留学生主要分为两种：一种人年纪较轻，致力于对教育的精深研究，以期获得学位，贡献社会，如郭秉文（哥大师院在籍时间为1911—1914年）、胡适、陶行知（哥大师院在籍时间为1915—1917年）、蒋梦麟、陈鹤琴、郑晓沧等；另一种人年纪较长，他们曾在国内从事过教师、校长或督学等工作，拥有丰富的教育实践经验，出国主要作短期研修，旨在借鉴美国教育，改良中国教育，如曾创办南开大学、担任过清华教务长的张伯苓，北京高师教授邓萃英等。他们在哥大师院形成了早期的教育思想和政治主张，为后来回国开展教育改革，促进教育科学的科学化、学科化、科层化和国际化，奠定了坚实的基础。学成归国之后，这些留学生大都进入中国的政界、文化教育界工作，并成为诸多领域的开创者和奠基人，逐渐形成中国现代教育改革的领导群体和中坚力量。其中的许多毕业生至今仍如雷贯耳，如东南大学创校校长郭秉文，国学大师胡适，人民教育家陶行知，中国幼教之父陈鹤琴，原北京大学校长蒋梦麟、马寅初等，他们占据要津，不仅成为新思想、新文化的有力鼓呼者和新教育的推进引导者，而且也为中美教育、文化的交流搭建了一个良好的平台。当初抱着对知识的渴求来到美国，再加上共同的学习生活，这些留美学生与美国师友建立了长久的友谊和联系，对留学的母校也产生了深厚感情。由此可见，哥大师院为中国文教界培养了大量人才乃至一批大师级人物，从而为中国现代教育的改革与发展进行了卓有成效的人才储备。

哥大师院毕业的留美学生在把正确输入先进的美国教育思想、建设中国新教育作为加速近代化捷径的同时，也力行教育的国际化。由郭秉文、孟治、程其

① Lin Ying Kao: *Academic and Professional Attainments of Native Chinese Students Graduating from Teachers College, Columbia University* (1909-1950) [D]. New York: Teachers College, Columbia University, 1951:43.

② 丁钢.20世纪上半叶哥伦比亚大学师范学院的中国留学生——一份博士名单的见证[J].高等教育研究，2013，34(5):83-87，94.

保三代社长先后主持的华美协进社，在美国建立了一个影响极大、成就较高的中美教育、文化交流的前沿阵地，并赢得了广泛的国际赞誉。作为在美国成立的第一个致力于向美国大众介绍中国和传播中国文化的教育文化组织，华美协进社与位于纽约的闻名于世的哥伦比亚大学有着千丝万缕的联系。哥伦比亚大学是美国当时屈指可数的具有东方院系和众多中国留学生的卓越教育机构之一。自成立以来，华美协进社就通过演讲宣传、办展览、举办培训班等灵活多样的形式，为交流中美教育、文化信息，增进中美教育机构之间的联系，推动中美两国间交换教授与学生，协助在美的中国留学生，介绍中国文化和中国概况等，做了大量卓有成效的工作。

综上所述，与华美协进社建立社会联络的中美人士与机构所具有的共同特征包括：(1)对向世界传播中国教育、文化持有浓厚的兴趣与责任感，体现了巨大的主动性、创造性和挑战性。他们怀着一种人性的良知与热忱，自觉地充当中美教育、文化交流的信使。他们的存在本身就是中美教育、文化交流的象征。(2)对中美教育、文化的通透。在跨文化交流中，一方面要保持本国的特性，另一方面还要与国际接轨。这两方面要做到平衡，需要很高的文化要求。这些社会名流不仅具有融汇中西教育、文化的知识结构，而且具有一种文化觉悟，能够走近东西文化。(3)具有面向世界传播中国教育的敏锐感。这些领袖人物凭借过人的口才、卓越的组织与活动能力，对华美协进社从事的事业有着相当高的觉悟与信仰。

作为美国民间社团，华美协进社目前在动用美国社会各界力量方面已大不如前，在中国的影响亦是明日黄花，究其原因主要有两方面：第一，随着中美教育、文化交流的日益繁荣，从事此项工作的机构逐渐走向专业化和多样化，华美协进社的社务范围因此而骤减，竞争实力也明显减弱，这是主要原因；第二，华美协进社的名人效应呈现出“俱往矣”的趋势，如今的董事会成员、顾问委员会委员以及社团领袖与当年的杜威、孟禄、胡适、孟治之辈，显然不能相提并论，社会号召力自然无法同日而语，从某种程度上来说，这也是导致社团功能弱化的直接原因。

随着经济全球化的发展，中国经济不断持续迅猛发展，国际地位不断提升，国际交流日益广泛，世界性的“汉语热”正在全球范围内迅速升温。无论是为了探索古老的中华文明，还是为了在充满活力的当代中国寻找发展机遇或经济利益，学习汉语、了解中国、对接中国发展红利正越来越成为世界各国年轻人的一个时尚话题，汉语因此成为极具上升空间的国际性语言。

同时，仅就留学生教育而言，中国近年来一直是美国留学生的第一大生源国，美国留学中国的人数也持续上升。中美作为当今世界举足轻重的两个大国，在教育、文化、经济贸易等领域的交流日益深入。为了真正成为美国民众了解当代中国信息的窗口，以及中美进行教育、文化、经济贸易等交流合作的平台，华美协进社必须重视在越来越多的跨文化交流中，因无法避免而产生的对中国的误解。只有勇于和善于应对工作中的这些挑战，才能够更加深入、全面、客观地向世界介绍中国。

结 语

民间社团是社会组织的重要组成部分，是人们为追求某种特定目的而结成的业余社会生活的基本组织形式，具有互益性、同类相聚性、民间性、非营利性和组织化程度较高等特征。[①]华美协进社作为一个民间社团，起到了政府、企业和个人所无可比拟的作用。它在一定程度上打破了血缘、地域、身份的传统限制，功能有了很大的扩张，通过进行独立的社务活动，实现自身所确立的目标。

任何时代的任何形式的文化，尤其是作为社会意识的精神文化，都是人们对一定社会物质生活的反映，或是关于他们同自然关系的反映，或是关于他们之间社会关系的反映。[②]一般地说，可将文化分为器物、制度、心理三个层次，当两种异质文化相交时，器物层次的交流最易也往往最先，典章制度的模仿也相对容易，而文化心理的问题则最难，因而往往最后。近现代中美文化的碰撞与交流，也大体遵循这一规律。

文化之为物，不仅具有时代性质，而且具有民族性质。就时代性而论，不同文化类型之间，或因发展阶段之不同，而生先进、落后之分，有其价值上的不同；若就民族性而论，不同文化类型之间的差别，正是不同民族文化得以存在的根据，无可区分轩轾。文化交流是推动人类社会前进的主要动力之一，文化一旦产生，就必然交流，这种交流是任何力量也阻挡不住的。由于文化交流，世界各民族的文化才能互相补充，共同发展，从而形成了世界上万紫千红的文化繁荣

① 王颖，折晓叶，孙炳耀.社会中间层——改革与中国的社团组织[M].北京:中国发展出版社，1993:26.

② 庞朴.文化的民族性与时代性[M].北京:中国和平出版社，1988:2.

景象。

在中西文化广泛深入的接触中，两者之间既表现出普遍的矛盾与冲突，又贯穿着程度不同的汇通与融合，可谓是汇通中有矛盾，冲突里有融合。但是，如果从其发展全局来看，这种中西文化间的矛盾冲突与汇通融合，又有着不同的趋势。总的看来，冲突日益减弱，是支流；融合逐渐加强，渐成主流。华美协进社从事的中美文化交流形式多样，范围广泛，内容丰富。作为属于异质文化交流的范畴，中美文化交流活动除具有不同的民族特性外，还具有显著的时代差异。

1990年，美国哈佛大学肯尼迪政府学院教授约瑟夫·奈(Joseph Nye)在《美国能领导世界吗?》这部著作中，首次提出软实力(Soft Power)的概念，将其定义为一种靠着吸引而非强制与收买来达到目标之能力，它主要包括文化吸引力、政治感召力及塑造国际规则和决定政治议题的能力。[①]软实力代表一国的文化传统、政治制度、价值观念等对于他国民众的吸引力和感召力，是当前评价国家综合实力的重要因素。他将综合国力分为硬实力(Hard Power)与软实力两种形态，他认为，文化是国家软实力的核心要素，主要是指一个国家或地区文化的影响力、凝聚力和感召力。随着当前综合国力竞争的日趋激烈，对于软实力的建设和竞争越来越得到各国重视，许多国家通过不断输出文化和价值观来影响他国民众。由此可见，文化的力量，是一个民族的力量，更是一个国家的分量。在约瑟夫·奈后来发表的《中国软实力的崛起》一文中，他指出，中国的软实力近年来提升很快，并且中国采取提升软实力的政策是明智之举。繁荣中美文化交流，实现共赢与和谐的核心价值取向，必然以提升中国文化软实力为根本途径。从冲突到融合是文化交流的普遍规律，文化交往对促进国际理解和友好至关重要，其优势是经济、政治等活动所无可比拟的。华美协进社通过传播中美教育、文化信息，加强两国教育、文化机构间之联系，代管中国留美学生，鼓励中美人士研究国际文化，大力弘扬中国传统文化，促进了中美教育、文化交流在民间领域中的发展。

对于发展中国家而言，并不存在与发达国家之间绝对平等的教育、文化交

① [美] 约瑟夫·S.奈.硬权力与软权力[M].门洪华，译.北京：北京大学出版社，2005：116-117.

流,经济的落后注定了其教育、文化缺乏生机和影响,而发达国家通过强大的经济和技术实力,控制着教育、文化输出的主动权。他们把自己的意识形态作为普遍的价值形态,通过大众传播或以经济制裁为要挟灌输给发展中国家。就中西文化交流而言,西方文化输向中国是主要趋势,西方文化给中国带来的影响远远大过中国文化影响西方。然而“尽管中国的情境日益受到西方影响,这个社会的内在历史自始至终依然是中国的”①,这也是对中国在近代化过程中的主体地位及其文化自觉与自信的肯定。由此可见,一种文化决不能靠排斥其他文化而得到真正的发展,有没有容纳外来文化的气魄,能不能吸收和消化新的分子而又不机械搬运、盲目崇洋,正是衡量一种文化有没有生命力的标志。

纵观中美教育、文化交流的发展历程,终身以此为职志的中美人士不计其数,然个人之力毕竟有限,终难以在国际教育、文化交流方面产生积极而持续之影响。而华美协进社则能大力弘扬群策群力的团体精神,招募大批志愿者,尤其是中国留美学生,共同致力于中美理解之事业,生动地演绎着社团活动与国际交流的互动规则,为今天社团活动在国际交流中发挥更大作用做出了有益探索,积累了宝贵经验,提供了可贵示范。中国留美学生既是实地接受美国教育的客体,又是传播美国教育的主体,这种同一性推动了中美教育、文化交流的规模与速度的同步提升。初次走出国门的留美学生,在被置之“庄岳之间”、初步感受中美两种教育、文化不同气息的时候,就开始在美国本土有力地推进中美教育、文化交流。这种交流尤富基础性与先导性,在促进教育发展的同时,也有助于逐步消除中国传统教育、文化乃至社会同美国文明之间的壁垒。在对美国教育、文化思想的输入同对其反哺和回报渐趋融合的基础上,传入新知、再造文明不仅成为可能,而且不失为一种日趋公正、完整和进步的文化交流方式。

自从华美协进社成立以来,尽管中美两国关系时起时伏,曲曲折折,但中美两国人民之间的往来却日渐频繁,两国间的教育、文化交流也呈直线上升的发展势头。在华美协进社推进的中美交流事业中,不仅有弹性极大,难以达成统一的思想层面的交流,也有目的各异、比较自由的私人交往;更有频繁的跨越重洋、组织化程度极高的交流,并随着时间推移以及社团的发展而日趋规范和壮

① [美]柯文.在中国发现历史——中国中心观在美国的兴起[M].林同奇,译.北京:中华书局,2002:210.

大。目前,中美教育、文化联系已成为两国关系最广泛、最深厚的社会基础,已经和必将继续对中美两国的长期关系产生深远的影响,华美协进社能够而且应该为促进中美教育、文化交流做出应有的贡献。

在中美教育、文化交流问题上,我们有过惨痛的教训。恩格斯有言,没有哪一次巨大的历史灾难不是以历史的进步为补偿的。日新月异的高科技,正在把人们生息的地球变得越来越小,有了沟通与了解,有了理解与尊重,中美教育、文化交流终究会愈来愈全面、愈来愈深入。华美协进社从最早在美国开向中国的一扇窗口,到已经成为紧密联系中西方文化的一座桥梁,它无疑将使越来越多的西方人从这里看到中国,并日益加深对中国的了解。

华美协进社已经走过90余年的风雨路程,中国已不复是昔日的中国,美国当然也不再是当年的美国。该社创立者的梦想和期冀已有一部分早已实现,但这并不意味着压在华美协进社肩上的推动中美教育、文化交流,促进中美间相互理解的担子会稍轻。未来的道路,机遇和挑战并存,而重中之重的任务则是如何让华美协进社扎根当地,融合发展。因此,这需要充分考虑中美两国对于教育、文化交流的具体要求,促使中美两国的合作伙伴高度融入、密切配合。华美协进社有一个梦想,要让这世界上的两个巨人握手,让这两个伟大的民族互相理解,世世代代友好下去。这是一个普通的民间社团的不普通的、伟大的梦想,一个终有一天可以实现的梦想。当然,每一个人都知道,这个梦想成为现实殊非易事。可是,每一个有良知的中国人和美国人都会相信,只要有不朽的恒心和耐力,不乏信心和千里之行始于足下的现实感,不管是多么遥远,这一天是总会到来的。

时代在发展,世界在变化。当今中美关系在世界上备受关注,中美之间有竞争也有合作,两国人民从对方身上看到了的是机会还是恐惧,关键在于理解与换位思考。"中美两国需要的是信任,我们就是架起信任的桥梁",这是华美协进社一贯的宗旨,除了传播中国文化,在促进东西文化交流方面,该社更愿担当中美友好大使。中美两国人民有着许多共同利益,友好、和平符合两国人民的愿望。随着中美关系的日趋成熟、稳定,愿华美协进社更加精进!

附录

附录一：

美籍华人调查问卷[①]

请您如实回答以下各项提问，并仔细考虑在您心目中的重要时期美籍华人的思想观念与生活经历。也许一些问题的设计不适合您来回答，还望见谅。该问卷回收之后绝对保密。签名遵循自愿的原则。请按顺序回答下列问题，对于您的配合，我们表示不胜感激。

——俄勒冈州麦克明维尔的林菲尔德学院

格拉迪斯·张（Gladys Chang）

1. 您的出生地在哪里？您在哪里度过童年时代——城市、乡村还是其他？请说出具体地名以及当地的风土人情、经济状况和令您感兴趣或难忘之处。

2. 您父亲的职业是什么？童年时代，您如何看待这种职业？

3. 您父母的教育程度如何？他们的英语口语表达能力如何？您与家长交流时使用哪种（些）语言？您以前和现在的汉语水平如何？您是否在中国接受过学校教育？父母对此有何见解？

4. 客人到您家中来访的频率如何？客人有哪些类型（亲戚、朋友、白种人、中国人等）？您与客人的关系如何？他们对您有何影响？

① Chih Meng's Manuscripts, 102–103.

5. 您接受过哪些学校教育？从小到大，您最喜欢哪所学校？最讨厌哪所学校？请说明原因。学校教育中的体育、考试、娱乐、军训等开展情况如何？您是否加入过华人社团？请说出该组织的具体名称和开展的活动。

6. 您是否在学校遭遇过挫折？有哪些挫折？请具体说明。父母对您的学业的关注程度如何？

7. 童年时代对您产生重大影响的人物有哪些？请具体说明。

8. 您是否与父母(兄弟姐妹、朋友们)进行过坦诚交流？您认为是否有坦诚交流的必要？如果有这种敞开心扉的机会，您的倾诉对象是谁？谈论的话题有哪些？

9. 父母如何看待宗教信仰？他们的态度对您有何影响？您对宗教信仰持何见解？宗教信仰对您的生活有何影响？

10. 您何时开始考虑择业问题？您第一次选择的职业是什么？让您做出这种选择的原因和经历有哪些？

11. 您现在的身份或职业是什么？如果您曾经变换过职业，原因是什么？

12. 您在童年时代立下的哪些理想和志向得到了家人的鼓励和支持？哪些得到了朋友们的赞许？哪些没有得到人们的认可？这些肯定或否定态度对您有何影响？

13. 如果您现在是一名学生，对今后的学习有何打算？如果您现在不是一名学生，那么您于何时离开学校？原因是什么？

14. 您如何度过业余时间？与谁一起度过(请说出他的国籍、年龄、与您的关系等)？除目前的职业或主修的专业外，您有何兴趣、爱好？您对业余时间的利用是否有所变化？

15. 如果您一直在学校接受教育，您认为种族歧视是否会降临到您的身上？对您有何影响？

16. 您是否曾经兼职以维持生计？这份职业与您心目中的理想职业是否吻合？如果您正在大学就读，是否需要自筹部分或全部费用？为了谋生和养家糊口，您需要放弃哪些理想与抱负？

17. 您如何看待中国的风俗习惯和传统信仰？它们对您的家庭有何影响？在与祖国同胞交往的过程中，您是否有过尴尬、屈辱等不愉快的经历？与其他国家的人交往呢？

18. 您与不同种族或国家人民的关系如何(如菲律宾人、日本人，黑种人、白种人等)？您对他们有何看法？在交往过程中，您的看法是否发生过改变？您对社团组织持积极加入态度，还是消极排斥态度？请具体说明。

19. 您如何看待父母的观点？您对他们的哪些观点持赞成态度(与美国观点有别)？哪些不赞成？哪些应该摒弃？

20. 具体说明父母的思想观念对您的学业和择业所产生的影响。

21. 您的婚姻观是什么？与父母的婚姻观有何不同？产生这些不同的原因是什么？您是否赞成异族通婚？为什么？假如异族通婚遭到禁止，您认为应如何解决种族问题？

22. 您是否曾幻想过成为其他民族或国家中的一员？主要原因是什么？

23. 中国成为"二战"中的战胜国，这一客观事实对您的社会地位有何影响？这种影响是否与种族歧视有关？您认为美籍华人的前途命运如何？

24. 美籍华人应如何促进华人社区和祖国的发展，孤军奋战还是齐心协力？您曾在这一方面有何作为？将来有何打算？

25. 您如何看待《排华法案》？您对目前"废除此项法案，置中国于平等地位"的提议有何看法？您认为这种平等的观念是否应运用于所有东方国家？为什么？《排华法案》对您的未来有何影响？对大部分美籍华人有何影响？

26. 您对未来有何规划？短期规划还是战后之长期规划？您是否计划返回祖国？为什么？

27. 您计划为祖国战后复兴做些什么？美籍华人应为中美两国做出贡献，对此您有何看法？

附录二:

对旅美华人专业人士与中国留学生的个人调查①

华美协进社

纽约州　纽约　东65街125号

(问卷填写内容绝对保密)

Ⅰ.基本信息

1. 姓名:英文____________________　中文____________________

(姓)　(名)

2. 当前住址:____________________　电话:____________________

(街道)　(城市,州)

3. 长住地址(在美国):________________

4. 性别:男______　女______

5. 出生日期:______年______月______日

6. 出生地点:城市__________　州或省__________　国家__________

7. 国籍:中国__________　美国__________　正在申请移民__________

① Chih Meng's Manuscripts, 178-181.

Ⅱ. 家庭情况

1. 婚姻状况：未婚______ 已婚______ 离婚______ 丧偶______

2. 配偶：姓名__________ 职业__________ 地址____________________

3. 子女：

序号	姓名	性别	年龄	职业	住址
(1)					
(2)					
(3)					
(4)					

Ⅲ. 身体状况

1. 身高：______英尺______英寸

2. 体重：______磅

3. 健康状况：______

Ⅳ. 生活起居

1. 住房类型：宿舍______ 私人住宅______ 俱乐部房屋______

自己的住宅______ 租住房屋______

2. 地点：校园________ 城区________ 城郊________ 乡村________

Ⅴ. 法律地位

1. 抵达美国的日期：______年______月______日

2. 入境港口：____________

3. 坐船还是乘飞机？____________

4. 护照类型：学生______ 政府官员______ 游客______ 其他______

5. 签证期限：______年______月______日

6. 依据美国现行的移民法，你在此居留是否存在问题？是____ 否____

7. 如果存在问题，请详细说明并提出需要哪些帮助。

____

Ⅵ. 教育状况

1. 入读教育机构(包括以前或现在就读的职业学校、学院与大学):

名称	地点	入学日期	专业	学位	毕业日期

2. 目前获得的奖学金或研究金的情况:名称________ 获奖日期________

3. 目前正在攻读的学位:________ 预计的毕业日期:________

4. 毕业所要求的学分、成绩或课时:________

5. 目前正在从事的研究或其他专门研究项目:________

6. 未来教育计划:__________

7. 加入学术、科学或名誉社团的情况:

社团名称	成员类型	选举日期

8. 课外活动:(1)_____ (2)_____ (3)_____ (4)_____ (5)_____

9.语言(指熟练掌握的语言)

语言或方言名称	读			说		
	优	良	中	优	良	中

10. 喜欢阅读的书籍或文章：

A. 书籍：

书名	出版者	出版日期

B. 文章：

题目	刊物名称	日期

Ⅶ. 就业情况（按顺序填写你曾经从事过的工作，先写目前的职业，依此类推）

1. 雇主姓名或工作单位名称：____________ 职务：____________

职责：__________ 工作期限：____________ 全职还是兼职：__________

离职原因：____

2. 雇主姓名或工作单位名称：____________ 职务：____________

职责：__________ 工作期限：____________ 全职还是兼职：__________

离职原因：____

3. 雇主姓名或工作单位名称：____________ 职务：____________

职责：__________ 工作期限：____________ 全职还是兼职：__________

离职原因：____

4. 雇主姓名或工作单位名称：____________ 职务：____________

职责：__________ 工作期限：____________ 全职还是兼职：__________

离职原因：____

Ⅷ. 技能水平

1. 专业技能

第一____________(研究、教学或管理)

2. 辅助技能

第二____________(研究、教学或管理)

第三____________(研究、教学或管理)

3. 其他技能:

A.__________ B.__________ C.__________

4. 所获技能证书或执照:____________

Ⅸ. 就业规划

1. 就业类型:

A. 第一选择____________

B. 第二选择____________

C. 第三选择____________

2. 固定工作还是临时工作? ____________

3. 心仪的工作环境:____________

4. 薪金:每年或每月____________美元

5. 何时可以觅得一份不错的工作? ____________

Ⅹ. 经济状况

1. 以前的经济来源____________

A. 赴美经费的主要来源

B. 得到的经济援助

补助金类型	数额	期限	
		自	迄

2. 经费用度:

A. 使用类型:____________(学费、房租、食宿费等)

B. 估计数额：每年或每月__________美元

3. 未来预计可得到的经济援助：

补助金类型	数额	期限	
		自	迄

Ⅺ. 参考信息（可为你担保的教授、雇主或其他人士的有关情况）

姓名	职务	地址

Ⅻ. 你是否满意目前在美国的生活？____________

如果不满意，哪些方面能够加以改善？______________________________

____

ⅩⅢ. 除就业与经济问题之外，你还有哪些问题？你在哪些方面急需得到帮助？

____

签名（英文）：____________

日期：____________

附录三：

关于如何在美国学校教材中增加介绍中国文化内容的初步调查报告[①]

吴杜天湘(哲学博士)

39年前，英国传教士李提摩太(Timothy Lew)最先对美国课本忽视中国文化的现象提出质疑与批判。1917年，他发现现代世界历史课本对中国的介绍显得支离破碎，并且翻译也存在严重纰漏，同时，他也强烈意识到，由于课本的误导，美国的孩子们对中国及其人民的了解非常有限，并形成了许多根深蒂固的偏见。由此看来，这些课本大大助长了种族偏见的蔓延，并使美国人对汉学持一种居高临下的轻慢态度。

1939年，在哈佛大学从事中国与日本文化研究的学者阿尔弗雷德·M. 邱吉(Alfred M. Church)也针对美国中小学课本提出类似质疑。根据他的调查，一名高中生用来学习远东社会文化的时间可能只占全部学习时间的1%，为了进一步验证这一结论，他挑选了一组高中生进行测试，结果表明，他们对中国及远东文化几乎一无所知。1946年底，美国教育评论会发表了一份关于美国教材涉猎亚洲文化的调查报告，其中指出，美国教材中的亚洲文化元素不仅少，而且还缺乏广泛性与代表性。

根据上述研究结果，我们不禁要问："近年来有关方面为了克服这些弊端到

① Chih Meng's Manuscripts, 232–238.

底作出了多少努力?”深入了解中国及其文化已成为当务之急。美国作为世界超级大国,绝对不应再忽略中国这样的国家,因为它已经在国际事务中发挥越来越重要的作用。1955年5月召开的首届中美文化交流圆桌会议便集中探讨了这些问题:“如何引起人们对中国文化的重视?”“在介绍这个文明古国的历史文化的过程中,我们是否能够进行严谨而充分的翻译工作?”“对于美国人而言,深入系统地研究汉学是否具有现实意义?”与会代表围绕以上问题,展开激烈的研讨,积极建言献策。

可以毫不夸张地说,学习中国文化不仅具有必要性,而且具有迫切性,唯其如此,才能有效增进美国民众对中国的了解。此外,从中国人的角度对美国的课本提出改进意见应是非常中肯的,旨在为教材编写者提供改进良方,以期能够全面、准确地介绍中国文化。因此,此项研究旨在加强翻译介绍中国文化的精确性,引导人们正视现实问题,努力加大传播中国文化的力度,培养学生了解外国民族及其文化的浓厚兴趣。

该研究从调查美国高中普遍采用的世界历史与地理课本着手,以期能够将此次调查结果与以往的同类研究进行比较,并计划将此次研究所取得的成果推广到其他社会研究领域,如公民学、民主问题、美国历史以及小学课本的编写。为了实现上述计划,必须围绕一个核心问题——如何介绍中国文化——展开广泛深入、富有成果的研讨。然而,目前的研究只是针对美国高中普遍采用的世界历史与地理课本展开。此外,该研究还力图明晰美国学生了解中国及其文化的真实水平,因为学生的求知途径并不仅限于课本与学校,因此,研究人员对学生进行了专门的问卷调查,内容涉及中国历史、地理以及与其他国家的往来。衷心希望此次课本研讨与问卷调查有助于现实问题的解决。

因为该研究计划直到1956年2月才制订完成,截至会议召开,研究人员只对部分课本进行了定性、定量的分析,所以不可能在会议上提出全面、系统的研究报告,对下列问题尚待进一步的探讨:在课本内容中增加中国文化的介绍有多大的伸缩余地?原有课本介绍中国文化的准确程度如何?翻译的准确程度如何?这些内容是否有助于加深学生对中国文化的正确了解?尽管如此,在这次实证调研的基础上,研究人员提出的报告草案仍体现了不少特色,值得有关方面认真考虑,予以采纳。下面列举部分研究成果:

1. 在介绍中国历史方面存在支离破碎的现象——在美国的现有课本中，除对中国古代史做过详尽介绍之外，对中国近代社会的发展历程鲜有涉及，例如，只是在介绍西方传教士在东方诸国的传教活动与日本发动的侵略战争时才提到中国。这种附带补充性质的介绍很难揭示中国历史的发展全貌。

2. 对中国文化的介绍过于粗浅——当论及中国人的宗教信仰时，一册课本这样写道："他们的宗教非常古老且根深蒂固，孔子是他们心目中的圣贤，他的思想也因此成为中国人的道德伦理准则。"在阐述丰富多彩的中国方言时，教材编写者认为："只有少数中国人在北平接受过教育，也只有这些人会讲中国国语。"如果不对事实做进一步的考证，这些介绍确实具有误导作用。

3. 翻译严重失实——在介绍西方商人在华的传教活动时，教材编写者这样写道："在14世纪初，远东曾一度被视为已经实现彻底的基督化，但是在14世纪中后期，中国却爆发了佛教改革运动，结果，明朝统治了中华大地，以佛教为国教的明朝在中国的统治时间长达3个世纪之久，在此期间，基督教被视为异教遭到排斥。"诸如此类的介绍加上拙劣的翻译不仅误导读者，甚至严重阻碍对中国历史文化的正确解读。

4. 泛泛而论——当提及中国存在某种"地理政治学弊端"之后，一册课本的编写者得出了以下结论："中国人在艺术、文学、宗教、哲学与科学方面做出的贡献是世界文明中的瑰宝。然而不幸的是，政权却建立在其他基础——现代农业生产方式、作坊、工厂与世界贸易——之上。"要想阐明这一观点，必须联系相关事实做进一步的解释。

毋须赘言，通过上述中国文化在美国的境遇，人们便可看出课本改革的一些必然趋势。尽管如此，研究人员也不可能在对美国的所有课本进行彻底调查之后再得出最后结论。在此，我们可以肯定地说，丰富教材内容并非是解决上述问题的根本所在，我们必须对教材普遍缺乏深入分析中国重大问题这一现象进行研究。

由于课本在介绍中国文化时仅限于中国古代史，因此很容易给学生造成这样一种印象：中国文化在当代世界文明中已经失去了研究价值。也许只有那些结识过中国人或研究过汉学的美国人才能意识到，中国文化作为一个整体时刻体现在中国人的行为方式、思维习惯与生活观念诸方面。中国某一历史阶段的

文化遗产可能正好是目前美国民众的追求目标,如:

强调人际关系:中国文化在此方面贡献甚巨。

将青少年犯罪问题同家庭关系和家庭生活密切相关:在中国人的家教体系中可以找到许多事例加以验证。

保持个人情绪稳定的必要性:中国人的生活哲学与价值观念中蕴含着许多修身养性的哲理。

提倡民主:如忍耐、尊重他人、集思广益等,这是千百年来中国人一直奉行的道德准则。

简言之,绵延几千年的中国文化并未湮没在人类历史的长河中,在现代社会条件下,它依然蕴藏着巨大潜力,引导个人与集体在生活轨道上前进。美国的年轻一代往往忽视甚至轻视诸如中国之类的文明古国,一方面是因为他们与美国相距甚远,更重要的一方面则是因为需要花费更多的时间与精力了解这些国家的文化。众所周知,美国民众对外国的了解远不及外国人对美国的了解,当然,导致这种局面的原因是多方面的。尽管如此,有关方面也不应再寻找各种借口加以推脱,而应切实采取行动,帮助美国年轻一代了解外国民族及其文化。

李提摩太于1917年从事的研究、阿尔弗雷德·M. 邱吉于1939年对美国学校介绍中日文化的研究,以及美国教育评议会就美国学校介绍亚洲文化发表的研究报告都对美国青年具有指导意义。当前的这次研究可以说比上述各项研究更及时,在科学与专业程度方面也有了长足的进步,加深美国民众对中国的了解,必须以全面、系统地学习中国文化知识为基础。该研究力图在传播中国文化方面做一有效尝试,并衷心希望能够帮助美国民众进一步了解中国与中国文化。此项任务虽然艰巨,但是刻不容缓,如果没有中美两国人民的共同努力,该愿望断无实现之可能。

我很高兴能够向各位呈上此项研究报告草案,同时也热切地盼望看到诸位在这一领域的研究进展。

1956年5月4日

附录四:

关于美国高校汉学研究现状的调查总结(1955—1956)[①]

余姜维特

在过去的30年里,美国高校在研究中国文化、历史和语言方面取得了巨大进步,例如,一些院校专门开设中国文化课程或专门设置汉学系,并从远东或亚洲文化的角度对中国文化进行比较研究。

为了了解美国高校的汉学研究现状,华美协进社进行了两种形式的问卷调查。问卷A主要调查美国高校开设汉学课程的情况,具体项目包括:(1)开设哪些课程,(2)哪些系开设汉学课程,(3)课程开设的时间有多长,(4)中国文化在各门课程中的比重如何,(5)选修汉学课程的学生有多少,(6)谁执教汉学课程,(7)其他。问卷B主要调查美国高校学者从事汉学研究的情况,具体项目包括:(1)研究课题,(2)研究项目,(3)研究人员,(4)其他。

该问卷分发到了600多所高校,回收率将近一半,其中只有220所高校表明设有汉学课程。由于问卷未能全部回收,因此我们无法全面掌握详细材料。然而,通过仔细分析回收问卷,我们得出了以下结论:

1. 假定未上交问卷的高校没有开设汉学课程,那么共有220所高校开设汉学课程,约占美国高校总数的1/3。根据问卷信息,约有30所高校开设5门以上

① Chih Meng's Manuscripts, 232-238.

的汉学课程，如亚洲研究、远东研究、亚洲语言、远东语言等。其余高校则只开设一两门汉学课程，其中大多数只是开设一些涉及中国文化的课程，如远东历史、亚洲地理等。由此看来，只有5%的美国高校关注汉学研究。

2. 共有32个以汉学课程命名的系科。大多数系科只是对汉学有所涉及，如：社会学、社会关系学、社会科学与社会研究、艺术、美术、应用艺术。以下11个系科对汉学做了比较深入系统的介绍：人类学、艺术、经济、地理、历史、语言、文学、哲学、政治学、宗教与社会学。

3. 课程：通过调查我们发现，美国高校共设有350门不同名称的汉学课程，其中包括97门政治学课程，55门历史课程，其他领域则包括10门到25门不同名称的课程。1902年，美国高校首设汉学课程，从1920年起，有关汉学课程的开设逐渐增多，如远东、东方艺术。直到1934年，才开设专门研究汉学的课程。1935年，汉语第一次走进美国大学校园，从此美国高校开设的汉学课程急剧增加。1950年，首设关于中华人民共和国的课程，截至目前，已经开设了五六门相关课程。

通过调查可以发现，大多数汉学课程都是开设一个学期。根据问卷反映的信息，有423门课程开设一个学期，153门课程开设一个学年，82门课程开设一个季度或暑期。

此外，通过调查还可以了解汉学在这些课程中所占的比重，其中有161门课程专门研究中国文化，154门课程中的汉学比重只有50%，79门课程中的汉学比重超过一半，290门课程中的汉学比重不及一半。

4. 学生：在美国的220所高校中共有17000名学生与330名旁听生选修汉学课程，其中有4800名学生选修历史课程，3800名学生选修政治学课程，2500名学生选修地理学课程，宗教学课程与哲学课程各有1000多名学生选修，其他教育机构各有几百名学生选修汉学课程。大学生选修445门汉学课程，研究生选修151门，大学毕业年级选修116门。

5. 美国高校共有480名汉学教师，且大部分是美国人，其中有56位曾在华旅居，得以长期接触中国民众与中国文化，他们的汉学知识相当渊博。在这56名美国教师中，有25位是曾经在中国高校担任教职的传教士与教授；有31位曾在中国长期旅居，其中有些出生于传教士家庭。此外，还有17位美国教师曾经到中国观光旅游，15位教师虽然未曾访华，但是对中国文化怀有极其浓厚的兴趣，并对汉学进行了长期的研究。其余的大约330名教师则没有丝毫的中国文化渊源，同时也有62名中国教师在美国高校从事汉学研究。

在480名汉学教师中，有182名教授，其中有20位担任系主任职务，有94名副教授，83名助理教授，其余教师也分别担任各种学术性职务。大多数教师从事历史与政治学领域的研究，大多数中国教师属于语言系。

根据问卷B的调查结果，当前美国高校正在开展123项汉学研究。实际上，美国社会各界开展的汉学研究项目极其繁多，只是其中有些早已完成，有些则过于繁琐而不易逐项列举。在问卷显示的125项研究成果中包括43篇论文、41本专著、20篇哲学博士论文、9篇硕士论文、3篇研究报告以及9篇其他类型的学术论文。

根据上述研究报告，我们可喜地发现，美国约1/3的高校开设汉学课程，有几百名中美学者致力于汉学研究。然而，随着远东各国，特别是中国在国际事务中发挥越来越重要的作用，作为世界头号强国的美国在研究外国文化方面所做的努力是远远不够的。由此看来，这些调查结果很难让人满足于现状，我们仍需鼓励更多的高校开展汉学研究，支持更多的学者致力于汉学研究。

参考文献

档案史料

1. THE CHINA FOUNDATION FOR THE PROMOTION OF EDUCATION AND CULTURE(22 Nan Chang Chieh, Peiping, China, June 30, 1929.).

2. THE SIXTH ANNUAL MEETING OF THE BOARD OF TRUSTEE OF THE CHINA FOUNDATION FOR THE PROMOTION OF EDUCATION AND CULTURE (Minutes, Nanking, July 2, 1930.)

3. THE CHINA FOUNDATION FOR THE PROMOTION OF EDUCATION AND CULTURE (Tenth Report, December, 1935. Peiping.)

4. ITEMS OF BUSINESS FOR DISCUSSION.

5. REPORT OF THE DIRECTOR.

6. SOCIAL RESEARCH DEPARTMENT (Third Annual Report.)

7. CHINA INSTITUTE IN AMERICA (Bulletin 2.)

8. CHINA INSTITUTE IN AMERICA (Bulletin 3.)

9. China Institute Bulletin, Autumn(1951)

10. China Institute in America.Theses and Dissertations by Chinese Students in America, New York, 1927, 1928, 1934.

11. China Institute in America.Theses and Dissertations by Chinese Students in America, Foreword, 1927.

12. MONROE FILES FROM CHINA INSTITUTE IN AMERICA.

13. Monroe Correspondence: 1937-1938, 1938-1939, 1939, 1939-1940, 1940, 1940-1943, 1943-1944.

14. Monroe Pamphlets.

15. Monroe Correspondence, Loose Pages.

16. 中国第二历史档案馆. 中华民国史档案资料汇编(第三辑 教育)[M]. 南京:江苏古籍出版社,1991.

17. 中华教育文化基金董事会第一次报告[A]. 南京:中国第二历史档案馆:全宗号(484),案卷号(66).

18. 中华教育文化基金董事会第五次报告[A]. 南京:中国第二历史档案馆:全宗号(484),案卷号(4).

19. 中华教育文化基金董事会第五次常会记录[A]. 南京:中国第二历史档案馆:全宗号(484),案卷号(35).

20. 中华教育文化基金董事会第十七次董事年会记录[A]. 南京:中国第二历史档案馆:全宗号(484),案卷号(4).

21. 清华大学校史编写组. 清华大学校史稿[M]. 北京:中华书局,1981.

22. 陈学恂,田正平. 中国近代教育史资料汇编·留学教育[M]. 上海:上海教育出版社,1991.

23. 茅以升. 致东大校务委员会函[M]//东南大学校史. 南京:东南大学出版社,1991.

24. 周恩来. 同美国青年代表团的谈话(一九五七年九月七日)[M]//中华人民共和国外交部,中共中央文献研究室. 周恩来外交文选. 北京:中央文献出版社,1990.

25. 黄延复. 庚子赔款的"退还"和使用[M]//中国社会科学院近代史研究所近代史资料编辑部. 近代史资料(总70号). 北京:知识产权出版社,2006.

26. 中华教育文化基金董事会报告[M]//中国社会科学院近代史研究所近代史资料编辑部. 近代史资料(总101号). 北京:中国社会科学出版社,2001.

27. 中国社会科学院近代史研究所近代史资料编辑部. 近代史资料(第91册)[M]. 北京:知识产权出版社,2006.

28. 中国社会科学院近代史研究所近代史资料编辑部. 近代史资料(总97号)[M]. 北京:中国社会科学出版社,1999.

29. 孟治. 留美中国学生战时学术计划委员会工作概要[M]//中国社会科学院近代史研究所近代史资料编辑部. 近代史资料(总115号). 北京:中国社会科

学出版社,2007.

30. 蒋致远.中华民国教育年鉴[M].台北:宗青图书公司,1991.

31. 张其昀.郭师秉文的办学方针[G]//郭夏瑜.郭秉文先生纪念集.台北:中华学术院,1971.

32. 朱有瓛,戚名琇,钱曼倩,等.中国近代教育史资料汇编·教育行政机构及教育团体[M].上海:上海教育出版社,1993.

著作

33. Chih Meng, *Chinese American Understanding—A Sixty-Year Search*[M]. New York:China Institute In America Press,1981.

34. Chih Meng's Manuscripts.

35. John King Fairbank. *The Great Chinese Revolution (1800–1985)*[M]. New York:Harper & Row Press,1986.

36. Ping Wen Kuo. *The Chinese System of Public Education*[D]. New York: Teachers College of Columbia University,1915.

37. Wilma Fairbank. *America's Cultural Experiment in China (1942–1949)*[M]. Cultural Relations Program of the U.S. Department of State: Historical Studies: Number 1, Bureau of Educational and Cultural Affairs of U. S. Department of State, Washington, D.C., 1976.

38. 郭秉文.中国教育制度沿革史[M].福州:福建教育出版社,2007.

39. 上海财经大学校史研究室.郭秉文与上海商科大学[M].上海:上海财经大学出版社,2010.

40. 高明.郭故校长鸿声先生行状[M]//东南大学高等教育研究所.郭秉文与东南大学.南京:东南大学出版社,2001.

41. 冒荣.至平至善　鸿声东南——东南大学校长郭秉文[M].济南:山东教育出版社,2004.

42. 周川,黄旭.百年之功——中国近代大学校长的教育家精神[M].福州:福建教育出版社,1994.

43. 杨翠华 . 中基会的成立与改组[M]. 台北："中央研究院"近代史研究所集刊(18),1989.

44. 杨翠华 . 中基会对科学的赞助[M]. 台北："中央研究院"近代史研究所专刊(65),1991.

45. 中国社会科学院情报研究所 . 美国中国学手册[M]. 北京：中国社会科学出版社,1981.

46. 卫道治 . 中外教育交流史[M]. 长沙：湖南教育出版社,1998.

47. 田正平 . 中外教育交流史[M]. 广州：广东教育出版社,2004.

48. 冯开文 . 中国民国教育史[M]. 北京：人民出版社,1994.

49. [美]费正清(J. K. Fairbank). 费正清自传[M]. 黎鸣，贾玉文，等，译 . 天津：天津人民出版社,1993.

50. [美]费正清，费维恺 . 剑桥中华民国史[M]. 北京：中国社会科学出版社,1994.

51. [美]费正清 . 美国与中国[M]. 张理京，译 . 北京：世界知识出版社,2002.

52. [美]邓鹏 . 费正清评传[M]. 成都：天地出版社,1997.

53. 李长久，施鲁佳 . 中美关系二百年[M]. 北京：新华出版社,1984.

54. 陶文钊，梁碧莹 . 美国与近现代中国[M]. 北京：中国社会科学出版社,1996.

55. 杨玉圣 . 中国人的美国观——一个历史的考察[M]. 上海：复旦大学出版社,1996.

56. 张济顺 . 中国知识分子的美国观(1943—1953)[M]. 上海：复旦大学出版社,1999.

57. 王海龙 . 哥大与现代中国[M]. 上海：上海文艺出版社,2000.

58. 钟叔河 . 走向世界——近代知识分子考察西方的历史[M]. 北京：中华书局,1985.

59. 汪一驹 . 中国知识分子与西方：留学生与近代中国(1872-1949)[M]. 梅寅生，译 . 台北：枫城出版社,1978.

60. [美]沙勒(Sehaller M.). 二十世纪的美国和中国[M]. 王扬子，刘湖，译 .

北京：光明日报出版社，1985.

61.［美］宋李瑞芳.美国华人的历史和现状［M］.朱永涛，译.上海：商务印书馆，1984.

62.王晓德.美国文化与外交［M］.北京：世界知识出版社，2000.

63.夏根林，于喜元.中美关系辞典［M］.大连：大连出版社，1992.

64.彭小舟.近代留美学生与中美教育交流研究［M］.北京：人民出版社，2010.

65.王小丁.中美教育关系研究（1840—1927）［M］.成都：四川大学出版社，2009.

66.顾维钧.顾维钧回忆录（第六分册）［M］.中国社会科学院近代史研究所，译.北京：中华书局，1988.

67.中国社会科学院近代史研究所中华民国史组.胡适来往书信选（上）［M］.北京：中华书局，1979.

68.中国社会科学院近代史研究所中华民国史研究室.胡适的日记（上、下册）［M］.北京：中华书局，1985.

69.胡适.胡适口述自传［M］.唐德刚，译.北京：华文出版社，1992.

70.胡适.胡适留学日记［M］.海口：海南出版社，1994.

71.胡适.胡适日记全编（第2册）：胡适日记（1915—1917）［M］.曹伯言，整理.合肥：安徽教育出版社，2001.

72.王鉴平，杨国荣.胡适与中西文化［M］.成都：四川人民出版社，1990.

73.白吉庵，刘燕云.胡适教育论著选［M］.北京：人民教育出版社，1994.

74.梅贻琦.梅贻琦日记（1941—1946）［M］.黄延复，王小宁，整理.北京：清华大学出版社，2001.

75.黄延复.梅贻琦教育思想研究［M］.沈阳：辽宁教育出版社，1994.

76.章开沅，唐文权.平凡的神圣——陶行知［M］.武汉：湖北教育出版社，1992.

77.苏云峰.从清华学堂到清华大学（1911—1929）［M］.北京：生活·读书·新知三联书店，2001.

78. 赖伯疆，黄镜明．粤剧史[M].北京：中国戏剧出版社，1988.

79. 梅绍武．我的父亲梅兰芳[M].北京：中华书局，2002.

80. 齐如山．梅兰芳游美记[M].齐香，整理．沈阳：辽宁教育出版社，2005.

81. 李仲明，谭秀英．梅兰芳[M].石家庄：河北教育出版社，2002.

82. 齐如山．齐如山回忆录[M].北京：中国戏剧出版社，1998.

83. 谢思进，孙利华．梅兰芳艺术年谱[M].北京：文化艺术出版社，2009.

84. 中国人民政治协商会议天津市委员会文史资料委员会．近代天津十大影剧家[M].天津：天津人民出版社，2001.

85. 吴相湘．晏阳初传——为全球乡村改造奋斗六十年[M].长沙：岳麓书社，2001.

86. 赵新那，黄培云．赵元任年谱[M].北京：商务印书馆，1998.

87. 颜惠庆．颜惠庆自传——一位民国元老的历史记忆[M].吴建雍，李宝臣，叶凤美，译．北京：商务印书馆，2003.

88. 张念宏．中国教育百科全书[M].北京：海洋出版社，1991.

89. 顾长声．传教士与近代中国[M].上海：上海人民出版社，1981.

90. 史静寰，王立新．基督教教育与中国知识分子[M].福州：福建教育出版社，1998.

91. 陶飞亚，吴梓明．基督教大学与国学研究[M].福州：福建教育出版社，1998.

92. 戴知贤，李良志．抗战时期的文化教育[M].北京：北京出版社，1995.

93. 庞朴．文化的民族性与时代性[M].北京：中国和平出版社，1988.

94. 王颖，折晓叶，孙炳耀．社会中间层——改革与中国的社团组织[M].北京：中国发展出版社，1993.

95. 王卓然．中国教育一瞥录[M].上海：商务印书馆，1923.

96. 单中惠，王凤玉．杜威在华教育讲演[M].北京：教育科学出版社，2007.

97.[美]简·杜威．杜威传[M].单中惠，编译．合肥：安徽教育出版社，1987.

98. 谢长法．借鉴与融合：留美学生抗战前教育活动研究[M].石家庄：河北教育出版社，2001.

99. 资中筠.散财之道——美国现代公益基金会述评[M].上海:上海人民出版社,2003.

100. 王焕琛.留学教育——中国留学教育史料[M].台北:台湾国立编译馆,1980.

101. 曹世潮.文化战略——一项成为世界一流或第一的竞争战略[M].上海:上海文化出版社,2001.

102. 殷芝龄.世界教育会议之经过:1872-1949[M].上海:商务印书馆,1923.

103. 王奇生.中国留学生的历史轨迹:(1872-1949)[M].武汉:湖北教育出版社,1992.

104. 留学生丛书编委会.中国留学史萃[M].北京:中国友谊出版公司,1992.

105. 李喜所,刘集林.近代中国的留美教育[M].天津:天津古籍出版社,2000.

106.[美]约瑟夫·S.奈.硬权力与软权力[M].门洪华,译.北京:北京大学出版社,2005.

107. 罗香林.梁诚的出使美国[M].台北:文海出版社,1979.

108. 陈学恂.中国近代教育史教学参考资料(下册)[M].北京:人民教育出版社,1987.

109. 刘磊,方玉萍.百年中国纪事1900—1949(上册)[M].北京:新华出版社,2001.

110. 张斌贤.社会转型与教育变革——美国进步主义教育运动研究[M].长沙:湖南教育出版社,1998.

111. 杨生茂.美国外交政策史(1775—1989)[M].北京:人民出版社,1991.

112.[美]柯文.在中国发现历史——中国中心观在美国的兴起[M].林同奇,译.北京:中华书局,2002.

113.[英]罗素.西方哲学史[M].何兆武,李约瑟,译.北京:商务印书馆,1977.

114. [美]M. J. 列维.现代化的后来者与幸存者[M].吴萌,译.北京:知识出版社,1990.

115. 容闳.西学东渐记[M].徐凤石,恽铁憔,译.长沙:湖南人民出版社,1981.

116. 南京大学校庆办公室校史资料编辑组,南京大学学报编辑部.南京大学校史资料选辑[G].1982.

117. 任鸿隽.科学救国之梦——任鸿隽文存[M].上海:上海科技教育出版社,2002.

118. 胡适.胡适全集日记(1928—1930)(第31卷)[M].曹伯言,整理.合肥:安徽教育出版社,2003.

期刊

119. Nancy Yunhwa Rao. Racial Essence and Historical Invisibility: Chinese Opera in New York, 1930[J]. *Cambridge Opera Journal*, 2000(12): 135-162.

120. Michael H. Hunt. The American Remission of the Boxer Indemnity: A Reappraisal[J]. *The Journal of Asian Studies*, 1972, 31(3): 557-558.

121. A Survey of Chinese Students in American Universities and Colleges in the Past One Hundred Years[J]. China Institute in America, 1954.

122. Lin Ying Kao: Academic and Professional Attainments of Native Chinese Students Graduating from Teachers College, Columbia University (1909—1950) [D]. New York: Teachers College, Columbia University, 1951.

123. Howard W. French. Another Chinese Export is All the Rage: China's Language[N]. New York Times, 2006-1-11.

124. 郑砚秋.郭秉文与华美协进社[J].教育学报,2014,10(5).

125. 彭小舟,周晓丽.郭秉文——中美教育交流的先驱[J].徐州师范大学学报(哲学社会科学版),2010,36(4).

126. 林晓雯.1902—1928中国留美学生学位论文选题分析[J].江苏社会科学,2013(3).

127. 刘桂荣 . 中国艺术在美国的传播及其思考 ——以美国华美协进社中国美术馆的艺术传播为例[J]. 现代传播(中国传媒大学学报),2013,40(4).

128. [美]何勇 . 华美协进社与哥伦比亚大学的关系对中国文化的传播[J]. 郭晶萍,译 . 江苏师范大学学报(哲学社会科学版),2014(1).

129. 傅谨 . 东方艺术的身份确认 ——梅兰芳 1930 年访美的文化阐释[J]. 中国京剧,2007(9).

130. 周洪宇 . 美国哥伦比亚大学师范学院与现代中国教育[J]. 教育评论,2001(5).

131. 周慧梅 . 哥伦比亚大学师范学院时期的郭秉文 ——社会生活史的视角[J]. 教育学报,2014,10(5).

132. 丁钢 .20 世纪上半叶哥伦比亚大学师范学院的中国留学生——一份博士名单的见证[J]. 高等教育研究,2013,34(5).

133. 李旭辉 .30 年代 N. 维纳访问清华大学函电始末[J]. 中国科技史料,1998,19(1).

134. 王涛 . 甘博 ——撩开中国神秘面纱的美国人[J]. 国际人才交流,2000(3).

135. 朱斐 . 郭秉文创办东南大学[J]. 民国春秋,1999(1).

136. 郭秉文 . 民国 11 年之高等教育[J]. 新教育共进社,1920(2).

137. 耿有权,汪琴 . 郭秉文教育思想研讨会综述[J]. 东南大学学报(哲学社会科学版),2011,13(6).

138. 王定贤 . 黄炳坤及其国际法思想研究[J]. 武大国际法评论,2008(2).

139. 黄殿祺 . 六十年前的举世盛事——梅兰芳先生赴美访苏以及他与张彭春教授的合作[J]. 中国戏剧,1995(9).

140. 元青 . 中国留学生对西方汉学的贡献——以 20 世纪上半期为中心的考察[J]. 天津师范大学学报(社会科学版),2014(3).

141. 元青 . 民国时期留美生中国问题研究缘起——以博士论文选题为中心的考察[J]. 南开学报(哲学社会科学版),2015(5).

142. 周洪宇 . 专题:郭秉文研究[J]. 教育学报,2014,10(5).

143. 涂怀京.中华教育改进社研究[D].武汉:华中师范大学,1998.

144. 李高峰.华美协进社与中美教育文化交流[D].武汉:华中师范大学,2003.

145. 宁继鸣.汉语国际推广:关于孔子学院的经济学分析与建议[D].济南:山东大学,2006.

146. 段劲楠.译著《流散诉求:亚裔/华裔美国的音乐、跨国主义与文化政治》及书评[D].上海:上海音乐学院,2012.

147. 国内教育新闻:华美协进社之概况[R].中华教育文化基金董事会报告,1934:16(19).

148. 中华教育文化基金董事会第四次报告[Z].1929.12.转引自:赵慧芝.任鸿隽年谱(续)[J].中国科技史料,1988(4).

149. 中华教育文化基金董事会第一次报告[R].1926(3).2-3.转引自赵慧芝.中基会和中国近现代科学[J].中国科技史料,1993(3).

其他

150.《申报》(1921年11月28日;1923年5月30日、6月5日、9月20日;1926年6月12日;1927年11月2日;1928年2月23日;1930年3月3日、4月20日、7月5日;1931年2月26日;1936年4月19日、5月9日、12月8日;1937年5月1日;1939年5月16日、5月17日;1940年6月26日;1941年4月24日;1946年1月11日、1月14日、4月10日、8月27日;1947年2月7日、2月19日、2月26日、3月6日、3月15日、10月25日、12月12日;1948年2月3日、6月18日;1949年1月12日、3月31日)

151.《教育通讯月刊》(1947年第四卷第六期)

152.《国际问题研究会通讯》(1934年第十期)

153.《海潮音》(1929年第十卷第五期)

154.《新教育评论》(1927年第三卷第九期)

155.《清华校友通讯》(1934年第一卷第5/6期、1948年复刊后第三期)

156.《学建通讯》(1945年第二十二期)

157.《中华教育界》(1926年第十六卷第六期)

158.《教育通讯(汉口)》(1946年复刊一卷第七期、1947年复刊三卷第四期、1947年复刊三卷第十二期、1948年复刊五卷第八期)

159.《科学》(1940年第二十四卷第八期)

160.《新教育》(1918年第二卷第四期、1922年第四卷第二期、1922年第四卷第四期)

161.《清华周刊》(1917年夏第三次临时增刊)

162.《教育杂志》(1923年第15卷第4号、1923年第15卷第9号)

163.《新青年》(1922年第四卷第四期)

后记

华美协进社是中西文化在平等、开放的基础之上，二者之间交流、对话、融合以及冲突之结果。能够对华美协进社史感兴趣，得益于吾师周洪宇教授的启发与指点。先生不仅引领我进入神圣的史学殿堂，更使我深切感受到学术研究的艰辛和乐趣。本书是在笔者硕士论文的基础上完成的。2000年秋，我有幸入师门开始读硕，在恩师的精心指导下搜集资料、翻译和写作，受惠实多。先生将自己亲自从美国带回来的资料借阅与我，正是借着这些“用金子和银子也换不来”的英文资料，本书的写作才得以顺利完成，其中也渗透着恩师的心血和汗水，先生的关怀和培养成为我一直感于心、存于心的温暖。

师者风范，惠我良多。书稿完成时，衷心感谢中国教育科学研究院研究员储朝晖老师能够为我提供这次写作的机会，让我真切体会到一个纯粹学者的人间情怀。感谢储老师在书稿的提纲探讨以及写作修改过程中提供精辟的建议，储老师对我的提携引领、鞭策督促及他的审慎、严谨和细致，使本书的写作思路能够更加明晰和严谨，使书稿的写作得以顺利完成，也使我在学术研究方面受益匪浅。

数十万字的书稿，如同自己的孩子，取舍不易。现实与历史的反差，真相与表象的错位，历史虽然不能假设，不过可以想象，本书力图通过挖掘与清理、拾遗与重铸，尽可能从近百年来中美社会文化变革以及中美文化交流的大背景出发，从中美教育、文化交流的视角，重点考察华美协进社的发展历程，尤其对典型事件和代表人物进行了深入细致的探讨，大致梳理清楚了华美协进社演进与中美教育、文化交流发展的复杂关系。因为研究华美协进社，我与许多人结了善缘，他们就像吉光片羽的闪耀，值得记录，更值得珍藏。

“文章千古事，得失寸心知”，将写作计划和信心变成一本完整的著作实在是异常艰难，一路写来也的确有跋山涉水、深居简出般的疲惫和辛劳。由于时间和水平的限制，书中难免存在不足和缺憾，因此恳请读者见谅，并欢迎提出宝贵批评意见。同时，我要感谢西南师范大学出版社的领导与编辑们。他们的辛勤工作，使得本书增色不少。

李高峰

2020年6月

跋

2012年完成自己主编的2012年度国家出版基金资助项目“20世纪中国教育家画传”后，就策划启动新的研究项目，于是决定为曾在中国教育现代化过程中发挥巨大作用而又少有人知的教育社团写史，并在2013年3月拿出第一个包含8本书的编撰方案。当初怎么也没想到这一工作一再积累后延，几乎占用了我8年的主要时间，列入写作的社团一个个增加，参加写作的专家团队、支持者和志愿者不断扩大，最终汇成30本书和由50多位专家组成的团队，并在西南师范大学出版社鼎力支持下如愿以偿地获得2019年度国家出版基金资助。

1895年中日甲午海战中国战败后，中国社会受到强烈震动，有识之士勇敢地站出来组建各种教育社团，发展现代教育。1895年到1949年，在中国传统教育向现代教育转化、嬗变的过程中，产生了数以百计的教育社团。中华教育改进社等众多的民间教育社团在中国教育现代化进程中都曾发挥过重要的、甚至是无可替代的作用，到处留下了这些社团组织的深深印记，它们有的至今还在发挥着潜移默化的作用，它们是中国教育智库的先声。

但随着时间的推移，知道这段历史的人越来越少。教育社团组织与中国教育早期现代化既是一个有丰富内涵的历史课题，更是一个极具现实意义的实践课题。挑选“中国现代教育社团史”这一极为重大的选题，联合国内这一领域有专深研究的专家进行研究，系统编撰教育社团史，既是为了更好地存史，也是为了有效地资政，为当今及此后教育专业社团的建立、发展和教育改进与发展提供借鉴，为教育智库发展提供独具价值的参考，为解决当下中国教育管理主体过于单一问题提供借鉴，从而间接促进当下教育质量的提升和《中国教育现代化2035》目标的实现。简言之,为中国现代教育社团修史是一项十分有意义的工作。

在存史方面,抢救并如实地为这些社团写史显得十分必要、紧迫。依据隔代修史的惯例,经过70多年的沉淀,人们已能依据事实较为客观地看待一些观点,为这些教育社团修史,恰逢其时;依据信息随时间衰减的规律,当下还有极少数人对70多年前的那段历史有较充分的知晓,错过这个时期,则知道的人越来越少,能准确保留的信息也会越来越少,为这些社团治史时不我待。因此,本套丛书担当着关键时段、恰当时机、以专业方式进行存史的重要责任。

在资政方面,为中国现代教育社团修史是一项十分有现实意义的工作。中国教育改革除了依靠政府,更需要更多的专业教育社团发展起来,建立良性的教育评价和管理体系,并在社会中发挥更大的作用。社团是一个社会中多种活力的凝结和显示,一个保存了多样性社团的社会才是组织性良好的社会,才是活力充足的社会。当时的各个教育社团定位于各自不同的职能,如专业咨询、管理、评价等,在社会和教育变革中以协同、博弈等方式发挥出巨大的作用。它们的建立和发展,既受到中国现代新式教育发展的制约,又影响了中国现代新式教育发展的进程。研究它们无疑会加深我们对那个时期中国新式教育发展过程中各种得失的宏观认识,有助于从宏观层面认识整个新式教育的得失,进而促进教育质量和品质的提升。现今的教育社团发展不是在一张白纸上画画,1900年后在中国产生的各种教育社团是它们的先声。为中国现代教育社团修史将会为当下及未来各个社团的建立发展和教育智库建设提供真实可信而又准确细致的历史镜鉴。

做好这项研究需要有独特的史识和对教育发展与改革实践的深刻洞察,本丛书充分运用主编及团队三十余年来从事历史、实地调查与教育改革实践研究的专业积累。在启动本研究之前,丛书主编就从事与教育社团相关的研究,又曾做过一定范围的资料查找,征集大陆(内地)和台湾、香港、澳门等地教育史专业工作者意见,依据当时各社团的重要性和历史影响,以及历史资料的可获取性,采用既选好合适的主题,又选好有较长时期专业研究的作者的"双选"程序,以保障研究的总体质量,使这套丛书不仅分量厚重,质量优秀,还有自己的特色。

本丛书的"现代"主要指社团具有的现代性,这样的界定与中国教育现代化进程相吻合。以历史和教育双重视角，对中华教育改进社等具有现代性的30余个教育社团的历史资料进行系统的查找、梳理和分析。对各社团发展的整体形态做全面的描述，在细节基础上构建完整面貌，对其中有歧义的观点依据史实客观论述，尽可能显示当时全国教育社团发展的原貌和全貌，也尽可能为当下教育社团与教育智库的建立和发展提供有益的历史镜鉴。

为此，我们明确了这套丛书的以下撰写要求：

全套丛书明确史是公器，是资料性著述的定位，严格遵循史的写作规范，以史料为依据，遵守求真、客观、公正、无偏见的原则，处理编撰中的各类问题。

力求实现四种境界：信，所写的内容是真实可靠的，保证资料来源的多样性；简，表述的方式是简明的，抓住关键和本质特征经过由博返约的多次反复，宁可少一字，不要多一字；实，记述的内容是有实际意义和价值的，主要体现为内容和文风两个方面，要求多写事实，少发议论，少写口号，少做判断，少用不恰当的形容词，让事实本身表达观点；雅，尽可能体现出艺术品位和教育特性，表现为所体现的精神、风骨之雅，也表现为结构的独具匠心，表达手法的多样和谐、图文并茂。

对内容选取的基本标准和具体要求如下：

(1)对社团的理念做准确、完整的表述，社团理念在其存续期有变化的要准确写出变化的节点，要通过史料说明该社团的活动是如何在其理念引导下开展的。

(2)完整地写出社团的产生、存续、发展过程，完整地陈述社团的组织结构、活动规模、活动方式、社会影响，准确完整地体现社团成员在社团中的作用、教育思想、教育实践，尽可能做到“横不缺项，纵不断线”。

(3)以史料为依据，实事求是，还原历史，避免主观。客观评价所写社团对社会和教育的贡献，不有意拔高，也不压低同时期其他教育社团。关键性的评价及所有叙述要有多方面的史料支撑，用词尽可能准确无歧义。

(4)凸显各单册所写社团的独特性，注意铺垫该社团所在时代的社会与教育背景，避免出现违背历史事实的表述。

(5)根据隔代修史的原则，只记述中华人民共和国成立之前的历史。对类似中华职业教育社的后期延续，以大事记、附录的方式处理，不急于做结论式的历史判定。

(6)各书之间不越界,例如江苏教育会与全国教育会联合会之间,江苏教育会与中华教育改进社之间,详略避让,避免重复。

写法要求为:立意写史,但又不写成干巴、抽象、概念化的历史,而是在掌握大量资料的基础上,全面、深刻理解所写社团的历史细节和深度,写出人物的个性和业绩,写出事件的情节和奥秘,尽可能写出有血有肉、有精气神的历史,增强可读性。写法上具体要求如下:

(1)在全面了解所写社团基础上,按照史的体例,设计好篇目、取舍资料、安排内容、确定写法。在整体准确把握的基础上,直叙历史,不写成专题或论文,语言平和,逻辑清晰。

(2)把社团史写得有教育性。主要通过记叙社团发展过程中的人和事展示其具有的教育功能;通过社团具有的专业性对现实的教育实践发生正向影响,力求在不影响科学性、准确性的前提下尽量写得通俗。

(3)能够收集到的各社团的活动图片尽可能都收集起来,用好可用的图,以文带图,图文互补,疏密均匀。图片尽可能用原始的、清晰的,图片说明文字(图题)应尽量简短;如遇特殊情况,例如在正文中未能充分展开的重要事件,可在图题下加叙述性文字做进一步介绍,作为一个独立的知识点。

(4)关键的史实、引文必须加注出处。

据统计,清末至民国时期教育社团或具有教育属性的社团有一百多个,但很多社团因活动时间不长、影响不大,或因资料不足等,难以写成一本史书。本丛书对曾建立的教育社团进行比较全面的梳理,从中精心选择一批存续时间长、影响显著、组织相对健全、在某一专业领域或某一地区具有代表性、典型性的教育社团进行深入研究,在此基础上做出尽可能符合当时历史原貌和全貌的整体设计,整体上能够充分完整地呈现所在时代教育社团的整体性和多样性特征,依据在中国教育现代化进程中所发挥的作用大小选择确定总体和各部分的研究内容,依据史实客观论述,准确保留历史信息。本丛书的基本框架为一项总体研究和若干项社团历史个案研究。以总体研究统领各个案研究,为个案研究确定原则、方法、背景和思路;个案研究为总体研究提供史实和论证依据,各个案研究要有全面性、系统性、真实性、准确性、权威性、实用性,尽量写出历史的原貌和全貌，以及其背后盘根错节的关系。

入选丛书的选题几经增减，最终完稿的共30册：

《中国现代教育社团发展史论》《中华教育改进社史》《中华平民教育促进会史》《生活教育社史》《中华职业教育社史》《江苏教育会史》《全国教育会联合会史》《中国教育学会史》《无锡教育会史》《中国社会教育社史》《中国民生教育学会史》《中国教育电影协会史》《中国科学社史》《通俗教育研究会史》《国家教育协会史》《中华图书馆协会史》《少年中国学会史》《中华儿童教育社史》《新安旅行团史》《留美中国学生联合会史》《中华学艺社史》《道德学社史》《中华教育文化基金会史》《中华基督教教育会史》《华法教育会史》《中华自然科学社史》《寰球中国学生会史》《华美协进社史》《中国数学会史》《澳门中华教育会史》。

本丛书力求还原并留存中国各现代教育社团的历史原貌和全貌，对当时各教育社团的发展历程、重要事件、关键人物进行系统考察，厘清各社团真实的运作情况，从而解决各社团历史上一些有争议的问题，为教育学和历史学相关领域的发展提供一定的帮助，拓展出新的领域，从而传承、传播教育先驱的精神，为当今教育改革和发展提供历史借鉴和智慧资源，为今后教育智库的发展提供有中国实践基础的历史参考，在拓展教育发展的历史文化空间上发挥其他著述不可替代的作用。在写作过程中严格遵守史的写作规范，以史料为依据，遵守求真、客观、公正、无偏见的原则，处理编撰中的各类问题。

这是一项填补学术空白的研究。这个研究领域在过去70多年仅有零星个别社团的研究，在史学研究领域对社团的研究较多，但对教育社团的研究严重不足；长期以来，在教育史研究领域没有对教育社团系统的研究；对民国教育的研究多集中于一些教育人物、制度，对曾发挥不可替代作用的教育社团的研究长期处于不被重视状态。因此，中国没有教育社团史的系列图书出版，只有与新安旅行团、中华职业教育社相关的专著，其他教育社团则无专门图书出版，只是在个别教育人物的传记等文献中出现某个教育社团的部分史实，浮光掠影，难以窥其全貌。但是教育社团对当时教育的发展发挥了倡导、引领、组织、管理、评价等多重功能，确实影响深远，系统研究中国现代教育社团是此前学术界所未有过的。该研究可以为洞察民国教育提供新的视角，在今后一段时期内具有标志性意义，发挥其他著述不可替代的作用。

这是一项高难度的创新研究。它需要从70多年历史沉淀中钩沉，需要在教育学和史学领域跨越，在教育历史与现实中穿梭，难度系数很高、角度比较独特，20多年前就有人因其难度高攻而未克。研究过程中我们将比较厚实的历史积累和对当下教育问题比较深入的洞见相结合，以史为据，以长期未能引起足够重视的教育社团为研究对象，梳理出每个社团的产生、发展、作用、地位。

这是一项促进教育品质提升的研究。中国当下众多教育问题都与管理和评价体制相关。因此，我们决定研究中国现代教育社团史，对中国教育现代化进程中发挥过重要作用的诸多教育社团的历史进行抢救性记述、研究，对中国教育体系形成的脉络进行详尽的梳理，记录百年中国教育现代化进程中教育社团所起的重大作用，体现教育现代化过程中的“中国智慧”，为构建中国教育科学话语体系铺垫史料、理论基础，探明1898到1949年间教育社团在中国教育现代化发展中的作用，为改善中国教育提供组织性资源。

这是一项未能引起足够重视的公益性研究。本研究旨在还原并留存各教育社团的历史原貌和全貌，传承、传播教育先驱的精神，为当今教育改革和发展提供历史借鉴和智慧资源，拓展教育发展的历史文化空间，需要比较厚实的历史积累和对当下教育问题比较深入的洞见。本研究长期处于不被重视状态，但是其对教育的发展确实影响深远，需要研究的参与者具有对历史和现实的使命感。

这个研究项目在设计、论证和实施过程中得到业内专家的大力支持、高度关注和评价。中国教育学会教育史分会原会长田正平先生热心为丛书写了推荐信，又拨冗写了总序，认为：“说到底，这是当代中国教育改革的需要和呼唤。教育是中华民族振兴的根基和依托，改革和发展中国教育，让中国教育努力赶上世界先进水平，既是中央政府和各级政府义不容辞的职责，也必须依靠广大教育工作者的自觉参与和担当。从这个意义上讲，中国近代教育会社团体与中国教育早期现代化研究，既是一个有丰富内涵的历史课题，更是一个极具现实意义的重大问题。”中国现代教育社团史的课题，“从近代以来数十上百个教育社团中精心选择一批有代表性、典型性、产生过重大影响的教育社团，列为专题，分头进行了深入的研究。我相信，读者诸君在阅读这些成果后所收获的不仅仅是对教育社团的深入理解和崇高敬意，也可能从中引发出一些关于当代中国教育改革的更深层次的思考”。

北京师范大学教育学部原部长、清华大学教育学院院长石中英教授在推荐中道："对那些历史上有重要影响的教育社团进行研究，既具有非常重要的学术价值，也具有非常强烈的现实意义。""当前，我国改革开放正在逐步地深入和扩大，激发社会组织活力，在整个社会治理体系建设中具有重要作用。现代教育治理体系的建设，也迫切需要发挥专业的教育社团的积极作用。在这个大背景下，依据可靠的历史资料，回溯和评价历史上著名教育社团的产生、发展、组织方式和活动方式等，具有现实意义和社会价值。""总的来说，这个项目设计视角独特，基础良好，具有较高的学术价值、实践价值和出版价值。"

1990年代，中央教育科学研究所张兰馨等多位前辈学者就意识到这一选题的重要性，曾试图做这一研究并组织编撰工作，终因撰写团队难以组建、资料难以查找搜集等各种条件限制而未完成。当我们拜访80多岁的张兰馨先生时，他很高兴地拿出了当年复印收藏的一些资料，还答应将当年他请周谷城先生题写的书名给我们使用，既显示这一研究实现了学者们近30年未竟的愿望，也使这套书更具历史文化内涵。

西南师范大学出版社是全国百佳图书出版单位、国家一级出版社、全国先进出版单位，承担了多项国家重大文化出版工程项目、国家出版基金资助项目、重庆市出版专项资金资助项目，具有丰富的国家、省市重点项目出版与管理经验。该社出版的多项国家级项目受到各级主管部门、学界、业内的一致好评。米加德社长调集素质高、业务精的专业编辑团队支持本书的编辑出版，尹清强先生、伯古娟女士做了大量联络和组织工作，各位责任编辑付出了大量辛勤劳动。西南大学的学术优势为本书的出版提供了学术支撑。

本项目30余位作者奉献太多。他们分别来自中国人民大学、北京师范大学、华东师范大学、中山大学、首都师范大学、浙江师范大学等多所高校和研究机构，他们长期从事相关领域的研究，具有极强的学术责任感，具备了较好的专业基础，研究成果丰硕，有丰富的写作经验。在没有启动经费的情况下，他们以社会效益为主，把这项研究既当成一项工作任务，又当成一项对精湛技术、高雅艺术和完美人生的追求，以高度的历史使命感和现实的使命感投入研究，确保研究过程和成果具有较高的严谨性。他们旨在记录中国教育现代化过程中教育社团所起的重大作用，体现教育现代化过程中的

“中国智慧”，写出理论观点正确、资料翔实准确、体例完备、文风朴实、语言流畅，具有资料性、科学性、思想性，经得起历史检验的，有灵魂、有生命、能传神的现代教育社团史。

这套丛书邀约的审读委员主要为该领域的专家，他们大多在主题确定环节就参与讨论，提供资料线索，审读环节严格把关，有效提高了丛书的品质。

本人为负起丛书主编职责，采用选题与作者“双选”机制确定了撰写社团和作者，实行严格的丛书主编定稿制，每本书都经过作者拟提纲—主编提修改意见—确定提纲—作者提交初稿—主编审阅，提出修改意见—作者修改—定稿的过程，有些书稿从初稿到定稿经过了七到八次的修改，这些措施有效地保障了这套丛书的编撰质量。尽管做了这些努力，仍难免有错，敬希各位不吝赐正。

十分感谢国家出版基金资助。本丛书有重大的出版价值，投入也巨大，但市场相对狭窄。前期在项目论证、项目启动、资料收集、组织编写书稿中投入了大量的人力、物力。多位教育专家和史学专家经过八年的努力，收集了大量的资料，研究的深度和广度都大大超出此前这一领域的研究。各位作者收集了大量的历史资料，走访了全国各大图书馆、资料室，完成了约一千万字、数百幅图片的巨著。前期的资料收集、研讨成本甚高，而使用该书的主要为教育研究者、教育社团和教育行政人员。即便丛书主编与作者是国内教育学、教育史学领域的权威专家，即便丛书经过精心整理、撰写而成，出版后全国各地图书馆、研究院所会有一定的购买，有一定的经济效益，但因发行总数量有限，很难通过少量的销售收入实现对大量经费投入的弥补，国家出版基金资助是保障该套丛书顺利出版的关键。

教育在实现中华民族伟大复兴中发挥着不可替代的作用。完整、准确、精细地回顾过去方能高瞻远瞩而又脚踏实地地展望未来，将优秀传统充分挖掘展现、利用方能有效创造未来，开创教育发展新时代。在中国教育现代化进程中众多现代教育社团是促进者。中国人坚定的自信是建立在5000多年文明传承基础上的文化自信。中国现代教育社团的发起者心怀中华，在中华民族处于危亡之际奔走呼号，立足弘扬中华优秀文化传统提倡革新。本丛书深层次反映了当时中国仁人志士组织起来，试图以教育救国的真实面貌，其中涉及几乎全部的教育界知名人物，对当年历史的还原有利于挖掘中华优秀传统文化的强大生命力和在民族危亡关头的强大凝聚力，弘扬中华优秀传统文化，为构建中华优秀传统文化传承发展体系添砖加瓦。研究这段历史，对于推动中华优秀传统文化创造性转化、创新性发展，对于促进教育智库建设，发展中国教育事业，发挥教育在促进中华民族伟大复兴中的作用具有重要意义。

愿我们所有人为此的努力在中国教育现代化进程中生根、发芽、开花、结果。

储朝晖

2020年6月